Ziriah Voigt

Ritual und Tanz
im Jahreskreis

Irdana – Verlag für spirituelle Literatur von Frauen

© Ziriah Voigt

Copyright der aktualisierten Neuauflage © 2012 Irdana – Verlag für spirituelle Literatur von Frauen UG (haftungsbeschränkt)

www.irdana-verlag.de

ISBN 978-3-9813609-5-0

Alle Rechte vorbehalten

Die Verwertung der Texte und Bilder, auch auszugsweise, ist ohne Zustimmung des Verlages urheberrechtswidrig und strafbar. Dies gilt auch für Vervielfältigungen, Übersetzungen, Mikroverfilmungen und für die Verarbeitung mit elektronischen Systemen.

Umschlaggestaltung: pixelpfad.de (Hamburg)
Coverbild: © Heidelore Andres
Lektorat: Susanne Broos (Neuauflage)
Gestaltung und Satz: pixelpfad.de (Hamburg)

Herstellung/Druck: FontFront.com/Finidr
Printed in Germany

»Ritueller Kreistanz öffnet spirituelle Räume und ermutigt, traditionelle Wege in neuer Weise zu betreten.«

Ziriah Voigt

Inhalt

Die Tanzschrift und ihre Abkürzungen

Tanzrichtungen und Ausrichtung des Körpers

⌒ Körperfront

⟶ Tanzbewegung

Am Platz stehend, Körper zur Mitte ausgerichtet

Bewegung gegen den Uhrzeigersinn (= Tanzrichtung, abgekürzt TR), Körper in TR ausgerichtet

8

Bewegung in TR, Körper und Blick leicht zur Mitte ausgerichtet

Bewegung im Uhrzeigersinn (= Gegentanzrichtung, abgekürzt GTR), Körper in GTR ausgerichtet

Bewegung in TR, Körper in GTR ausgerichtet (d.h. der Schritt führt rückwärts in TR)

Bewegung zur Kreismitte, Körper zur Mitte ausgerichtet

Bewegung von der Mitte zurück auf die Kreislinie, Körper bleibt zur Mitte ausgerichtet

Bewegung in TR, Körper zur Mitte ausgerichtet

Drehungen

linksschultrige Drehung 360°

rechtsschultrige Drehung 360°

rechtsschultrige 180°-Drehung

Arm- und Handhaltungen

 In der Grundhaltung der Hände zeigt die rechte geöffnet zur Mitte, während die linke in die geöffnete Hand der linken Nachbarin greift

 V-Haltung, Arme hängen locker nach unten

 W-Haltung, Arme knicken im Ellenbogen ab, sodass die Hände etwa in Augenhöhe gehalten werden

 T-Haltung, Arme liegen gestreckt auf den Schultern der Nachbarinnen

 X-Haltung, rechter Arm kreuzt über dem linken, die Hände werden etwa in Höhe des Solarplexus gehalten

Gürtelfassung: Die rechte Hand greift in den Gürtel (in Hüfthöhe getragen) der rechten Nachbarin, die linke greift über den Arm der linken Nachbarin in deren Gürtel

Fußstellungen und Schritte

re	rechter Fuß
li	linker Fuß
rü	rückwärts
plié	Knie sind gebeugt, Energie fließt zur Erde, mit der Schwerkraft tanzen
relevé	sich auf die Zehenspitzen erheben, Energie steigt in die Höhe, schwerelos tanzen

rond de jambe: Spielbein wird knapp über dem Boden in einem Halbkreis nach vorne geführt

brush   ein schleifender Schritt mit der Hacke über den Boden

Hinkeschritt ↶➤ li kreuzt gebeugt vor dem rechten Bein, re zieht schleifend nach bzw. re beginnend in GTR (Schritt der Alten, der Göttin in ihrem schwarzen Aspekt)

Mayimschritt ↶➤ li kreuzt vor re, re seit, li kreuzt hinter re, re seit bzw. re beginnend in GTR (Wasserwellenschritt)

Weitere Tanzanweisungen in Zeichen

Passage ist zu wiederholen :‖
insgesamt viermal zu tanzen :‖ 4x

Vom Suchen und Finden

– Vorwort zur Neuauflage –

»Ich erlebe bei vielen Frauen das Feiern von Jahreskreisritualen als intensive Suche nach einer adäquaten Form weiblicher Spiritualität ...« (S. 25). Vor mehr als 15 Jahren habe ich in diesem Buch Rituale als Weg der spirituellen Suche von Frauen beschrieben. Wo sind wir mit unseren tanzenden Wegschritten angekommen? Haben wir das gefunden, was tief in unseren Herzen wohnte und uns beflügelt hat?

Die heutige spirituelle Leserin wird vermutlich als erstes fragen, wer mit diesem nicht näher erklärten »wir« gemeint ist. Wer ging denn damals auf die Suche nach stimmigen rituellen Formen – tanzende Frauen, heidnische Waldhexen oder eine mittlerweile untergegangene religiöse Gruppierung?

1997, als dieses Buch erstmals erschienen ist, ergab sich die Antwort aus dem gesellschaftlichen Kontext. Es war die Zeit aufblühender Frauenprojekte, die aus dem Wunsch entstanden waren, immer mehr Ebenen des eigenen Lebens in frauenspezifischer Weise und vor allem autonom zu gestalten. Alle, die an dieser visionären Frauenzukunft mitdachten wie mitarbeiteten, gehörten zum gemeinschaftlichen »wir« und damit ich selbst auch.

Nach der Anfangsphase des primär politischen Engagements formte sich bei einem Teil der bewegten Frauen die Erkenntnis, dass zur angestrebten, matriarchal geprägten Veränderung auch eine neue Spiritualität gehöre. Dies gab Ende der siebziger Jahre den Impuls zur spirituellen Frauenbewegung, die von der Last patriarchal-religiöser Ideologien befreien wollte. Gesucht wurde nach spirituellen Bildern und rituellen Formen, die »weiblich zu träumen halfen«[1] und Mut zu kreativen Schritten gaben. Ich schrieb »Ritual und Tanz im Jahreskreis« als meinen Beitrag zu dieser, von der Frauenbewegung ausgehenden Wegsuche.

Haben wir gefunden, wohin uns die Frauenspiritualität führen sollte? Habe ich gefunden? – ist wohl vom heutigen Standort aus besser zu fragen, da das gefühlte »wir« der Frauenbewegung sicher Vergangenheit ist. Wie immer bei einer spirituellen

Suche habe auch ich anderes gefunden, als mir anfangs in Herz und Hirn vorschwebte.

Das Feiern der Jahreskreisrituale sollte sich nach meiner Vorstellung in eine rituelle Gestaltung persönlicher Lebensräume erweitern. Ich wünschte mir, dass Frauen ihre eigene Priesterinnenkraft entdeckten sowie ihre schöpferisch-spirituellen Möglichkeiten, Lebensübergänge rituell zu begehen. Eine immer größer werdende Welt jenseits der monotheistischen Religionen sollte die alten, von mir als starr erlebten rituellen Formen überflüssig machen. »Rituale sind als lebendiges Gebilde zu verstehen ...« (S. 25) und bedürfen steter Erneuerung. Nach vielen Jahren der Suche fand ich das gegenteilige Bedürfnis – bei mir wie bei den Frauen aus meinen Seminargruppen. Das anfängliche Empfinden, dass Rituale stete Erneuerung brauchen, wich dem immer stärker werdenden Wunsch nach klaren Formen und anerkannten symbolischen Handlungen. Rituale sollen tragen und für viele Menschen in unterschiedlichen Lebensräumen verbindend sein. Die meisten Frauen, die mir in meiner Arbeit begegnen, wünschen sich einfache, strukturierte Rituale, auf die sie in schwierigen Zeiten zurückgreifen können, ohne sie erst neu erfinden zu müssen.

Ich nehme wahr, dass das vorliegende Buch, welches bei seinem ersten Erscheinen dem damaligen offenen Ritualverständnis gewidmet war, heute eher aus dem gegenteiligen Bedürfnis angefragt wird. Aktuell wird nach festen rituellen Formen und Handlungen gesucht, die sich in Jahreskreisgruppen bewährt haben und nach denen sich Frauen in eigenen Gruppen richten können. »Ritual und Tanz im Jahreskreis« ruft nicht mehr zum Aufbruch in ein neu zu schaffendes Frauenland auf, sondern ist ein Standardwerk geworden, das erprobtes Material bietet.

Nach 15 Jahren hat sich nicht nur die gesellschaftliche Situation verändert, sondern auch die spirituelle. Als dieses Buch entstand, erlebte ich eine überwältigende christliche Dominanz in der Sacred-Dance-Szene. Wenn ich tanzen wollte, stellte ich meine eigenen spirituellen Bedürfnisse zurück, reihte mich in christliche Tanzgruppen ein und versetzte mich dabei in Bilder, die ich aus der matriarchalen Mythologie kannte. Manchmal führte diese, für mich schmerzliche Diskrepanz zu noch ganz anderen, tänzerischen Bildern. Daraus entstanden meine ersten eigenen Choreographien, manchmal auch Umdeutungen vorhandener Choreographien. Nur selten fand ich Kreise, in denen lustvolle Tänze und für mich stärkende spirituelle Vorstellungen zusammenkamen.»Aus diesem Mangel heraus ...«(S. 20) machte ich mich an die Arbeit, rituellen Tanz im Jahreskreis zu entwickeln und in die Öffentlichkeit zu bringen.

Erstaunt erinnere ich mich an diese Anfangszeit des Mangels, die mir heute weit weg erscheint. Wenn ich auf meiner tanzend-rituellen Wegsuche irgendwo angekommen bin, dann sicherlich in einer vielfältigen neuen Kreistanzwelt, in der alte wie neue Choreographien mit Freude aufgenommen werden. Das rituelle Kreistanzen hat seinen Platz gefunden. Jahreskreisbezogenes Tanzen, das in enger Verbindung mit Naturenergien steht, ist ein selbstverständliches und anerkanntes Thema in Tanzkreisen geworden. Die Frage, ob christlich oder heidnisch, scheint aktuell nicht mehr so wichtig. Frauen bewegen sich selbstbewusst zwischen religiösen Angeboten hin und her, prüfen, was sie stärkt, und sehen es nicht mehr als notwendig an, sich für eine bestimmte Richtung entscheiden zu müssen. Wichtiger als eine konkrete religiöse Zugehörigkeit scheint die Verbindung zu nährenden spirituellen Quellen zu sein und die Kenntnis über Wege, die diese Verbindung lebendig halten.

Einer dieser Wege, der die Beziehung zu den kosmischen Quellen immer wieder erneuert, ist das rituelle Tanzen im Jahreskreis. Die Schritte führen aus sich stets ändernden Lebensblickwinkeln zu den vertrauten Orten der Jahreskreisfeste. Im Tanz bringen sie Wandlung und Sicherheit zugleich. Dies mag ein Grund für die Beliebtheit des rituellen Kreistanzens unter den Frauen sein. Mich persönlich führte diese spirituelle Erfahrung aber auch in eine rituelle Erkenntnis, die ich in den Anfängen meiner Ritualzeit noch nicht gefunden hatte. Rituale brauchen Erneuerung und Stabilität zugleich. Wenn sie über Jahrzehnte bis Jahrhunderte bestehen wollen, müssen sie nicht nur zeitgemäß gewandelt, sondern auch in Inhalt und Form gehütet werden.

Dann aber stellt sich die Frage, wer dieses bewahrende Wächterinnenamt übernehmen könnte. In den Anfangsjahren der spirituellen Frauenbewegung hatten die meisten engagierten Frauen den Wunsch, Rituale auf einer gleichberechtigten Ebene zu feiern und Priesterinnenämter zu vermeiden. Es wurde nach Wegen gesucht, die hierarchiefrei waren. Darum wurden in vielen Jahreskreisgruppen rituelle Details vor der Feier mit den beteiligten Frauen diskutiert, um eine für alle akzeptable Gestaltung zu entwickeln. Dies hatte aber zur Folge, dass die Rituale fast ohne Grenze den individuellen Bedürfnissen eines Kreises ausgeliefert waren. Viele Ritualgruppen sind an diesem Problem und den damit verbundenen endlosen Debatten gescheitert. Manche Frauen wendeten sich frustriert von der rituellen Frauenspiritualität ab und suchten andere, von männlichen Lehrern dominierte spirituelle Richtungen auf. Die daraufhin kleiner werdenden Ritualgruppen traten in eine neue Phase ein. Es entstand der Wunsch nach einer klaren, eventuell professionellen Leitung, die in das spirituelle Zentrum des jeweiligen Rituals führte. Es entstand aber auch das Bedürfnis, mehr über die erlebten rituellen Praktiken zu erfahren, Hintergründe zu verstehen und eben doch eigene Variationen zu entwickeln. Diese gewandelte Situation, die ich während der neunziger Jahre in meiner Arbeit erlebte, hat die Gedanken von »Ritual und Tanz im Jahreskreis« wesentlich geprägt.

Mittlerweile ist weitere Entwicklung geschehen. Ich freue mich, dass eine vielfältige Kultur von Ritual- und rituellen Tanzgruppen entstanden ist, die immer neues Material zu den Jahreskreisritualen anbietet. Die anfängliche Kargheit an frauenbezogenen Choreographien und die Mühe, geeignete deutschsprachige Frauenlieder für Ritualtänze zu finden, die noch die Entstehungszeit dieses Buches bestimmt hat, sind glücklicherweise längst Vergangenheit. In diesem Sinn ist die anfangs geschilderte Suche zur Ruhe gekommen. Ich erlebe in der spirituellen Frauenkunst eine Fülle, die die weiß-rot-schwarze Schöpfungskraft von Frauen widerspiegelt. Hier ist eine neue Stärke entstanden, die neugierig macht, wohin der spirituelle Frauenweg weiter führen wird. Denn das Ankommen nach langer Suche lässt ahnen, dass es wiederum um Aufbruch geht.

Meine Hoffnung an diesen Aufbruch ist, dass die entstandene künstlerische Fülle zu einer Vertiefung der gegenwärtigen Frauenspiritualität führt. Dazu gehört für mich sicherlich die Entwicklung von Ritualen, die über den Acht-Feste-Zyklus hinausgehen und sich stärker auf aktuelle, gesellschaftspolitische Fragen beziehen. Darüber hinaus spüre ich als eine Zukunftsaufgabe, dass das überlieferte System der weiß-rot-schwarzen

Göttinnenenergien zu erweitern ist. Mythologien können aber nicht wie eine wissenschaftliche Theorie gemacht werden. Sie wachsen aus spirituellen Erlebnissen, die über die individuelle Erfahrung hinausgehen. Sie wachsen, bis sie in einer anerkannten Symbolsprache ihre Form bekommen haben und dadurch die Kraft, sich weit über ihre Entstehungszeit hinaus zu erhalten. Diesem mythologischen Werdeprozess verdanken wir unser Wissen um die weiß-rot-schwarzen Kräfte im Jahreskreis. Der Kern dieses Wissens ist die Wertschätzung des zyklischen Wandels. Im Sinne dieses Wandels sind auch die zugrunde liegenden mythologischen Systeme immer wieder mit der Aktualität des gegenwärtig Erlebten in Beziehung zu setzen. Das jährliche rituelle Feiern des Jahreskreises bewirkt damit zugleich seine Veränderung. Diese Veränderung meint aber nicht nur Details an den beschriebenen Ritualen oder der Auswahl der Tänze, sondern auch die spirituellen Aussagen selbst.

Suchen und Finden im Sinne des Jahreskreises hat natürlicherweise kein endgültiges Ankommen zum Ziel. Lassen wir uns also durch die gegenwärtigen Schätze an Frauenmusiken und Frauenchoreographien motivieren, immer wieder neu aufzubrechen. Begreifen wir Spiritualität als Landschaft, die noch unbekannte Gebiete enthält. Suchen wir in Tanz und Ritual nach spirituellen Erfahrungen, die mit mythologischer Kraft Gegenwärtiges verändern dürfen.

Ziriah Voigt, Mechernich Juni 2012

Einführung:
Ritueller Kreistanz heute

»Schritt, Schritt – sachte, sachte, sachte auf der Erde, Schritt, Schritt – klopf an, klopf an.«
Frauen tanzen in zarten frühlingshaften Gewändern Ostaras Tanz, berühren die Erde mit behutsamen Schritten, bis diese sich verwundert die Augen reibt. Klopf, klopf, klopf – hört sie mit ihrem Erdenkörper, sodass sie schließlich einen Regenwurm zum Ausschau halten nach oben schickt. Ist es tatsächlich Zeit für die Pflanzen, ihre Köpfe aus den Samenkörnern zu stecken? »Ja«, wird der Regenwurm berichten – »Ostara, die Frühlingsgöttin, tanzt über das Land. Mit zarten Schritten berührt sie den Boden, um unter ihren Füßen die grünen Spitzen zu rufen, den Boden wach zu klopfen und wegzulocken aus dem Winterschlaf. Schritt, Schritt – sachte, sachte, sachte auf der Erde. Schritt, Schritt – klopf an, klopf an.« Sind es die Frauen, die diese Frühlingszeremonie tanzen oder ist es Ostara selbst?

Im rituellen Tanz ist es eins und mit jedem Schritt immer weniger voneinander zu unterscheiden. Nur dass die Erde rechtzeitig zum Frühlingszeitpunkt geweckt wird – das ist von Bedeutung. Sie könnte uns schließlich vergessen. Das bewegt die Tanzenden. Deshalb berühren sie mit Hingabe die Erde im alten Muster, tanzen spiralig oder in Schlangenlinien über den Boden, um auch kein Fleckchen unberührt zu lassen. Es könnte sonst nicht grünen.

Der Tanz erfordert Sorgfalt trotz des sich aufdrängenden Gekichers, wenn beim »Klopf an, klopf an« die Regenwürmer wirklich verwundert aus der Erde gucken. Kindlicher Jubel über das Erfolgserlebnis mischt sich mit dem ehrfürchtigen Schweigen der anderen. Haben wir es uns nur eingebildet oder hat es wirklich in der Birke frühlingshaft gezuckt, als wir sie umtanzten? Plötzlich erkennen wir die ersten grünen Spitzen. Die Welten vermischen sich. Ostara tanzt über das Land »Schritt, Schritt – sachte, sachte, sachte …«.

Dies ist kein Bericht aus frühgeschichtlichen Zeiten oder vom Besuch bei einem isoliert lebenden Volk, das noch mit der Natur eins ist – es ist ritueller Kreistanz von Frauen heute.

Das vorliegende Buch stellt einen tänzerischen Gang rund um das Rad der acht Jahreskreisrituale dar, wie ich ihn in den vergangenen Jahren im steten Tanzen des Jahreskreises mit vielen Frauen entwickelt habe. Vorausgegangen war eine mehrjährige Auseinandersetzung mit den acht Jahreskreisritualen und die Suche nach einer authentischen Form, diese in unserer heutigen Zeit und Kultur zu feiern. Das eingangs skizzierte Beispiel aus dem Frühlingsritual gibt einen Einblick in die spirituellen Bilder und Gefühle, die im rituellen Kreistanz entstehen können.

Rituelle Tänze bauen auf der Praxis des Kreistanzens auf, die seit der Begegnung des Tänzers und Choreographen Bernhard Wosien 1976 mit der spirituellen Gemeinschaft Findhorn im Norden Schottlands[1] unter dem Namen »Sacred Dance« eine überwältigende Renaissance erlebte. Die Kreistanzbewegung heute ist geprägt von den Persönlichkeiten vieler Frauen und doch nicht von der Frauenbewegung. Die christliche Dominanz in den Sacred-Dance-Schulen lässt Heidinnen wie Feministinnen und vor allem feministische Heidinnen oftmals frustriert den Rücken kehren. Und doch wollen auch sie tanzen. Gab es nicht das Kreistanzen schon lange vor der christlichen Tradition, wie frühe Bilder und Tonmodelle belegen?

Aus diesem Mangel heraus ist das Konzept rituellen Kreistanzens entstanden, das – an jene frühgeschichtliche Zeit wieder anknüpfend – matriarchale Traditionen zu beleben sucht. Es ist kein Versuch der Rekonstruktion ritueller Tänze aus matriarchaler Zeit, da dies aufgrund fehlender Quellen unmöglich wäre. Gleichwohl werden beim Tanzen Gefühle wach wie »So könnte es einmal gewesen sein«. Damit ist rituelles Tanzen ein Beitrag zum Netz einer matriarchalen Kultur, wie es heute wieder von Frauen auf der ganzen Welt geknüpft wird.

Im Prinzip stehen diese Tänze allen Menschen offen, die an diesem Netz mitwirken wollen. Doch schließt die starke Bezogenheit der Tänze auf den weiß-rot-schwarzen Zyklus des Jahres, den jede Frau mit ihrem eigenen Körper widerspiegelt, Männer von wesentlichen Tänzen aus. Hier müssten andere mythologische Konzeptionen entwickelt werden, wie sie in reinen Frauengruppen, mit denen ich Ritual und Tanz praktiziere, nicht von Interesse sind.

Die meisten der in diesem Buch beschriebenen Choreographien sind eigene Entwürfe auf dem Hintergrund meiner rituellen Arbeit. Andere sind Neudeutungen von Tänzen, die ich in Folklore- oder Sacred-Dance-Gruppen kennengelernt habe – Tänze, in denen mein matriarchales Auge aufblitzte und andere Bedeutungen sah, als sie vermittelt wurden. Dies war immer ein Augenblick des Glücks, wie einen verlorengegangenen Schatz meiner eigenen Tradition wiedergefunden zu haben. Meine Freude pflanzte sich fort in den Gruppen, in denen ich solche Tänze in der neuen, aber nach meinem Verständnis eher alten Bedeutung weitergab. Im Tanzen war für alle offensichtlich, dass der Tanz die behauptete Energie und Aufgabe im Zusammenhang des matriarchalen Jahreskreises zu entfalten vermochte. Über die Jahre ist so eine Sammlung ritueller Kreistänze entstanden, die die Grundthemen der acht Jahreskreisrituale auf tänzerische Weise lebendig werden lässt. Der Wunsch vieler Frauen, mehr über die zugrundeliegenden Rituale und die Symbolik der Tänze zu erfahren, motivierte mich Mitte der 1990er-Jahre, mein bis dahin ausschließlich in Seminaren vermitteltes Wissen aufzuschreiben.

Mit diesem Buch möchte ich Anregungen und Material für die Praxis bieten, aber auch den theoretischen Hintergrund für eigene tänzerisch-rituelle Arbeit vermitteln. Die ausführliche Darstellung der Jahreskreisrituale soll die praktische Arbeit mit den Tänzen erleichtern und ihren angestammten Platz im Jahreskreiszyklus sichtbar machen. Dabei ist die Beschreibung der rituellen Vorgänge bewusst skizzenhaft gehalten, da nach meiner Auffassung Rituale nicht anleitungsartig auf fremde Gruppen zu übertragen sind. Es sind Beispiele, die zur Entwicklung eigener Rituale anregen sollen.

Rituelle Tänze können innerhalb eines Rituals Energien lenken und formen. Darüber hinaus aber transportieren sie rituelle Botschaften in den Lebensalltag und sind so wichtige Verbindungsglieder. Wenn Frauen sich zu diesen Tänzen treffen, binden sie sich in den natürlichen Rhythmus von Werden und Vergehen ein und erleben die vielen Gesichter der Göttin im überlieferten Zyklus des Jahreskreises. Es ist mein Wunsch, dass mit den vorgestellten Tänzen energetische Muster lebendig werden, die Frauen stärken und zur Entwicklung einer matriarchalen Kultur inspirieren.

Grundlagen rituellen Tanzes

Rituale als Weg der spirituellen Suche von Frauen

Rituale sind ein komplexes Gebilde aus Farben und Formen, Worten und Gesängen, Gesten, Bewegungen und Tänzen. Was aber macht dieses Gebilde zum Ritual? Auf eine feine, für die Außenstehenden und meist auch für die Teilnehmenden nicht durchschaubare Weise wird Zugang zu einem spirituellen Raum eröffnet, in dem Kommunikation mit sichtbaren und unsichtbaren Wirkkräften des Kosmos möglich ist. Genau dieser spirituelle Brennpunkt unterscheidet das Ritual vom Theaterspiel wie vom Psychodrama, auch wenn künstlerische und psychologische Elemente eine wesentliche Rolle spielen.

Wenn Menschen Rituale feiern, suchen sie die Erneuerung ihres Lebensprozesses in der Berührung mit diesen unsichtbaren kosmischen Kräften. Alle äußeren Medien wie energetische Techniken, die im Ritual gebraucht werden, dienen nur einem Anliegen: Sie wollen eine spirituelle Begegnung ermöglichen. Diese moderne Definition eines Rituals hat sich weit vom traditionellen rituellen Verständnis, wie es beispielsweise Stammeskulturen hatten, entfernt. Ursprünglich war das Ritual weit weniger am Menschen orientiert, sondern achtete viel mehr auf die Bewegungen der Elementarkräfte und auf das Wohlergehen der in der jeweiligen Kultur verehrten Gottheiten und Geister.

Diesem rituellen Verständnis lagen unterschiedliche mythologische Weltbilder zugrunde. So gelten zum Beispiel bei den Navajo-IndianerInnen bis heute alle traditionellen Rituale als göttliche Geschenke, die den Menschen des Stammes von den verehrten Gottheiten selbst gezeigt wurden, um die Harmonie der kosmischen Ordnung zu erhalten.[1] Bei der Zelebration kommt es auf die genaue Ausführung und zahlreiche Details an, wenn die überlieferte Wirkung aus mythologischer Zeit bestehen bleiben soll. Manchmal, wenn die kosmische Ordnung aus dem Gleichgewicht gebracht ist oder wenn sich eine Gottheit vernachlässigt fühlt, ergreift diese selbst die Initiative und erwählt einen Menschen, der oder dem sie das rituell zu Tuende offenbart. So können sich alte Rituale erneuern oder auch verändern. Die rituelle Tradition bleibt lebendig und die Gemeinschaft des Stammes ebenso, wenn die Kommunikation zwischen Gottheiten und Menschen hin- und herfließt.

Allerdings ist dieser direkte spirituelle Kontakt auch in den wenigen noch existierenden Stammeskulturen immer seltener geworden, vor allem seit ihnen ihre natürlichen Lebenszusammenhänge von den Industriekulturen entrissen wurden. Gottheiten und Menschen sind sich fremd geworden, und viele der detailliert-komplizierten Rituale ähneln heute eher Vorführungen und schaffen nicht mehr den dichten spirituellen Kontakt. Ist die natürliche Kommunikation zwischen Menschen und Gottheiten verlorengegangen, sind auch die mythologisch überlieferten Rituale nicht mehr im menschlichen Lebenszusammenhang verwurzelt und werden zu starrer Tradition.

Im vom Christentum bestimmten Europa schielen wir trotz allem neidisch auf solche spärlich erhaltenen Rituale fremder Kulturen und viele, spirituell interessierte Frauen hatten die Hoffnung, bei außereuropäischen Völkern den Weg zur eigenen Spiritualität wiederzufinden. Ende der siebziger Jahre brach eine Reise- und Bücherwelle zu den indianischen Kulturen aus, und einige Frauen brachten davon sogar indianische Zeremonien mit, an denen sie teilhaben durften. Sie waren fasziniert von dem Erlebten und trugen es in spiritualitätshungrige Frauengruppen. Der Import dieser fremden Rituale erwies sich jedoch als schwierig. Namen, Gesten und Symbole der ausländischen Göttinnen mussten mühsam wie eine neue Sprache erlernt werden. War auch die Schönheit und Intensität der Zeremonie oft bewegend, so blieb doch bei vielen Frauen ein schales Gefühl des Unstimmigen zurück. Es funktionierte offensichtlich nicht, sich aus Enttäuschung über die blassen christlichen Rituale der eigenen Heimat nun mit außereuropäischen Göttinnen und ihren Zeremonien zu trösten. Zu einem lebendigen Ritual gehört der lebendige Kontakt zu dieser Göttin, und ein solcher lässt sich wesentlich schwerer aus dem Ausland importieren als die zu ihr gehörende Zeremonie. Auch ist die rituelle Symbolsprache mit ihren Farben, Formen, Klängen und Gerüchen nur selten universell, sondern beruht auf Assoziationen, die sich in einem spezifischen kulturellen Zusammenhang entwickelt haben.

Sie hat auf europäische Frauen nicht unbedingt dieselbe Wirkung wie in ihrer angestammten Kultur. Viele Frauen haben sich deshalb nach einer Zeit des spirituellen Lernens in außereuropäischen Kulturen wieder den religiösen Überlieferungen des eigenen Landes zugewandt. In Deutschland allerdings erweist sich die Suche nach alten, vorchristlichen Ritualen als ausgesprochen schwierig. Die Überlieferungskette zur Naturreligion ist durch die Hexenverfolgung massiv unterbrochen worden; das Christentum hatte sich schon vorher der einheimischen Göttinnen und Götter in einer Weise bemächtigt, die einer lebendigen heidnischen Tradition kaum eine Überlebenschance ließ. Die Nazi-Ideologie mit ihrer Bindung an die germanische Kultur gab den Rest, sodass frauenbewegten Frauen heute eine natürliche Beziehung zu den heimischen Gottheiten kaum noch möglich ist.

Trotz allem ist das Bedürfnis nach rituellen Traditionen weiter existent. Frauen wünschen sich Rituale, die sie an den weiblichen Lebensschwellen wie Menarche, Wechseljahre oder anderen Wandelsituationen begleiten. Sie suchen nach spirituellen Formen, die ihr Leben wieder in den natürlichen Zusammenhang von Werden, Wachsen und Vergehen einbinden. Doch die Suche nach einheimischen Ritualen für diese Situationen erweist sich aus den genannten historischen Gründen als wenig fruchtbar. So kostbar überlieferte Zeremonien sind, so haben sie doch nur geringe Kraft, wenn sie sich nicht entsprechend den massiven Veränderungen der Gesellschaft mitgewandelt haben.[2]

Wir können der alten Auffassung von Ritualen, in der sie möglichst originalgetreu beizuhalten sind, heute nicht mehr folgen. Es bliebe noch, auf Offenbarungen oder Träume von der Göttin zu warten, in denen sie uns selbst neue Rituale zeigt. Dies käme der traditionellen mythologischen Vorstellung vom Ritual jedenfalls am nächsten. Ein solches Traumgeschenk von der Göttin setzt jedoch eine enge, natürliche Verbindung zu ihr voraus. In heutiger Zeit kann diese aber eigentlich erst Folge eines intensiven Ritualgeschehens sein. Frauen stehen damit vor der schwierigen Situation, Rituale feiern zu wollen, ohne das göttliche Gegenüber zu kennen oder gar fühlen zu können.

Die heutige spirituelle und soziokulturelle Situation von Frauen hierzulande ist fast immer von vielen Jahren christlicher

Erziehung geprägt. Die zwangsweise Anbetung ausschließlich eines Gottvaters macht es den meisten Frauen unmöglich, sich übergangslos einer Göttinnenreligion zuzuwenden. Die Skepsis ist zu groß, mit viel Aufwand nur das Alte mit neuem Geschlecht eingetauscht zu haben. Es braucht neue rituelle Wege und viel Zeit, eigene Formen des religiösen Ausdrucks zu finden und vor allem die transzendente Adressatin dafür. Ich erlebe bei vielen Frauen das Feiern von Jahreskreisritualen als intensive Suche nach einer adäquaten Form weiblicher Spiritualität bis hin zur Sehnsucht, tatsächlich einmal wieder »Göttin« sagen zu können.

Damit wird das Ritual in der heutigen Zeit immer mehr zum Medium, überhaupt spirituelle Erfahrungen zu machen und transzendente Begegnungen zu erleben. Während früher die konkrete Gottheit die Wahl des jeweiligen Rituals bestimmte, mit dem sie erreicht werden konnte, ist es heute eher umgekehrt. Wir feiern ein bestimmtes Ritual, um zu erfahren, welche transzendente Kraft damit spürbar wird. Akzeptieren wir diese Auffassung vom Ritual als Weg religiöser Suche von Frauen, so verändert dies seine inhaltliche Ausgestaltung natürlich wesentlich. Auch wenn Erfahrungen in Bezug auf wirksame Ritualhandlungen bestehen, muss die Zusammenstellung von Symbolsprache und Symbolhandlungen vor jeder konkreten Feier neu überdacht werden, ob sie für die Frauen im rituellen Kreis stimmig ist. Rituale sind so als lebendiges Gebilde zu verstehen, das der steten Überprüfung und Erneuerung bedarf.

Das Rad der acht Jahreskreisrituale

Das spirituelle Weltbild, in dessen Zentrum die Jahreskreisrituale stehen, geht von einem vielschichtigen Gefüge kosmischer Kräfte aus, das an bestimmten Schaltpunkten im Jahr Unterstützung – auch durch die Menschen – braucht. So ist das Symbol eines achtspeichigen Jahresrades entstanden, das acht große Rituale markiert. Mit diesen kosmischen Festen wird das Jahr in Abschnitte von sechs bis sieben Wochen eingeteilt. Gehen die Menschen mit diesem Acht-Feste-Zyklus durch das Jahr, entsteht eine dichte Verbundenheit zwischen der eigenen Lebensgestaltung und dem jährlichen Prozess im Naturzyklus.

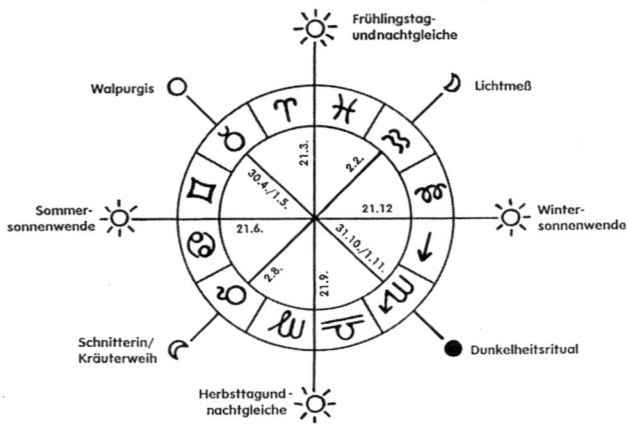

Das Rad der acht Jahreskreisfeste

Die acht Jahreskreisrituale stehen wechselweise unter Sonnen- bzw. Mondeinfluss, was eine je eigene Prägung bewirkt. Die vier Sonnenrituale sind die zwei Wenden der Sonne im Winter (zwischen dem 20. und 23. Dezember) und im Sommer (zwischen dem 20. und 23. Juni) und die Tagundnachtgleichen im Frühling (zwischen dem 20. und 23. März) und im Herbst (zwischen dem 20. und 23. September). Die Sonnenrituale strahlen im genussvollen Zusammensein vieler Menschen auf und zeigen stärker einen Festcharakter. Die Sonne wird mit dieser expansiven Energie an ihren Schaltpunkten gestützt und genährt. Wir können uns in diesen Energieaustausch einbringen und nehmen vielleicht nicht mehr so selbstverständlich jeden Sonnenstrahl entgegen. Die vier Mondrituale sind in ihrer Dynamik jeweils von einer der vier Mondphasen charakterisiert; sie geben primär dem individuellen Prozess der Feiernden Raum und zelebrieren eine persönliche Ritualhandlung. Die vier Mondrituale sind Lichtmess (2. Februar[3]) – junge Mondsichel, Walpurgis (Nacht vom 30. April zum 1. Mai) – Vollmond, Schnitterin/Kräuterweih (2. August) – abnehmender Mond und Dunkelheitsritual (Nacht vom 31. Oktober zum 1. November) – Schwarzmond.

An all diesen besonderen Sonnen- und Mondpunkten im Jahr arbeiten Mensch und kosmische Kräfte zusammen, um ein Weiterbewegen des Rades zu bewirken. Das heißt, die rituelle Idee geht nicht vom Faktum der über Jahre hinaus mit Computergenauigkeit errechneten Daten der Sonnenwenden und ähnlicher Termine aus, sondern sie begreift jede Sonnenwende als eine Frucht des spirituellen Zusammenwirkens. Naturzyklen unterliegen zwar gewissen, seit alters her genau beobachteten Erfahrungswerten, aber gleichzeitig sind sie in diesem Weltverständnis immer wieder neu rituell zu erschaffen. Indem Frauen Rituale feiern, gestalten sie somit die Welt und sind in diesem Sinn tatsächlich die Göttin als Schöpferin.

Mechanistisch missverstanden verführt eine derartige Definition allerdings leicht zu einer Überbewertung des eigenen rituellmenschlichen Anteils, was ja im Verlauf kultischer Entwicklung oft genug geschehen ist. Schon die Gegenüberstellung von Mensch und Kosmos – wie auch ich sie gelegentlich behelfsweise gebrauche – ist im Grunde falsch. Die Menschen sind natürlich ein Teil des Kosmos, und als dieser Teil wirken sie neben vielen, teils nicht bekannten anderen Einflüssen am jährlichen Schöpfungsgefüge mit. Im organisch verstandenen Zusammenwirken geht es damit nicht nur um den rituellen Schubs des Menschen am Jahresrad, sondern ebenso darum, sich mit dem eigenen Lebensalltag in dieses kosmische Rad zu integrieren.

Gerade letztere Funktion ist es, die Frauen heute mit dem Feiern des Jahreskreiszyklus erleben und schätzen lernen. Durch die Ritualfeier werden die acht Zeitabschnitte des Jahresrades sehr bewusst erlebt. Persönlicher Lebensvollzug und Naturzyklus harmonieren sich. Genau dies ist die Grundidee des rituellen Ganges durch das Jahresrad: Eigene Schritte fallen wesentlich leichter, wenn sie in den Naturrhythmus eingebettet sind. So lassen sich Ideen des Neuanfangs zur Frühlingszeit besser in die Tat umsetzen, als wenn sie in der Phase des Absterbens und Zurückziehens im Herbst verwirklicht werden sollen. Im ersten Fall kann mit der Unterstützung zahlreicher Elementarenergien gerechnet werden, im zweiten fällt nicht nur diese weg, sondern die betreffende Person muss zusätzlich noch mit viel Energieaufwand gegen den kosmischen Grundpuls angehen. Viele ermüdende oder gar gescheiterte Unternehmungen ließen sich mit diesem schlichten Modell auf einfache Weise erklären.

Das Modell des Jahresrades lässt bis heute seine bäuerlichen Wurzeln erkennen, denn sein Kern ist die Symbolik von Saat und Ernte. Vermutlich wurden die acht Jahreskreisrituale ursprünglich nur als Höhe- und Wendepunkte eines landwirtschaftlichen Jahres[4] begangen und hatten keine anderen spirituellen Inhalte. Für die Bäuerin war keine besondere Übertragung des rituellen Erlebnisses in den Alltag notwendig. Sie ging und geht bis heute in ihrer Arbeit direkt mit diesem Rhythmus des achtspeichigen Jahresrades um. Die berufstätige Städterin erfährt solch direkte Parallele nicht mehr. Mit einiger Abstraktion kann aber auch sie erkennen, dass die gleichen Gesetzmäßigkeiten für ihren Alltag von Bedeutung sind. So ist der hier vorgestellte Entwurf keinesfalls nur für die alternative Landfrau gedacht – im Gegenteil. Gerade in der abgeschnittenen Situation des technisierten Berufsalltags kann die Einbindung in den Naturzyklus das Gefühl eines entfremdeten Lebens mindern und sogar heilen helfen.

Der Jahreskreiszyklus ist in seiner Konzeption ein dogmatismusfreies religiöses Modell, das Frauen für ihre spirituelle Suche einen rituellen Rahmen gibt, ohne sich auf konkrete Gottheiten beziehen zu müssen. Zwar sprechen wir teilweise bei den Ritualen von der Göttin in ihrer weißen, roten und schwarzen Gestalt oder nennen manchmal auch konkrete historische Namen wie die eingangs zitierte Ostara; doch sind dies Hilfsformulierungen und nicht mit dem Glauben an eine auf Erden oder im Himmel wirkende Göttin zu verwechseln.

Dies gilt jedenfalls für den spirituellen Feminismus[5], der sich bewusst auf die frühgeschichtliche Symbolik der großen Göttin beruft. Die zahlreich gefundenen Statuetten aus der Alt- und Jungsteinzeit zeigen eine Veranschaulichung des weiblichen Prinzips, das in matriarchaler Zeit als Verkörperung kosmischer Gesetzmäßigkeiten galt.[6] Somit repräsentierten diese Figuren gerade keine konkrete Göttin, sondern konkretisierten abstrakte religiöse Prinzipien, um sie im direkten Sinn des Wortes anfassbar zu machen.

Dasselbe Prinzip liegt den hier vorgestellten Jahreskreisritualen zugrunde. In konkreten Handlungen, Tänzen und Symbolen machen sie abstrakte religiöse Vorstellungen einer matriarchalen Mythologie für die Beteiligten direkt erfahrbar. Sie begleiten spirituelle Feministinnen auf ihrem Weg der religiösen Suche und helfen bei der Entwicklung einer religiösen Sprache, die für Frauen glaubwürdig ist. Bis dahin ermöglichen sie den Sucherinnen spirituelle Begegnungen im rituellen Raum. In diesem Sinn sind die in diesem Buch vorgestellten Jahreskreisrituale kein Versuch einer historischen Rekonstruktion, sondern sie wurden neu in Bezug auf die heutige spirituelle Situation von Frauen geschaffen. In die dargestellte Form ist die Erfahrung vieler Jahreskreiszyklen mit aufgenommen worden, in denen Frauen diese Rituale erprobt und verändert haben.

Ritueller Tanz als Verbindung zwischen Ritual und Alltag

Rituelle Tänze bewegen die sich wandelnden Energien von Sonne und Mond, sie tanzen das Kräftespiel der vier Elemente, die Rhythmen von Saat und Ernte, die Lebenszyklen der Frauen und vieles mehr. In der steten Wiederholung liegt ihre Kraft. Wie eine Beschwörung tanzt die Tänzerin monotone Muster in die Erde, setzt mit den Füßen einen feinstofflichen Code in den Raum in der Hoffnung, die kosmischen Kräfte mit dieser schlichten Tanzsprache zu erreichen.

Genau dies ist es, was rituellen Tanz kennzeichnet: die Zwiesprache mit dem Universum, das feine Hin- und Herwirken von menschlichen und spirituellen Kräften. Im Vollzug des rituellen Tanzes ist Ursache und Wirkung nicht mehr voneinander zu unterscheiden. Ist es die Tänzerin mit ihrem zarten, mondsichelförmigen Schrittmuster (siehe »Tanz der jungen Mondsichel«, siehe S. 67), die die junge Lichtmesssichel zum Leuchten bringt oder bewegt die junge Sichel das erste Lichtmessweiß im Herzen der Tanzenden? Blinkt die Sommerpracht auf Wiesen und Feldern feuriger, wenn wir die »Rote Frau« (siehe S. 118) tanzen oder macht der leuchtende Sommer unsere tanzenden Becken so feurig? Es ist müßig, nach solcherart Unterscheidungen zu fragen, so wie sich auch das Kichern der schwarzen Göttin im »Tanz der lustigen Alten« (siehe S. 231) nicht von unserem eigenen Kichern unterscheiden lässt. Und wie ihr Lachen noch lauter tönen würde, wenn wir zu trennen versuchen, was in einer matriarchalen Spiritualität zusammen gehört.

Im rituellen Tanzen wird ein spiritueller Raum geschaffen, in dem Begegnungen und Austausch mit transzendenten Kräften möglich sind. Ist damit ritueller Tanz nicht direkt als Ritual anzusehen? Das ist natürlich eine Frage der Definition. In der geschilderten Bewusstheit der Tänzerin wäre ihr Tanz zweifelsohne ein Ritual, zelebriert für die Kräfte des Kosmos. Allerdings ist solche Bewusstheit für den Tanz mitten im Alltag nicht leicht zu erreichen. Deshalb ist ein Ritual gekennzeichnet durch einen bewussten Übertritt von der alltäglichen Welt in die rituelle und zwar in mehreren Schritten. Jeder dieser Schritte sensibilisiert zunehmend die Wahrnehmung und bewirkt eine Erweiterung des Bewusstseins. Diese Phase wird als ritueller Rahmen bezeichnet, mit dem die spezielle Haupthandlung umschlossen wird. Es ist ein zeitlich und energetisch aufwändiger Prozess, der das Ritual gezielt aus dem Alltag heraushebt. Er verhindert zugleich einen leichtfertigen und unbedachten Umgang mit transzendenten Kräften, deren Wirkweise wir nur begrenzt kennen.

Mit dieser Betonung des rituellen Rahmens setze ich mich bewusst von der gegenwärtigen Tendenz ab, den Begriff Ritual für alle möglichen, sich wiederholenden Handlungen im Alltag zu gebrauchen. Hier wird die Sinnenwelt des Rituals mit unterbewussten Handlungen verwechselt. Rituale aber zeichnen sich gerade durch ihren hohen Bewusstseinsgrad aus, den sie bei den Teilnehmenden voraussetzen. Dies ist weder intellektuell noch hierarchisch misszuverstehen. Rituelles Bewusstsein meint die gleichzeitige Aufmerksamkeit auf allen, dem Menschen möglichen Wahrnehmungs- und Erkenntnisebenen. Gerade das wird am besten durch eine stets gleichbleibende, rituelle Rahmenhandlung erreicht.

Natürlich gibt es auch andere Möglichkeiten, doch sind sie in der Regel noch aufwändiger, da sie eine längere persönliche Schulung voraussetzen. So gehörte zum Beispiel zur traditionellen Ausbildung einer indischen Bharata Natyam-Schülerin nicht nur das Studium der komplexen Tanztechnik und das Erlernen der zu tanzenden Mythologien, sondern auch die Unterweisung in eine religiöse Lebenspraxis, die den Alltag in den künstlerisch-priesterlichen Beruf integriert.[7] Auf der Basis einer derartigen Ausbildung konnte die Tänzerin dann ohne langwierige Vorbereitungshandlungen dem Kosmos rituell Tänze darbieten und die beschriebene Wirkung erzielen.

Unser heutiges, von Beruf, Technik und Lärm dominiertes Leben gibt einem solchen spirituellen Ausnahmeleben wenig Chancen. Der natürliche Kontakt zu transzendenten Kräften geht im Alltag immer wieder verloren, und so suchen die meisten Frauen nach Toren, die Zugang zum spirituellen Raum ermöglichen. Ein solches Tor ist das Ritual mit seinem wohl durchdachten stufenweisen Aufbau, doch wird es aufgrund des dazugehörenden Aufwands eher ein kultisches Ausnahmeereignis bleiben. Es sind also darüber hinaus Wege notwendig, die Kontakt zu spirituellen Kräften ermöglichen und auf schlichte Weise Frauen mit dem Rhythmus des Jahreskreises verbinden. Hier liegt nach meiner Auffassung die besondere Aufgabe und Qualität der rituellen Tänze. Sie bewegen sich genau an der schmalen Grenze zwischen Ritual und Alltag. Ihre Bewegungen haben rituelle Botschaften gespeichert, die beim Tanzen frei werden und die Tänzerinnen in ein nicht hörbares Gespräch verwickeln. Vielleicht werden auf diese Weise längst vergessene Verbindungen zur spirituellen Welt in den eigenen Körperzellen geweckt, sodass viele Frauen beim rituellen Tanz eine dichte Berührung mit transzendenten Kräften fühlen. Durch die feine, symbolische Chiffrierung ihrer Bewegungen gelingt es diesen Tänzen spürbar, ohne aufwändige rituelle Vorbereitungen mitten im Alltag ein intensives spirituelles Erlebnis zu schaffen. In der Wortlosigkeit ihres Ausdrucks entlasten sie Frauen zudem vom mühseligen Prozess der feministisch-religiösen Sprachformulierung. In tänzerischen Energiemustern können alle Teilnehmenden Symbole, Bilder und Mythen der »Göttin« genannten Kraft bewegen.

Der Tanzkreis als rituelle Form

Die enge Beziehung von Ritual und Kreistanz liegt in der zentralen Symbolsprache, die in beiden Prozessen ähnlichen energetischen Regeln folgt. Die Grundform in Tanz wie Ritual ist der Kreis als Ausgangsbasis jedes weiteren Geschehens.[8] Tanzend bilden wir ihn mit Schrittmustern, die sich mantraartig auf der Kreislinie wiederholen. Im Ritual ziehen wir den Kreis auf magische Weise sichtbar durch Messer, Schwert oder kreisförmig gestreute Gaben an die Naturwesen (zum Beispiel mit Bohnen oder Getreide) oder unsichtbar durch Visualisierung. Mit dem Ziehen des Kreises schaffen wir in der Weite des Universums einen verdichteten Raum für spirituelle Erfahrung. Wir lassen bewusst gewisse Aktivitäten unseres sonstigen Lebens außerhalb des Kreises, sodass die Kreisform selbst noch einmal die rituelle Schwelle für alle beteiligten Sinne bekräftigt.

Reigentanz ist uralt (Tonmodell, Zypern, 1.000 v.Z)

Diese Verdichtung der spirituellen Kräfte ist es, die den Kreis als rituelle Form vor allen anderen auszeichnet. Der geschlossene Kreis wirkt wie ein Kessel, in dem sich die getanzten Energien sammeln können. Der Kessel wiederum gehört zu den zentralen Symbolen matriarchaler Mythologie. Die schlichteste Symbolisierung des Kessels ist ein liegender Halbkreis ∪. Dieser stellt zugleich die untere Hälfte des Jahres dar, in der sich die Lebenskräfte im großen Erdtopf – dem ursprünglichen Kessel – sammeln.[9] Über dem Erdkessel spannt sich wie ein Dach der Kesseldeckel – das Halbrund des Himmelsgewölbes ∩. So erweitert sich der Kessel in die Vertikale zu einem Kreis. Rund war der Grundbegriff des steinzeitlichen Weltbildes, lange bevor in der Antike die flache Scheibe auftauchte; voller Rundung sind auch die Körper der steinzeitlichen Frauenfiguren, da sie diese runde Weltauffassung repräsentieren.[10]

Übertragen wir dies auf den Tanz, so schafft der mit den Füßen getanzte Kreis in der Horizontalen durch die in ihm erzeugten bzw. gesammelten Energien einen weiteren Kreis in der Erd-Himmel-Perspektive. Das Zusammenwirken beider Kreise im Verlauf des Tanzens ergibt eine kugelförmige Energie. Die Kugel kann Erde, Sonne oder Mond, aber auch alle anderen

Planeten symbolisieren – sie ist eine der Grundformen, die sich im Makro- wie im Mikrokosmos wiederfinden. Im rituellen Tanz ziehen wir wie diese Planetenkugeln unsere Bahn im Weltall. Das ruhige Kreisen im Wiederholen der getanzten Schrittmuster schafft ein Zentrum, einen Mittelpunkt des Tanzkreises. Vermutlich ist es diese Suche nach dem inneren Zentrum der Kugel, die die geschlossene Kreistanzform in so vielen Tänzen auflöst – auch wenn als Fachterminus nach wie vor der Begriff »Kreistanzen« benutzt wird. Die Tanzenden streben vom Prinzip der Verdichtung und Intensivierung her gedacht vom Kreisrand zum Inneren der Kugel. So entstehen die ersten Schritte zur Mitte. Und hier zeigt sich, dass der geschlossene Kreis zwar Geborgenheit und Halt bietet, aber – gerade durch den Gruppenhalt – die Mitte nur begrenzt erreichen lässt. Wollen die Tanzenden dem Zentrum noch näher kommen, müssen sie die geschlossene Kreisform öffnen. Diese geometrische Notwendigkeit entspricht der spirituellen Erkenntnis, dass die letzten Schritte auf die Mitte zu individuell getan werden müssen und Mut voraussetzen, den geborgenen Kreis zu verlassen.

Choreographisch ist vermutlich aus dieser Spannung die Öffnung des geschlossenen Kreises zur Schlange mit Schwanz und Kopf entstanden. Im Schlangentanz bleibt die Gruppe ein gemeinsamer Körper; zusammen bildet sie den Schlangenleib, und doch kann jede Tänzerin nun im Verlauf der wurmartigen Windungen wenigstens einmal direkt den Kreismittelpunkt berühren. Diese Berührung der Kreismitte mit ihrer anschließenden Wendung zu einem neuen Weg hinaus deutet die Änderung der Lebensperspektive an und wird als Häutung der Schlange gedeutet.

Das Ritual kennt ebenfalls eine Phase, in der die Frauen die klare Kreislinie verlassen müssen. Meist geschieht dies an der Schwelle zur rituellen Haupthandlung. Auch hier suchen die Teilnehmerinnen das Zentrale zu erfassen, und das geht nicht vom Rand des gezogenen Kreises aus. Entsprechend der tänzerischen Häutung der Schlange geschieht im Ritual eine Veränderung jeder Frau durch eine in der Tiefe wirkende Symbolhandlung. Jede tritt im Zentrum des Ritualgeschehens wenigstens einmal aus dem Kreis heraus und vollzieht ihre persönliche Ausgestaltung der jahreszeitlichen Ritualhandlung. Sichtbarer noch als im symbolischen Geschehen des Schlangentanzes legt sie im Ritual als Ausdruck ihrer Häutung zum Beispiel alte Kleider ab und zeigt unsicher ihre neue Haut. Wie eine neue Frau tritt sie in den Kreis zurück, der sich auf diese Weise mit der Häutung jeder Frau ebenfalls erneuert. Auch Schlangentänze enden oftmals wieder im Kreis – vermutlich um Ähnliches auszudrücken.

Mit dem Prozess von Kreis und Schlange geben rituelle Tänze in komprimierter Form den komplizierten Ablauf eines rituellen Geschehens wieder. Sie folgen denselben energetischen Gesetzmäßigkeiten, und beide haben den Wunsch, eine Begegnung mit den spirituellen Kräften des Universums zu ermöglichen.

Ritueller Tanz ist auf ein gemeinsames rituelles Anliegen wie zum Beispiel die Rituale des Jahreskreises konzentriert und unterscheidet sich damit sowohl von meditativen Tanzveranstaltungen wie von der Folklore, auch wenn von beiden Stilrichtungen Tanzmaterial benutzt wird. Im Zentrum rituellen Tanzes steht nicht unbedingt eine besondere Serie von Ritualtänzen, sondern eher eine besondere Art und Weise, überlieferte und neu choreographierte Tänze im Verlauf des Jahreskreiszyklus zu tanzen. Ritueller Tanz greift nur bedingt die Bedürfnisse der Teilnehmerinnen auf, vielmehr stellt er das Bewegen kosmischer Energien ins Zentrum. Dies bedeutet für die teilnehmenden Frauen eine besondere Konzentration und Anstrengung, im Tanz exakt zu sein, um der nahezu priesterlichen Aufgabe gerecht zu werden. Die Arbeit am tänzerischen Detail und am Gesamtbild des Tanzes dient in diesem Sinn weniger der technischen Perfektion, sondern dem genauen Führen von Energieströmen. In längeren rituellen Tanzveranstaltungen beabsichtigen wir ein gemeinsames Energiebild zu formen, was in seiner Ausstrahlung auf alle anwesenden Kräfte und Personen wirkt. Diese Arbeit erfordert höchste Aufmerksamkeit und die innere Bereitschaft, den eigenen Tanz diesem spirituellen Anliegen zu widmen. Das heißt nicht, dass ritueller Tanz ernst und anstrengend sein muss oder gar ohne Lachen bis zum Ende durchgehalten werden soll. Der Kontakt mit feinstofflichen Kräften kann die Einzelne in der Stille berühren, aber auch Energien voller Lebenslust und Freude wecken, die sich in den nächsten Tänzen ausdrücken wollen. Ernste Phasen führen oft in eine wilde Entladung, in ein Aufstrahlen erotischer Kraft oder auch in den blitzenden Humor der schwarzen Alten. Denn diese wechselt gerne überraschend das Temperament, wenn sich alle brav auf Trauermienen eingestellt haben.

Die innere Haltung im rituellen Tanz wird sich in der äußeren widerspiegeln. Entsprechend der Präsenz des Geistes und der Sinne ist der Körper aufmerksam gespannt in jeder einzelnen Bewegung, ohne sich zu verspannen. Die Wirbelsäule fühlt den Raum zwischen Himmel und Erde; die Füße suchen die Bodenenergie, während der Körper in ständigem Kontakt mit dem Luftelement ist. Gerade diese Nähe zu den Elementen ist es, die rituellen Tanz auszeichnet und bis in die Feinheiten der Bewegung wirkt.

Die Basis jeden Tanzes ist der Schritt. Ritueller Tanz setzt jeden Schritt als bewussten Kontakt mit der Erde wie eine zärtliche Berührung; zum Beispiel folgen wir im Schlangentanz den Energielinien des betanzten Erdbodens. Die Füße sind wie Augen und erfühlen in den engen Schlangenwindungen ihren Weg, wenn der visuelle Sinn nur wenig Hilfe bietet. Andere Schritte suchen das Feuer in der Erde, reiben wie ein Zündholz über den Boden oder lassen ihn unter ihrem Stampfen vibrieren. Wenn ich beim rituellen Tanzen Genauigkeit in der Schrittqualität fordere, so geht es wieder darum, sich die spirituelle Aufgabe des jeweiligen Tanztreffens bewusst zu machen und die dazugehörige Art der Schritte. Dasselbe können wir für die Führung der Hände im Kontakt mit der Luft sagen und letztlich auch für die feinen Bewegungen des Körpers selbst. Zwar arbeitet – je nach Anspruch – jede Tanzschule an der genauen Ausführung einer Choreographie. Es ist aber ein Unterschied, ob sich das detaillierte Üben allein an einem ästhetischen Bild des Tanzes orientiert oder ob die Gruppe ein gemeinsames energetisches Muster vor Augen hat, das im Verlauf eines rituellen Tanzens geschaffen werden soll. Letzteres kann auch einmal dazu führen, dass Choreographien in der Ausführung verändert werden, weil ein spezieller energetischer Schwerpunkt im Tanzritual gefordert ist.

Zur aufmerksamen Körperhaltung im rituellen Tanz gehören zentral die Augen. Leider ist in der Kreistanzszene häufig eine Schläfrigkeit im Blick anzutreffen bis hin zur Frau mit geschlossenen Augen, die beim Tanz alles zu vergessen scheint. Dies ist jedoch keinesfalls als Höhepunkt eines rituellen Tanzerlebnisses anzustreben. Auch in den Augen geht es um Wachheit und Präsenz, damit die vielfältigen Ebenen des spirituellen Tanzgeschehens wahrgenommen werden können. Jede Frau im Kreis beobachtet sorgfältig, wie die feinstoffliche Kraft der Choreographie in die kosmischen Räume ausstrahlt – ob ein Tanz beispielsweise wiederholt werden sollte oder vielleicht in Einzelheiten intensiviert werden müsste. Dies ist nach meiner Ansicht Aufgabe der gesamten Gruppe und sollte nicht nur auf die Leiterin abgeschoben werden, um sich selbst der Entspannung hingeben zu können. Insbesondere die Augen halten den Kontakt zur Tanzmitte, zum Tanzkreis und zu den eigenen Tanzbewegungen. In dieser Mehrfachausrichtung sind sie hochbeschäftigt. Darüber hinaus machen sie die innere Bewegung des Geistes deutlich, die während der äußeren Bewegungen geschieht. Darum gilt die Schulung der Augen in kultischen Tanzrichtungen als elementar[11], da sie als gleichzeitige Schulung des Bewusstseins gilt und umgekehrt. Der Blick kann die Bewegung verfolgen und damit intensivieren, er kann aber auch ein inneres Gefühl zum Ausdruck bringen und so einer Bewegung ihren spezifischen Charakter geben. Der Blick ist letztlich die Kraft, die eine Beziehung aus dem individuellen Tanz heraus zu einem Gegenüber schafft. Ist es im Bühnentanz das Publikum, das mit dem Blick gesucht wird, im indischen Tempeltanz das Bild der Gottheit, an die der Tanz gerichtet ist, so steht im rituellen Kreistanz die Beziehung zur kultischen Mitte im Zentrum. Ein Teil des aufmerksamen Blicks gilt dieser Beziehung, die im Tanz immer wieder neu zu erschaffen ist. Von außen beobachtet ist sofort zu sehen, ob Tänzerinnen nur sich selbst tanzen – und damit leicht aus der Reihe – oder genau diese unsichtbare Linie zur Tanzmitte halten.

Kreistanz ist ein gemeinsamer Prozess. Wer individuellen Tanz ausgestalten will, sollte andere Tanzrichtungen für sich auswählen. Natürlich gibt es auch Tänze, die mit geschlossenen Augen zu tanzen sind, da sie ein inneres Bild schaffen wollen. Doch dies sind Ausnahmen, die in den Tanzbeschreibungen in diesem Buch jeweils bezeichnet sind. Im Prinzip ruht bei ihnen dieselbe rituelle Aufmerksamkeit wie oben für die offenen Augen beschrieben.

Speziell bei den Tänzen der roten Zeit, also der Zeit zwischen Walpurgis und Kräuterweih, spielen die Augen eine große

Rolle. Die Erotik, die in diesen Tänzen liegt, kann nicht zum Ausdruck kommen, wenn Frauen hier mit nach innen gekehrtem Blick vor sich hin tanzen. Das Messen der Kräfte mit den Augen ist eine alte Form lustvollen Kampfes, die auf friedvolle Weise Energie in einer Gemeinschaft aktiviert. Die Spannung zwischen kollektiver spiritueller Aufgabe und individuellen Tanzbedürfnissen ist im rituellen Tanz eine nicht immer leichte Gratwanderung. Denn es kann auch kein Energiefeld entstehen, wenn die Leiterin aus kosmisch-priesterlichem Interesse an dem Willen und Vermögen ihrer Gruppe vorbeitanzt. Rituelle Marathons schaffen nur Erschöpfung und bewirken keine Bewegung der Jahreskreiskräfte. Andererseits fordern rituelle Zusammenhänge manchmal die Bereitschaft, über einen ersten Grenzpunkt hinauszutanzen, um neue energetische Erfahrungen zu machen. Einzelne Körper- und Bewegungsbedürfnisse müssen eventuell zurückgestellt werden, um einer speziellen Kraft Raum zu geben, damit sie sich niederlassen kann. Eine Gesamtform zu schaffen ist wichtiger als die persönliche Note in der Bewegung oder die aufregende psychische Entdeckung, welch Vergnügen eine spezielle Tanzfigur gerade macht. Persönliche Erfahrungen haben in gut gestalteten rituellen Tanztreffen sicherlich einen Platz, doch stehen sie nicht im Zentrum der Aufmerksamkeit. Hier gilt es immer wieder, die Individualität zugunsten einer kollektiven spirituellen Aufgabe zurückzustellen – eine in unserer, vom Individualismus geprägten Zeit sicherlich herausfordernde Übung.

Zur Gestaltung eines rituellen Tanztreffens

Der Tanzplatz

Ritueller Kreistanz sollte idealerweise im Freien stattfinden. Im Tanz mit den Elementen und den Planetenenergien ist jede künstliche Mauer ein Störfaktor. Das Berühren von Erde und Luft mit den Poren der bloßen Haut, also auch das Barfußtanzen, schafft eine unersetzbare innige Verbindung mit den Elementen, die Basis des rituellen Tanzes ist. Um diese Basis zu pflegen, wird eine Tanzgruppe mit spiritueller Zielsetzung wenigstens ab und zu im Freien tanzen.

In unserem Land sind die klimatischen Bedingungen allerdings so, dass ein Tanz im Freien nur selten möglich ist und wir vom Wetter in der Regel in einen Raum verwiesen werden. Dort muss das im Freien direkt zu Fühlende durch mentale Vorstellungskraft geschaffen werden, was natürlich mühsamer ist. Die Leiterin wird immer wieder auf die Erneuerung der Vorstellungskraft achten müssen; dies gilt insbesondere für die Wahrnehmung der Erde in den Füßen, die Verbindung mit dem lichten Blau des Himmels oder mit den Mond- und Sternenkräften der Nacht. Es verstärkt die Realität des Getanzten, wenn in diese Visualisierungen das draußen herrschende Wetter einbezogen wird, zum Beispiel die momentane Feuchtigkeit der Erde oder die Wolken am Himmel. Für eine mental geschulte Kraft ist Mauerwerk letztlich kein Hindernis, feinstoffliche Kräfte zu erreichen. Im Gegenteil – die Tanzenden könnten es als gute spirituelle Übung betrachten, im Raum dasselbe Ergebnis zu erreichen wie im Freien. Diese Einstellung hilft besonders, wenn der Tanzraum auf den ersten Blick wenig ansprechend erscheint.

Welcher Platz konkret zu wählen ist, wird wesentlich vom spirituellen Thema bestimmt, zu dem eine Gruppe tanzen will. Wenn auch praktische Gegebenheiten die Wahl einschränken werden, so ist die spezifische Ausstrahlung des Ortes auf das Tanzen gerade bei einem Platz in der Natur zu bedenken. Es gibt Plätze, an denen die spirituellen Kräfte, die wir mit dem

Tanzen rufen wollen, schon lange vor uns da sind und fast auf uns zu warten scheinen. Wir können aber auch auf Orte treffen, an denen mit denselben Tänzen fast kein Echo zu erzielen ist. Ein mangelnder Tanzerfolg kann deshalb auch einmal auf einen falsch gewählten Platz zurückzuführen sein, anstatt auf ungeeignete Tänze oder sonstige ungünstig einwirkende Faktoren. Der Umgang mit alten Kultplätzen, die ja zum rituellen Tanzen reizen, ist in der heutigen Zeit nicht immer einfach. Es ist zu bedenken, dass Plätze auch Ruhezeiten brauchen und nicht immer nur begeistert sind, wenn Frauen Rituale auf ihnen feiern. Auch will nicht jeder Platz mit jedem Menschenthema zu tun haben, und gerade von Steinen geprägte Plätze haben oft eine große Bedächtigkeit und brauchen viel Zeit, bis sie auf den menschlichen Kontakt reagieren. Deshalb gehört es zur Aufgabe der Leiterin, wenn sie eine Entscheidung für einen bestimmten Tanzplatz getroffen hat, diesen vorab um seine Erlaubnis zu fragen. Orte können sich beispielsweise einem rituellen Treffen versperren, weil das gefeierte Thema ihnen nicht entspricht oder weil sie ökologisch zu sehr von Menschen verletzt worden sind.

Hat der Platz seine Zustimmung gegeben, werden die Wesen und Kräfte des Ortes bei unserem rituellen Vorhaben mit uns zusammenarbeiten. Wir nähern uns dem Platz mit Ehrfurcht und beschenken ihn mit unseren Tänzen und darüber hinaus meist auch mit ganz materiellen Gaben wie Speisen an die Naturgeister und die dort lebenden Tiere. Auch eine Entrümpelungsaktion vom Müll des Kultplatztourismus wird die Wesen des Ortes erfreuen und helfen, die Energiekanäle des Platzes offen zu halten.

Grundsätzlich gelten diese Überlegungen zum Tanzplatz auch für Tanztreffen in geschlossenen Räumen. Häuser, die von bewegenden menschlichen Ereignissen sehr geprägt sind, werden sicherlich das Tanzen mit ihrer Stimmung beeinflussen und das gewählte Thema gegebenenfalls in die eigene Richtung dirigieren. Dasselbe gilt für Räume, die von einer bestimmten Frömmigkeit, beispielsweise dem Christentum, geprägt sind. Kirchen haben zwar oft eine zum Tanzen einladende Architektur, doch ist es äußerst schwierig, an solche Orte Wesen wie die wilde Percht oder launische Naturgeister zu rufen, da sie sich dort weder heimisch noch willkommen fühlen werden. Idealerweise sollte ein Raum genau wie ein Platz im Freien die Energien des Themas ausstrahlen, das betanzt wird. Tanzen wir im Zyklus der acht Jahreskreisrituale, können wir den Raum energetisch beeinflussen, indem wir ihn zum Thema der Jahreszeit ausgestalten. Hierbei spielen die Farben eine große Rolle, die jedem Ritual bzw. jedem Zeitabschnitt im Jahresrad zugeordnet werden. In der Tanzmitte werden die zentralen Symbole der Jahreszeit präsent sein, wie zum Beispiel Herbstlaub, zarte Frühlingstriebe oder auch rituelle Symbolisierungen des jeweiligen Jahreszeitenthemas wie der Kessel oder das Ei. So können sich im Verlauf der kreisförmigen Bewegungen der Blick und die Sinne immer wieder daran orientieren und ihre Aufmerksamkeit auf das Thema erneuern.

Über die Raumdekoration hinaus kann die Wirkung rituellen Tanzens zudem mit einer jahreszeitlich abgestimmten Tanzkleidung intensiviert werden. Neben der Farbe bringen Schnitt und Stil der Gewänder die Qualität der Jahreszeit und die besondere Beziehung der Tänzerin zu dem rituellen Thema zum Ausdruck. Die Tanzkleidung kann als spezielles Ritualgewand angesehen werden, dem wie beim »Tanz mit dem Ritualgewand« (siehe S. 49) eine eigene spirituelle Kraft und Dynamik zugeschrieben wird. Dann stellt das Tragen dieses Gewandes die Schwelle zwischen Alltag und ritueller Zusammenkunft dar, sodass das An- und Ausziehen des gewählten Gewandes einen Teil der rituellen Rahmenhandlung bilden kann.

Die Konzeption nach rituellen Aspekten

Die Konzeption eines rituellen Tanztreffens wird zentral vom spirituellen Anlass bestimmt, zu dem sich die Frauen treffen. In diesem Buch kreisen die Tänze um das Rad der acht Jahreskreisrituale. Aber ein Tanztreffen kann auch ganz andere rituelle Begebenheiten gestalten, etwa die Geburt eines Kindes, die erste Menstruation eines Mädchens oder eine Beerdigung. Jedes dieser Themen wird eine andere tänzerisch-rituelle Konzeption erfordern und doch beruht diese immer auf denselben grundlegenden Fragen: Welche energetischen Muster und Symbole gehören zu dem rituellen Anlass und mit welchen Tänzen können wir diese im Kreis der Frauen formen und verdichten?

Welche Kräfte wollen wir mit den Tänzen rufen und wie sind diese Kräfte im Sinne des spirituellen Themas tänzerisch zu bewegen? An wen richten wir uns mit unserem Tanz und wohin soll die erzeugte Energie fließen?

Ritueller Tanz, der mehr sein will als eine spirituelle Unterhaltung von Frauen, braucht einen rituellen Aufbau mit differenzierten Schritten, sodass Energie nicht nur herbeigetanzt, sondern während des Tanzens zugleich gezielt gelenkt wird. Eine Möglichkeit, Energien zu führen, ist der tänzerische Aufbau eines rituellen Rahmens, wie er auch jedes größere Ritual umschließt. Wenn Kreistanz und Ritual denselben energetischen Regeln folgen, dann lassen sich rituelle Erfahrungen auf Tanztreffen übertragen.

So habe ich eine Struktur von Rahmentänzen entwickelt, die den Grundregeln eines rituellen Aufbaus folgt. Ein rituelles Tanzen beginnt mit dem Formen des Kreises. In schlichten Tanzschritten oder auch mit einfachem Stampfen sammeln die Frauen ihre diffus gestreuten Energien auf einer gemeinsamen Kreislinie. Im Raum wird mit diesem Kreis ein spiritueller Platz für die Kräfte geschaffen, die wir im Verlauf des Treffens herbeitanzen werden. Es ist Brauch, dann die Wesen des Ortes, an dem wir feiern, zu begrüßen und sich mit ihren Energien vertraut zu machen. Ich gestalte diese Begrüßung meist mit dem »Himmel und Erde-Tanz« (siehe S. 44). An dieses erste behutsame Bekanntmachen mit dem Tanzplatz kann gut ein Stampftanz angeschlossen werden, der sowohl die Feuergeister der Erde weckt als auch die eigenen in den Füßen.[1]

Das Begrüßen des Platzes und der dort wohnenden feinstofflichen Wesen ist interessanterweise auch heute noch Eröffnung und Abschluss jeder indischen Tempeltanzveranstaltung, selbst wenn sie auf der Bühne stattfindet. Ohne solche rituelle Eröffnung wäre das anschließende Tanzen der Götter- und Göttinnenmythen nicht vorstellbar. Vom indischen Tanzverständnis her ist diese Begrüßung Erstkontakt, Dank und Entschuldigung an die Elemente zugleich. Letzteres mag zunächst verwundern, ist aber ähnlich gemeint wie die schon angesprochene Notwendigkeit, den Platz um Erlaubnis für einen Tanz zu fragen. Indische Tänzerinnen und Tänzer sagen, dass du in jedem Tanz mit deinen Körperbewegungen die Elemente, so die Luft, durcheinanderwirbelst. Wenn wir bescheiden sind und von der eigenen Unvollkommenheit des Tanzes ausgehen, ist dieses Durcheinanderbringen der Elemente nicht immer optimal für den Kosmos, zumal wenn wir noch Übende sind.[2] So bitten wir um Entschuldigung und gehen doch gleichzeitig davon aus, dass unser Tanz in all seiner Unvollkommenheit dennoch als rituelles Geschenk erwünscht ist.

Bevor wir die Begegnung mit den Ortswesen tänzerisch oder anders vertiefen, ist es ratsam, die eigene Person mit einem feinstofflichen Schutzmantel zu umgeben. Rituelle Arbeit zielt auf eine Begegnung mit spirituellen Kräften verschiedenster Art und ist auf eine Öffnung der Chakren[3] angewiesen. Diese Öffnung bringt aber zugleich eine größere Verletzlichkeit mit sich, da über geöffnete Chakren Energie ungefiltert aufgenommen wird. Ein visualisierter Schutzmantel kann wenigstens bis zu einem gewissen Grad schädliche Kräfte abhalten. Im Ritual wird der Schutzmantel deshalb außen um den ganzen Kreis herumgelegt in gemeinsamer konzentrierter Meditation. Bei einem rituellen Tanztreffen tanze ich zu diesem Zweck meist die von Anastasia Geng choreographierte »Espe« (siehe S. 46), die den feinstofflichen Körper der einzelnen Frau stärkt. Die rituelle Rahmenhandlung gehört aber nicht nur an den Beginn des Tanzens, sondern wird das ganze Treffen umschließen, denn ein Ritual endet genauso sorgfältig, wie es eröffnet wurde. Schrittweise wird der Bewusstseinszustand wieder von der spirituellen Öffnung zurück in die Ebene der alltäglichen Wahrnehmung geführt. Die feinen Poren der Chakren werden geschlossen, um von den zahllosen Sinnesreizen unserer technisierten Alltagswelt nicht überflutet zu werden. An alle Kräfte und Wesenheiten, die in den Ritualkreis gerufen wurden, wird ein Dank gegeben und die rituelle Bindung zu ihnen gelöst. Ist diese Arbeit getan, wird als letztes der magische Kreis geöffnet.

Damit werden am Schluss eines Rituals alle spirituellen Techniken, mit denen der Ritualkreis aufgebaut worden war, noch einmal benutzt, aber mit der umgekehrten Intention und auch in umgekehrter Reihenfolge. Auch diese rituelle Methodik lässt sich auf tänzerische Zusammentreffen übertragen. Die zu Beginn gewählten Tänze, die die spirituelle Konzentration aufbauen sollten, können entsprechend der Auflösung eines Rituals in umgekehrter Reihenfolge abschließend getanzt werden. Wurden anrufende Tänze benutzt, so tanzen wir diese am Ende als Dank und Verabschiedung an die gerufenen Wesen. Mit Tänzen wie der »Espe« können wir die für das rituelle Tanzen geöffneten feinen Poren verdichten und für den Alltag schützen. Mit denselben schlichten Tanzschritten, mit denen zu Beginn die Kreislinie gezogen wurde, fühlen wir noch einmal unsere rituelle Verbindung, bevor wir den Kreis lösen.

Diese schlichte rituelle Form setze ich in allen Zusammenhängen ein, in denen das Tanzen aus den Alltagsbezügen heraus eine Brücke zu den spirituellen Kräften des Jahreskreises schaffen soll. Demgegenüber ist ein Jahreskreisritual komplexer gestaltet. Es arbeitet auf eine besondere Haupthandlung zu, in der jede Frau persönlich mit Hilfe von besonderen Worten und Symbolen mit dem kosmischen Thema in Berührung gebracht wird. Die vier Elemente Feuer, Wasser, Luft und Erde werden angerufen, dass sie in den Ritualkreis einziehen und die Feier mit ihren besonderen Kräften unterstützen. Ein solches Ritual benötigt – unabhängig vom Einüben der Tänze – eine ein- bis zweitägige Vorbereitungszeit, in der die Teilnehmerinnen mit Hilfe spezieller Übungen Kontakt zu der Energie der Jahreszeit aufnehmen und Erfahrungen sammeln, wie diese im eigenen Körper und im Zusammenhang des Ritualkreises zu lenken ist. Beispiele derartiger Meditationen und Energieübungen sind in den jeweiligen Ritualkapiteln dieses Buches vorgestellt.

In vielen Fällen wird eine dermaßen umfangreiche Vorbereitung nicht möglich sein oder sie entspricht in dieser Intensität nicht dem spirituellen Interesse der Gruppe. Eine rituelle Arbeit zielt oft einseitig in eine bestimmte energetische Richtung, um eine deutlich spürbare Wirkung zu erzielen. Die Teilnehmerinnen müssen zu dieser Erfahrung und auch Anstrengung bereit sein. Zudem muss es Verantwortliche geben, die die Auswirkungen derartiger Energiearbeit einschätzen können und die Tanzenden bis zur späteren Rückkehr in die Alltagswelt sicher zu führen wissen. Eine Leiterin muss also für die Gestaltung eines Tanztreffens nicht nur das Thema bedenken, sondern auch den spirituellen Rahmen, in dem die Veranstaltung stattfinden wird. Denn auch dadurch wird die Auswahl der Tänze wesentlich bestimmt.

Rituelles Tanzen arbeitet – analog dem Ritual – fast ohne verbale Einheiten, da die durch das Tanzen geschaffene Energiebewegung nicht zerstreut werden soll. Dieses wortlose energetische Arbeiten setzt jedoch eine gewisse spirituelle Einigkeit der Teilnehmerinnen voraus sowie das Vertrautsein mit den benutzten Symbolen. Ist eine Gruppe unerfahren in der hier vorgestellten Symbolsprache der matriarchalen Mythologie, ist es nicht sinnvoll, in einer konzentrierten rituellen Form mit diesen Tänzen zu arbeiten. Ratsamer ist es dann, einzelne Ritualtänze auszuwählen, die mit den Themen und Gestalten der matriarchalen Mythologie bekannt machen. Frauen können zum Beispiel eine einzelne mythologische Gestalt über einen Tanz kennenlernen. Anschließend sollte Raum sein für ein Gespräch, in dem das Erfahrene mitgeteilt und durch entsprechende Informationen ergänzt werden kann.

Minoische Tänzerinnen (Tonmodell)

Rituelle Basischoreographien

»Himmel und Erde«

»Himmel und Erde« ist choreographiert, um sich rituell mit den Erd- und Himmelskräften eines Tanzplatzes zu verbinden. In schlichter Form bewegt dieser Tanz das polare Energiefeld von oben und unten und verbindet es mit den Körperenergien der Tänzerinnen. Deren Hände laden sich spürbar mit Erd- und Himmelskräften auf und gestalten im Verlauf des Tanzens eine persönliche Mischung[4] aus beidem. Im Bücken der Körper kommen wir der Erde nicht nur mit Füßen und Händen, sondern auch in der tiefen Perspektive entgegen. Mit diesem Neigen zur Erde beginnt und endet der Tanz, den wir nach links beginnend in der Bewegung der Zeit tanzen.

Um die mondsichelförmige Fortbewegung des Kreises zu gestalten, müssen wir aus der Erdkonzentration im Innern des Kreises heraus eine kleine Drehung in die linke Hälfte des Rückens machen. Diese kleine Drehung nach links scheint einen Sog ins Unbekannte zu repräsentieren. Viele Frauen vermeiden oder verkürzen sie, und doch gehört sie elementar zu diesem Tanz. Das Drehen in eine Richtung, die ich nur mit dem Rücken erspüren, aber nicht mit den Augen sehen kann, gehört zur Wahrnehmung der Erde. Im Innern der Erde ist kein Licht und unsere menschlichen Sehorgane nützen uns dort nichts. Die Erde sieht, indem sie mit ihren feinen Poren fühlt und schnuppert wie mit den Sensoren einer Haut. So können wir in der Rückwärtsbewegung dieses Tanzes unsere Sinnesorgane schulen, ebenfalls nach Erdenart zu sehen.

Tanzbeschreibung »Himmel und Erde«

Choreographie: Ziriah Voigt
Musik: Joc de Leagane (rumänisches Wiegenlied) / CD 1, Stück Nr. 1

Aufstellung: —⌢— im Kreis, jede für sich. Die Hände suchen zwei Energiepole am Körper und ruhen dort beim Vorspiel.

Richtung	4/4-Takt	Zählzeit	Beschreibung
↑	1	1-4	li-re-li-re dabei lösen sich die Hände vom Körper und werden der Erde entgegengeführt, der Körper neigt sich fließend mit
—⌢—	2	1-4	li-re wiegen :‖ in dieser Haltung nach unten der Erde zugewandt über die Handflächen die Energie des Erdbodens aufnehmen
↙	3	1-4	li-re-li-re; mit einer kleinen Sicheldrehung auf die Kreislinie zurück und den Körper fließend aufrichten. Die Hände führen die aufgenommene Erdenergie nach oben
—⌢—	4	1-4	li-re wiegen :‖ in dieser Haltung mit dem Blick zum Himmel gewandt wiegen. Die mit Erdenergie gefüllten Hände nehmen nun die Himmelsenergie auf; beides vermischt sich und wird in der Wiederholung wieder zur Erde geführt

Takt 1-4 fortlaufend wiederholen.
Wenn die Musik ausklingt, die Hände wieder zurück an den Körper in die Ausgangsstellung führen; dort eine Weile ruhen lassen und der aufgenommenen Energie nachspüren.

Didaktische Hinweise

Ungewohnt bei diesem Tanz ist die Links-Betonung und besonders die Sicheldrehung nach links-rückwärts. In ungeübten Gruppen kann der Tanz zuerst rechts beginnend und nach rechts drehend in die geläufigere Tanzrichtung gezeigt werden. »Himmel und Erde« kann aber auch bewusst rechtsläufig als himmelsbetonter Tanz getanzt werden. Dann empfiehlt sich allerdings, die Musik so auszuzählen, dass der Tanz nach oben zum Himmel endet.

Zum Einüben ist es meist sinnvoll, den Tanz einmal mit durchgefassten Händen zu tanzen (in V-Haltung beginnend), um ein Bewusstsein für den Kreis zu bekommen und die Drehung im Rücken zu spüren. Doch ist in dieser Haltung das Energie-Aufnehmen über die Hände nicht möglich und der Tanz verliert schnell seinen Reiz. Dass der Kreis nicht konkret mit den Händen gefasst, sondern nur mit feinen Sinnen gespürt wird, entspricht auch der oben geschilderten Sehweise der Erde.

Zu achten ist noch auf bewusst gehaltene Hände, die wirklich Energie aufnehmen und zwischen Himmel und Erde führen, das heißt, die Finger der Hände sind geschlossen.

»Espentanz«

Die Espe ist ein hoher schlanker Baum aus der Familie der Pappeln und gehört zu den ältesten Waldbäumen Mitteleuropas. Ihre Blätter reagieren auf den leisesten Windhauch, sodass sie den Eindruck einer fast überempfindlichen, zierlichen Frau macht. Der bekannte Londoner Arzt Edward Bach, der das therapeutische System der Bach-Blüten entwickelte, hat die Espen-Essenz Menschen zugeordnet, die »mit einer Haut zu wenig auf diese Welt gekommen sind«.[5] Es sind Menschen, die keine klare Abgrenzung zwischen der körperlichen und der feinstofflichen Ebene haben. Dies macht sie einerseits in hohem

Maße empfänglich für subtile Botschaften aus spirituellen Bewusstseinsebenen, andererseits aber auch hyperempfindlich für alle möglichen emotionalen Einflüsse aus ihrer Umwelt. Genau dies macht sie »zittern wie Espenlaub«. Es gilt, diese Menschen mit einer Schutzhülle zu umgeben, ohne die Gabe der feinstofflichen (Hell-)Sicht zu verstopfen.

Die Lehre der feinstofflichen Körper findet sich in allen esoterischen Schulen, auch wenn Einzelheiten unterschiedlich beschrieben und definiert werden. Sie beruht auf einer Weltauffassung, die davon ausgeht, dass wir mit unseren klassischen fünf Sinnen (Sehen, Hören, Riechen, Schmecken und Fühlen) nur einen sehr begrenzten Teil der Welt erfassen können. Dies lässt sich am besten in einem Vergleich mit den begrenzten Frequenzbereichen von Licht- und Tonwellen vorstellen, die wir mit unseren menschlichen Augen und Ohren wahrnehmen. Schon jedes Tierauge sieht einen völlig anderen Ausschnitt der Welt. Somit ist die Bezeichnung »sichtbare Wirklichkeit« ein äußerst relativer Begriff. Die spirituelle Weltsicht macht nichts anderes, als von der Absolutheit und Selbstverständlichkeit der menschlichen Sichtweise abzurücken und andere Perspektiven für möglich zu halten. Für die mit unseren menschlichen Sinnen nicht unmittelbar zu erfassenden Bereiche des Kosmos hat sich der Ausdruck »feinstofflich« eingebürgert. Die spirituellen Kräfte, mit denen wir in Ritualen zu kommunizieren suchen, werden diesen feinstofflichen Bereichen zugeordnet. Dabei ist es unwichtig, ob wir an eine Personalität feinstofflicher Wesen glauben oder ein rein energetisches Verständnis von diesen Ebenen haben.

Espen-Menschen haben – zumindest bei entsprechender Schulung – häufig die Gabe, die sogenannte ätherische und die astrale Qualität mit ihren sensiblen Sinnen »sehen«[6] zu können. Mit der entsprechenden Bewusstheit um die Empfindlichkeit der eigenen feinstofflichen Hülle kann die Espenqualität eine wunderbare Fähigkeit sein. Jedes spirituelle Training zielt darauf ab, diese feinstoffliche Wahrnehmung so gut wie möglich zu schulen. Die eingenommene Bach-Blüte Espe nimmt leider nicht diese langwierige Schulung ab, hilft aber bei ungesteuertem Überflutet-Werden von diesen feinstofflichen Energien.

Ein spirituelles Training würde in beiden Richtungen arbeiten: Zum einen geht es um eine Verfeinerung der Sinne, zum anderen aber auch um ein bewusstes Öffnen und Verschließen der feinstofflichen Kanäle. Der »Espentanz« nimmt diese zwei Aspekte auf. Der Eröffnungsteil tanzt in einer Sequenz von acht Schritten in den transzendenten Raum, denn auch heute noch ist die auf dem Boden liegende Acht das Symbol für die Unendlichkeit. Danach geht das Bewusstsein in die feinstoffliche Qualität und sammelt ätherische Kraft in den Händen. Diese ziehen die Tänzerinnen in einer abschließenden Drehung wie ein zusätzliches Kleid an. Im Verlauf des Tanzes entwickelt sich ein Gespür für die eigene feinstoffliche Hülle und vor allem für die löcherigen Stellen darin. Indem die Frauen diese Löcher bewusst mit der aufgenommenen Kraft abdichten, schließt sich ihr feinstofflicher Körper zu einer astralen Schutzhaut.

Tanzbeschreibung »Espentanz«

Choreographie: Anastasia Geng[7]
Musik: Flöte aus Sizilien / CD 1, Stück Nr. 2

Aufstellung: ─╼ geschlossener Kreis, Hände in V-Haltung

Richtung	12/8-Takt	Zählzeit	Beschreibung
─╼	1+2	1-8	re-li-re-li :‖
╾╼	3	1-4	re-li-re-li
─╼	4	1-4	re-li-re-li
↑	5	1-4	re-li-re-li die Arme fließend hochführen und die Hände lösen
╾╼	6	1-4	re seit - li ran :‖ in den erhobenen Handflächen wird feinstoffliche Kraft aus dem Äther gesammelt
↓	7	1-4	re-li-re-li die Handflächen mit der gesammelten Energie werden näher zum Körper geführt
↻	8	1-4	re-li-re-li die Hände gestalten eine freie Gebärde, um die Ätherenergie der eigenen feinstofflichen Hülle zuzuführen

Takt 1-8 fortlaufend wiederholen.

Didaktische Hinweise

Der »Espentanz« lebt von der mentalen Vorstellungskraft des Tanzkreises und wirkt blass, wenn er in der bloßen Wiedergabe der Schritte und Gesten hängen bleibt. Die Vorstellung einer feinstofflichen Schutzhülle muss vor den inneren Augen der Tänzerinnen präsent sein, damit der Tanz seine Kraft entfaltet. Falls notwendig, kann vor dem Tanzen die Wahrnehmung für diese unsichtbare Schicht mit einer meditativen Übung sensibilisiert werden.

Die Hände sollten bei den Schritten zur Mitte frühzeitig gelöst werden, damit sie sich auf ihre Aufgabe als feinstoffliche Antennen einstellen können. Wie bei dem Tanz »Himmel und Erde« ist auch hier auf Hände mit geschlossenen Fingern zu achten, die das Aufgenommene nicht gleich wieder verströmen lassen – im Übrigen eine interessante Untugend speziell von Espe-geprägten Menschen.

Die Art der Geste des »Anziehens« ist freigestellt – eine wohltuende kleine Freiheit in der oft so detailliert vorgeschriebenen Kreistanzwelt. Dies ermöglicht, genauer auf die eigenen feinstofflichen Bedürftigkeiten hinzuspüren. Überhaupt gehört der »Espentanz« zu den wenigen Kreistänzen, die ohne größere Einbußen auch allein getanzt werden können. Er kann eine gute tägliche Übung zur Stärkung der eigenen Schutzhaut sein.

Die Musik lässt den Tanz in der Mitte beim Aufnehmen der feinstofflichen Energie enden. Das gibt Raum, im eigenen Tempo mit einem letzten Verstärken der Schutzhülle abzuschließen. Hier ist darauf zu achten, dass die Hände den Körper nicht physisch berühren, sondern im feinstofflichen Feld verbleiben. Darin liegt ein deutlicher Unterschied zum oben beschriebenen Tanz »Himmel und Erde«. Während dort mit zweien der vier Grundelemente (Feuer, Wasser, Luft und Erde) gearbeitet wird, die sich auch physisch unserem menschlichen Auge zeigen, bezieht sich der »Espentanz« auf das sogenannte fünfte Element Äther, weshalb die Hände auch im unsichtbaren Feld des Körpers geführt werden.

»Tanz mit dem Ritualgewand«

Das Ritualgewand repräsentiert für die Tänzerin die jahreszeitliche Energie, in die sie sich hineintanzen will. Es entspricht dem Gewand der Göttin, das diese im Wandel des Naturgeschehens zeigt. Das Ritualgewand ist ein Kraftgegenstand, der erobert werden will. Es ist der Tänzerin ein Stück voraus, da es die nächste Bewegung im Rad des Naturzyklus schon vollzogen hat. Bin ich würdig, dieses Ritualgewand zu tragen, das heißt, fühle ich mich wohl und authentisch darin, so ist mir auch der anstehende Übergang im Jahreskreiszyklus gelungen.

Diese Auffassung von einem rituellen Tanzgewand gibt einige Hinweise für das Kleidungsstück und den Umgang damit. Von Stil und Farbe her sollte es die jahreszeitliche Qualität des Naturzyklus, die betanzt wird, zeigen. Zusätzlich kann das Gewand auch spezielle Charakterzüge repräsentieren, die der Tanzenden noch fremd und ungewohnt sind, die aber der Göttin in der entsprechenden Jahreszeit zugeordnet werden – zum Beispiel das Laszive der Walpurgisnacht. Die Tänzerin nutzt die Kraft des rituellen Tanzes, sich diese in der Natur schon vorhandene Qualität zu erobern. Das Anziehen des Gewandes zeigt dann das Einziehen der Wesenseigenschaft und kann durch weitere Tänze stabilisiert werden. Der vorher vielleicht ungetragene Fetzen aus dem Kleiderschrank ist so zu einem Ritualgewand geworden, das ich nun auch im Alltagszusammenhang immer wieder herausholen und tragen kann, wenn der neu eingezogene Wesenszug sich schwach anfühlt.

Damit wird deutlich, dass das Ritualgewand kein besonders teures Kleidungsstück aus dem rituellen Fachversand sein muss. Frau kann es sich selbst anfertigen, ihre Kleiderkiste durchwühlen oder auch keck in eine Boutique spazieren. Es geht nicht um eine Robe im schulmagischen Sinn, besetzt mit exakt definierten kultischen Zeichen und Symbolen. Nur die betreffende Frau selbst weiß, was genau sie anziehen will aus dem bunten Kleiderschrank der Göttin Natur.

Der »Tanz mit dem Ritualgewand« kann zu Beginn einer Zeremonie getanzt werden, um die jahreszeitliche Kraft zu begrüßen, die das Gewand repräsentiert. Wenn die Kraft durch den Tanz stark genug geworden ist, ist für die einzelne Ritualfrau der richtige Zeitpunkt gekommen, diese Energie mit dem Gewand anzuziehen und – auf diese Weise unterstützt – die jeweilige Ritualhandlung zu vollziehen. Ein solcher Tanz kann aber auch den krönenden Abschluss eines Rituals bilden, in dem die

Frauen sich die neue Kraft erobert haben und nun abschließend mit dem Gewand auch äußerlich zeigen.

Der »Tanz mit dem Ritualgewand« kann nicht in eine fixierte Choreographie gezwängt werden, weshalb hier eine genaue Tanzbeschreibung fehlt. Er wird wesentlich von der energetischen Qualität des Ritualgewandes bestimmt und damit auch in seiner Ausstrahlung von Ritual zu Ritual wechseln. Die weißen Lichtmessgewänder werden andere Tänze hervorrufen als die Hexengewänder der Walpurgisnacht. Hinzukommt die individuelle Beziehung jeder Frau zu ihrem Gewand. Sie hat es gewählt, um sich in seine Kraft hineinzutanzen. So werden unter einem gemeinsamen rituellen Thema in der Gruppe sehr verschieden geprägte Tänze entstehen. Jede Frau belebt auf ihre Weise das gewählte Ritualgewand zu einem kraftgeladenen Gegenüber. Sie tanzt mit dieser im Gewand wohnenden Kraft einen spannungsgeladenen Dialog. Trau ich mich oder habe ich zu hoch gepokert? Wer bist du überhaupt? Zeigst du dich mir, zeig ich mich dir. Die Elementegeister schauen zu, mögen spötteln oder kichern oder auch den letzten Schubs geben. Die Göttin tanzt lächelnd in der Mitte, sie hat ihr Gewand längst übergestreift und ermutigt die Tänzerin, dasselbe zu tun. Ein letzter Tusch – geschafft!

Didaktische Hinweise

Auch wenn in diesem Tanz die individuelle Ausgestaltung der Bewegungen jeder Tänzerin überlassen wird, hat die Leiterin dennoch eine Vorentscheidung über die Musik zu treffen. Da Musik tänzerische Bewegungen wesentlich beeinflusst, ist es nicht leicht, ein Musikstück zu finden, das der persönlichen Prägung des Tanzes genügend Freiraum lässt. Grundsätzlich wird sich die Wahl der Musik nach dem jahreszeitlichen Thema richten und dessen Energietonus ausstrahlen. So sind zum Beispiel bei den Ritualen der roten Zeit Trommelrhythmen geeignet, während die schwarzen Gewänder der Ritualnacht zum 1. November eher eine strenge, dunkle Musik erfordern.

Wenn die Gruppe in Stimmimprovisationen Erfahrung hat, kann auch ganz auf eine vorgegebene Musik verzichtet werden und jede Frau formt zu ihrem Tanz die dazugehörigen Töne und Geräusche selbst – was ein intensives Tanzerlebnis schafft.

Choreographien im Rad der Jahreskreisrituale

Lichtmess – Ritual der jungen Vision

Lichtmess eröffnet als Ritual der jungen Mondsichel den Zyklus der vier Mondfeste. Der traditionelle Ritualtermin ist der 2. Februar[1] oder auch das nächstgelegene Datum, an dem sich die junge schlanke Mondsichel am Himmel zeigt. Denn deren energetische Kraft bestimmt die symbolische Handlung im Ritual. In der keltischen Mythologie wird Lichtmess unter dem Namen Imbolc mit der Göttin Brigid in Verbindung gebracht. Zu dieser Zeit wurde früher der Göttin ein Platz im Haus bereitet und sie mit rituellen Willkommensrufen eingeladen, an diesen einzuziehen. Denn die Menschen sehnten sich nach der langen Zeit der Dunkelheit nach der erneuernden Kraft der mächtigen Brigid und suchten am nächsten Morgen nach Spuren eines göttlichen Besuchs im Haus.[2]

Brigid ist eine sehr alte, dreifaltige Göttin und wurde noch zu Zeiten des Römischen Reichs (ca. 700 v.Z. bis 500 u.Z.) in dreifacher Gestalt angeredet.[3] Auch eine aus Cornwall überlieferte magische Zauberformel beschwört Brigid in drei Personen und stellt sie an die streitbare Schwelle zwischen Feuer und Frost[4], was deutlich auf den Kampf zwischen den Jahreszeiten hinweist. Brigid ist eine mächtige Göttin der Heilkunst und wurde auf den Hebriden als Schutzherrin der Geburt verehrt. Sie ist zudem Göttin der Schmiede- und der Dichtkunst[5], wobei gerade letztere Kombination auf uns fremdartig wirken mag, aber immerhin hat sich auch in der deutschen Sprache die Redewendung des »Verse Schmiedens« erhalten.

Im Lichtmessritual werden alle drei Künste der Göttin wirksam. Für uns Frauen gilt es, das neue Jahr zu schmieden: Das heißt, die aktuellen Fähigkeiten und äußeren Gegebenheiten des Jahres als Material in das ewige Feuer der Göttin[6] zu geben, sie dem Prozess der Verwandlung zu überlassen und in den aufsteigenden Bildern die Vision zum neuen Ritualjahr zu erkennen. Doch die Göttin der Dicht- und Schmiedekunst fordert von den Frauen an ihrem Festtag noch mehr, nämlich die Kühle und Präzision des Metalls. Im Lichtmessritual ist die diffuse Flüchtigkeit visionärer Bilder in die Klarheit geschmiedeter Worte zu formen. Auf dem Höhepunkt des Rituals benennt jede Frau ihre Vision vor dem Kreis der Teilnehmerinnen und macht sie damit manifest.

Diese Handlung basiert auf der spirituellen Überzeugung, dass mentale Bilder zu materialisierten Vorgängen werden. Lichtmess wäre damit in der Elementequalität dem feinstofflichen fünften Element Äther (siehe S. 46) zuzuordnen.

Am Anfang des Jahres steht die Vision, die im Fortlauf des Naturzyklus in die Erde gebracht werden wird, um dort zu wachsen und Frucht zu tragen. So steht die Lichtmessqualität in der Natur noch vor dem Samenkorn. Es ist die feinstoffliche Bewegung in den Adern der Erde, die die Säfte der in den Tiefen schlummernden Triebe bewegt. Sie formt ein Bild der Pflanze, die nach dem Schmelzen der Schneedecke ans Licht wachsen wird. Im Sinne der Wechselwirkung von ritueller Handlung und Naturgeschehen haben wir Menschen zu Lichtmess in Tanz und Ritual visionäre Bilder zu formen, um damit feinste Kräfte im Kosmos zu bewegen.

Diese Aufgabe macht die Lichtmesszeit zu einer konzentrierten Phase im Jahresrad, die aus der Stille heraus den feinstofflichen Körper sensibilisiert und auf eine Öffnung des dritten Auges im Ritual hinarbeitet. Dem entspricht das Bild von Schnee und Frost, das die Natur in dieser Jahreszeit zeigt. Die Kälte lässt die Landschaft zusammengezogen und eigenartig starr erscheinen. Legt die weiße Wintergöttin zusätzlich noch eine Schneedecke über das Land, siehst du die Natur fast ausschließlich auf die Farben Weiß und Schwarz (bzw. dunkel) reduziert. Diese Reduzierung der Außeneinflüsse trägt wesentlich zur geistigen Klarheit bei, welche der Lichtmesszeit traditionell zugeordnet wird. Wenn du durch eine solche Schneelandschaft wanderst, bist du kaum abgelenkt, sondern selbst aufgefordert, deine eigene Welt im unbestechlichen Kontrast von weiß und schwarz zu betrachten. Lichtmess ist die ideale Zeit, auf das Wesentliche zu gucken, die zentrale Achse im eigenen Innern zu finden, die dem kühlen Blick des Weiß standzuhalten vermag. Die Kälte hat etwas eigenartig Anziehendes, denn sie erweckt den Geist wie unbeirrbar aus dem Winterschlaf. Die

Sinne werden klar; wie erfrischt suchen sie in dem Weiß den eigenen Keim, der nach außen treiben will. Wenn du lange genug in das Weiß schaust, entstehen Bilder, die einen Moment in der Luft zitternd stehen bleiben, als ob sie dir etwas sagen wollten. Doch wenn dein Geist nicht schnell genug zupackt, haben sie sich schon wieder unter die Schneedecke zurückgezogen.

Das Weiß der Winterzeit führt aber noch zu einem weiteren zentralen Aspekt des Lichtmessrituals, der stärker im römischen Festkalender gefeiert wurde. Die Römerinnen zelebrierten im Februar[7] rituelle reinigende Bäder, aber auch wildere Riten in ihrem Fest der Lupercalien[8]. Unser heutiger Monat Februar war im römischen Jahr der letzte Monat des Jahres und galt als spezieller Reinigungsmonat.[9] Denn um für die beschriebene Lichtmessvision des neuen Jahres frei zu werden, muss eine Reinigung von überlebten Einflüssen des alten Jahres vorausgehen. Im Ritual dringt die frische kristallklare Energie des weißen Aspekts der Göttin in die Zellen des Körpers ein und löst dort – gestützt durch rituelle Symbolhandlungen – alte, quälend gespeicherte Denkstrukturen auf. In dieser heilenden Reinigung, die das Lichtmessritual jeder Frau schenkt, werden neue Energien frei, die sich nicht nur als visionäre Kraft zeigen, sondern auch jugendliche Aufbruchstimmung und amazonenhafte Risikofreude aufflammen lassen können. So ist im weniger schneereichen Griechenland die weiße Göttin in Gestalt der Artemis primär Jägerin und Amazone. Sie trägt Pfeil und Bogen, wobei letzterer deutlich auf die junge Mondsichel verweist. In diesem Sinn zielt die Lichtmesszeit auf mutige junge Taten und will in Mensch und Natur die Lebensgeister wecken.

Mit diesen verschiedenen Aspekten wird das Lichtmessritual zu einem umfangreichen Fest. Um die Lichtmessklarheit nicht zu verlieren, kann eine Ritualgruppe auch nur einzelne der vorgestellten Symbolhandlungen als Ritual zelebrieren und sich darauf mit ganzer Kraft konzentrieren. Denn gerade im rituellen Bereich hat sich der Grundsatz »Weniger ist mehr« bewährt. Ferner gibt es, wie oben schon dargelegt, keine eindeutig überlieferte Ritualtradition, die den einzelnen Jahreskreisfesten einen klaren Ritus zuordnen würde. Die Traditionen schwanken von Landstrich zu Landstrich, ja teilweise schon von Dorf zu Dorf, und haben sich im Verlauf der Jahrhunderte vermischt. Das Christentum hat ein Übriges getan, vorhandene Bräuche in den Untergrund zu treiben oder in christianisierten Ersatzhandlungen zu verfremden. Insofern ist es immer wieder eine persönliche Entscheidung der Gruppe oder auch der Leiterin, welchen Aspekt der jeweiligen Jahreszeit sie tanzen oder im Ritual feiern wollen.

In meinen eigenen Gruppen gestalte ich Lichtmess als Übergangsritual vom alten zum neuen Jahr. Um dieser Schwelle symbolisch Ausdruck zu geben, zelebrieren wir einen rituellen Kleiderwechsel. Die feiernden Frauen erscheinen zum Ritual in Kleidung, die sie emotional noch mit dem alten Jahr verbindet. Die frische weiße Kleidung, in die jede Einzelne mit Hilfe des Rituals hineinwachsen will, hat jede Frau vorher vorbereitet. Nach der Eröffnung des Rituals verbinden sich die Frauen mit ihrem persönlichen Mut und der Kraft der weißen Göttin. Die erste steht auf, legt ihre alten Sachen ab und benennt für alle hörbar, welche Überreste des alten Jahres sie mit diesen Kleidern ablegt. Der Ritualkreis übernimmt hier eine Art Zeuginnenschaft, die die im Zentrum stehende Frau beim Wort nimmt und ihr Werden und Wachsen im neuen Jahreskreiszyklus zu dieser Handlung in Beziehung setzen wird.

Diese Zeuginnenschaft ist nicht mit einer richtenden Kontrollfunktion zu verwechseln. Aber die Öffentlichkeit der Handlung zwingt die Einzelne zu einer bewussten Entscheidung, was sie wirklich abzulegen bereit ist. Das Ablegen der alten Kleidung sollte also bewusst und klar erfolgen entsprechend der metallischen Präzision der Lichtmess-Energie. Das Ablegen wird rituell besiegelt durch eine kultische Reinigung, die die Frauen im Ritualkreis der jeweiligen Hauptperson in der Phase ihrer Nacktheit geben. Diese verletzliche Phase der Nacktheit – nicht mehr die alte, aber auch noch nicht ins Neue geboren – finden wir in allen Initiationsritualen. Sie bildet eine Art Geburtskanal, durch den ich mich mühsam und voller Unsicherheiten in eine neue Qualität vorkämpfe.

Die rituelle Reinigung geschieht mit einer Flüssigkeit, die der weißen Göttin zugeordnet wird.[10] Ihre Kraft ist es, die in meine Poren dringt und alte Muster auflöst. Ihr Weiß ist es auch, das mich durch die Reinigungshandlung nach und nach erfüllt und zu einem visionären Blick auf das Neue führt. Am Ende der Reinigung liege ich da in dieser lichten Kraft; ruhig und klar öffnet sich mein drittes Auge und schenkt mir die junge Vision. Ich stehe auf und benenne vor dem Kreis das, was ich sehen konnte.[11] Zur Bestätigung, dass ich auf diese Vision zugehen und sie in die Wirklichkeit führen werde, ziehe ich neue weiße Kleidung an. Für alle sichtbar, leuchte ich nun in dieser neuen Kraft.

Eine nach der anderen vollzieht diese Handlung. Nach und nach verändert sich so der Ritualkreis. Eine nach der anderen wird zur Weißen; die Energie im Raum ist für alle spürbar verändert. Ein Tanz der jungen weißen Kraft[12] dokumentiert und feiert das Erfahrene, bevor der Ritualkreis auf spirituelle Weise gelöst wird.

Ein in dieser Weise gefeiertes Lichtmessritual lässt sich – entgegen der sonst vorherrschenden Tendenz vorrangig im Freien zu feiern – nur in einem geschützten und gut vorgeheizten Raum durchführen. Zur Vorbereitung schmücken wir ihn mit den Farben[13] und Symbolen der weißen Göttin, sodass ihre Anwesenheit und Kraft im Raum spürbar ist. Der Raum kann in die funkelnde Welt von glitzernden Schneekristallen und Eisblumen entführen und wird damit bei den feiernden Frauen den visionären Blick über die bekannte Welt hinaus öffnen. Hinzukommen die Symbole, die die Qualität des Festes charakterisieren: eine schlanke, silbrig schimmernde Mondsichel oder – als Ehrung an Brigid – eine geschmiedete Metallsichel. Pfeil und Bogen der Jagdgöttin können den Raum ebenso schmücken wie die mondförmig gebogenen Schlittenkufen der im Norden jagenden Wintergöttin Skadi, die der Schnee selbst ist. Mondhörner[14] tragende Tiere wie Ziege oder Büffel gehören ebenfalls zu Lichtmess, speziell auch das mythische Einhorn, das nur von Frauen gerufen und gezähmt werden kann. Bei den Pflanzen werden die kargen Gewächse wie beispielsweise die silbrige Distel Lichtmess zugeordnet, doch auch die ersten Schneeglöckchen sollten im Raumschmuck nicht fehlen.

Die visionäre Kraft des Rituals kann durch Edelsteine gestützt werden. Besonders geeignet dafür ist der Bergkristall, der nahezu eine Verkörperung der Lichtmessqualität zu sein scheint. Helle transparente Steine wie der Mondstein oder der Aquamarin können ergänzend hinzugenommen werden. Eine Schale mit Wasser oder auch mit Milch in der Mitte weist auf den reinigenden Aspekt des Festes hin.

Die Tänze der Lichtmesszeit sind ruhig und von einer eigenartigen Dynamik, die den Geist in das flirrende Weiß der Winterwelt zu entführen weiß. Die Einseitigkeit dieser Tanzqualität kann zu einem Gefühl von Körperlosigkeit führen und sollte – zumindest vor dem Wiedereintreten in Alltagszusammenhänge – mit einem erdigeren Tanz ausgeglichen werden. Hinzukommen reinigende Tänze wie der unten vorgestellte »Wassertanz« (siehe S. 59), die das Loslassen des alten Jahres erleichtern. Soll der amazonenhafte Aspekt der weißen Göttin stärker gefeiert werden, sind die Tänze sicherlich wilder oder auch jugendlich-keck und erproben die neuen Kräfte und Wünsche der Frauen.

Meditative Vorbereitung »3. Auge-Übung«

Die Kraft der Klarheit zu Lichtmess und die Öffnung des dritten Auges erfordern eine gezielte meditative Vorbereitung. Körper und Geist müssen in die Ruhe geführt werden, um mit der emotionslosen Kühle des Weiß den eigenen Weg zu beschauen. Die Chakren erfahren eine Reinigung, sodass der feinstoffliche Körper seine Kraft im dritten Auge konzentrieren kann. Zur meditativen Vorbereitung sind alle Übungen geeignet, die die Senkrechte der Wirbelsäule betonen und damit auch auf die knöcherne Beständigkeit im Innern unseres Körpers verweisen. Klassische Meditationswege wie Zazen können hierzu ebenfalls herangezogen werden.

Die Öffnung des dritten Auges ist eine schwierige spirituelle Übung, deren einzelne Techniken früher nur in geschütztem Rahmen von Lehrerin zu Schülerin weitergegeben wurden. Die Öffnung der Chakren, also auch des dritten Auges, kann bei laienhaften Selbstversuchen leicht zu einer Reizüberflutung führen. Deshalb sollte dieser Schritt auch heute noch von einer erfahrenen Lehrerin betreut werden.

Wenn ich diese Übung hier beschreibe, ist sie als rituelle Vorbereitung zu verstehen und damit auf einen kurzen Zeitraum begrenzt. Die Energie, die durch die Übung im feinstofflichen Feld entstanden ist, wird nicht in den Alltag geleitet, sondern in das bald folgende Lichtmessritual, wo sie sich entfalten darf.

Um Spannungskopfschmerzen zu vermeiden, sollte allerdings nur wenige Minuten geübt werden. Ein anschließendes Massieren der Füße oder bewusstes Gehen bildet einen gesunden Gegenpol.

Eine andere Möglichkeit, sich mit einer 3. Auge-Übung vorzubereiten, ist der weiter unten beschriebene Tanz »Stilles Eis« (siehe S. 62).

»3. Auge-Übung«

Du sitzt mit gekreuzten Beinen oder in ähnlicher für deinen Körper möglichen Weise und streckst die Wirbelsäule. Die Hände liegen entspannt im Schoß oder auf den Oberschenkeln. Zunächst sind die Augen geschlossen, der Atem sinkt ins Becken und das Ausatmen erfolgt in den Boden. Dann versuchst du, deinen Atem gezielt in den untersten Punkt der Wirbelsäule, den Steiß, zu führen. So kannst du dein unterstes Chakra, das sogenannte Wurzelchakra, spüren.

Wenn du dort intensiv bist, streckst du die Wirbelsäule mit dem obersten Punkt deines Kopfes (dort ist das oberste Chakra, das Kronenchakra) zum Himmel, ohne den unteren Punkt zu verlieren. Dann stellst du dir dein drittes Auge von innen wie einen kleinen I-förmigen Spalt zwischen deinen Augenbrauen vor.

Nun öffnest du die Augen und schaust ins Leere der Luft vor dir. Dann richtest du den Blick so tief nach unten, wie es deinen Augen möglich ist – aber bewege den Kopf dabei nicht! Anschließend führst du die Augen direkt in die Gegenrichtung so hoch nach oben wie möglich. Nun lenkst du den Blick beider Augen nach schräg innen zwischen deine Augenbrauen und versuchst, einen Moment dort zu bleiben und im Geist Ruhe zu halten. Dann schließt du die Augen und entspannst kurz deine Augenmuskulatur, bevor du die Augen wieder öffnest und zur Wiederholung ein zweites Mal in die drei Blickrichtungen führst.

Abschließend entspannst du die Wirbelsäule, indem du deinen Körper locker mit den Armen nach vorne fallen lässt, soweit es dir die Gelenkigkeit deiner Glieder erlaubt.

Es ist besser, diese Übung kurz und öfter zu machen, als sie zeitlich zu lange auszudehnen. In den Vorbereitungstagen zu Lichtmess kannst du sie drei- bis viermal täglich machen, aber übertreibe nicht. Nach dem Ritual solltest du erst einmal eine Weile aussetzen und beobachten, welche Folgewirkungen diese Übung bei dir hat. Erst danach entscheidest du neu – eventuell in Rücksprache mit einer erfahrenen Person –, ob überhaupt und in welcher Intensität du diese Übung weiterhin zu spirituellen Zwecken fortsetzen willst.

Choreographien

»Wassertanz«

Dieser Tanz macht mit den sensiblen Eigenschaften des Wasserelements vertraut und hat reinigende wie lösende Qualitäten. Das Wasserelement gilt in der chinesischen Philosophie als das Weiche, das aber letztlich das Harte besiegt. Diese Eigenschaft kommt im Reinigungsaspekt des Lichtmessrituals zum Tragen, wenn die reinigende Flüssigkeit verhärtete Muster im Innern der feiernden Frauen auflöst.

Wasser hat keine eigene Form, sondern sucht sich individuell seinen Weg durch feinste Ritzen und Verästelungen. Du kannst es leiten, indem du ihm formende Struktur anbietest, aber du kannst es nicht festhalten, stehend wird es schnell trüb.

In der Grundform des »Wassertanzes« gibt es für jede Tanzfrau zahlreiche Spielvarianten zu entdecken, die ihr Interessantes vom Wasserelement erzählen können. Meist löst sich der anfangs in schöner Schalenhaltung tanzende Kreis sehr bald in individuell im Kreis Tanzende auf und zeigt prompt die einschlägigen Ausbuchtungen eines schwer in Kreisform zu haltenden Elements. Jede Frau folgt dem eigenen Gefühl und im Eifer des Tanzens können Richtungen und Zusammenhalt leicht verloren gehen.

Gerade dies verdeutlicht die in der spirituellen Elementelehre dem Wasserelement zugewiesenen Eigenschaften. Wasser symbolisiert die Welt unserer Gefühle: die ruhigen, einem in sich ruhenden See vergleichbaren ebenso wie die strudeligen, die in die Tiefe ziehen. Zwar hat der Tanz – auch durch die Musikvorgabe – insgesamt einen ruhigen Tonus, doch macht er durch seine auflösenden Passagen deutlich, wie schnell im Wasserelement der Halt verloren geht. Tänzerisch gesehen passiert dies allerdings nur, wenn die Tanzende nicht auf den Kontakt zum Kreis wie zur Mitte achtet – eine Tendenz, zu der insbesondere vom Wasserelement geprägte Menschen neigen.

Im spirituellen Weltbild steht Wasser nicht nur für die Emotionen, sondern auch für die spirituelle Empfindung selbst und für die ihr zugeordneten Sinne. Sich in den Eigenschaften des Wasserelements zu üben, bedeutet also auch, Intuition zu schulen wie zum Beispiel die Verbindung zu anderen Menschen zu spüren, ohne sie direkt zu berühren oder zu sehen. Wasser kommt so in einigen Qualitäten dem feinstofflichen Ätherelement sehr nahe.

Im Zusammenhang mit Lichtmess ist der »Wassertanz« allerdings primär als Reinigungstanz zu tanzen. Er hilft den Frauen, sich von verhärteten Spuren des alten Jahres zu lösen und sich auf die junge, noch unverbrauchte Kraft der weißen Göttin einzustimmen. Er wird damit eher zu Beginn eines Lichtmessfestes stehen. Die Reinigung führt im Verlauf des Tanzes zu einer merkwürdigen, tänzerisch unattraktiven Passage mit leeren Händen. Dieses scheinbare Nichtstun stößt bei vielen Tänzerinnen anfangs auf Unverständnis oder gar Ablehnung, und doch bildet diese »Leerpassage« gerade den Fokus des Tanzes. Das Wasser verhilft zu einem Lösevorgang; dem folgt in aller Regel ein verunsichernder Moment des Verlusts. Die Schritte mit den leeren Händen helfen mit, sich an den Zustand des »ohne« zu gewöhnen, statt an die leere Stelle direkt das Nächste zu packen. So führt der Tanz in eine transformierende Wandlung, wie es der Kraft des Wassers entspricht.

Tanzbeschreibung »Wassertanz«

Ursprungschoreographie als Schalentanz: Nanni Kloke *(© Natural Dance Productions 1997 mit Genehmigung von Nanni Kloke)*
Thematische Anpassungen zum Wassertanz: Ziriah Voigt
Musik: Enya, Fairytale

Aufstellung: —⟩— geschlossener Kreis: re Hand liegt auf li Schulter der Vorderfrau, li Hand formt eine Schale vor dem eigenen Bauch.

Richtung	4/4-Takt	Zählzeit	Beschreibung
—⟩▸	1	1-4	re-li-re-li
↑	2	1	Schritt re; Hände lösen sich und beide Hände werden zu Schalen

Richtung	4/4-Takt	Zählzeit	Beschreibung
↑		2	Schritt li mit plié; die Hände machen eine Bewegung des Wasserschöpfens
↓		3-4	re-li; Hände werden »mit dem Wasser« zum Körper geführt
←⟵	3	1-4	re-li-re-li; die Hände halten das Wasser in ihren Schalen vor dem Bauch
⌒	4	1-4	die Hände geben das Wasser in freier Gebärde in den Kosmos zurück oder gießen es zur Reinigung über den eigenen Körper

Takt 1-4 fortlaufend wiederholen, wobei sich mit Takt 5 die Handhaltung ändert: Nach dem Vergießen des Wassers bleiben die Hände leer und hängen gelöst am Körper der Tanzenden herab. Der Kreis ist unverbunden.

Didaktische Hinweise

Der »Wassertanz« ist ein ruhiger und leicht zu erlernender Tanz. Zum Einfühlen in das Wasserthema und zur Anregung der Imaginationskraft ist es hilfreich, wenn in der Mitte eine Schale mit Wasser steht, auf die sich die Tanzenden beziehen können. Die tänzerischen Schwierigkeiten, die entstehen könnten, sind im Wesentlichen schon oben bei den inhaltlichen Aspekten des Wasserelements angesprochen worden. Es sind die Auflösung der durchgefassten Kreisform sowie die im Fortlauf des Tanzes leicht entstehende Konfusion der Richtungen. Zum einen ist es hier wichtig, den inhaltlichen Zusammenhang zum Wasserelement deutlich zu machen; tänzerisch aber ist der Augenkontakt zur Mitte entscheidend. Wird dieser Augenkontakt gehalten, widersteht die Tänzerin der Versuchung, sich in eigenen Träumereien zu verlieren und der Kreiszusammenhang bleibt gewahrt. Deshalb ist gerade der »Wassertanz« trotz der inneren Berührung ein Tanz, der nicht mit geschlossenen Augen getanzt werden sollte.

Die Leiterin sollte vorab entscheiden, ob der Tanz als Reinigungstanz getanzt wird oder als Begegnungstanz mit dem Wasserelement. Letzteres fordert mehr zum feinen Spiel mit dem

Wasser auf, während die Reinigung jeder Tanzenden eine konzentrierte persönliche Aufgabe stellt. Innerhalb der skizzierten Choreographie können beide Aspekte getanzt werden, führen aber sicherlich zu verschiedenen Gebärden und unterschiedlichen inneren Prozessen.

Als Reinigungstanz ist der »Wassertanz« nicht nur für das Lichtmessthema geeignet, sondern kann an der Schwelle vieler Übergangssituationen seine heilende Kraft entfalten.

»Stilles Eis«

»Stilles Eis« ist weniger ein körperlicher als ein geistiger Tanz, der in der gefrorenen Winterlandschaft die Vision des neuen Jahres zu erkennen sucht. Die Körperbewegungen sind auf ein Schwanken der Wirbelsäule konzentriert, um geistige Kraft im dritten Auge zu sammeln. Die Arme bewegen sich in die imaginierte Eisfläche und müssen doch jedes Mal in der leichten Enttäuschung zurücksinken, dass die visionären Bilder noch nicht konkret mit den Händen zu packen sind.

Der Tanz »Stilles Eis« repräsentiert die Kraft, die im scheinbar stillen Wintereis konzentriert ist. Lichtmess schafft den Zugang zu dieser verborgenen jungen Energie, die in Form geistiger Bilder verändernde Signale in den Kosmos setzt. Äußerste Konzentration kombiniert sich mit der unbeschränkten Freiheit des Geistes. Fliegt mein Geist allerdings in die Körperlosigkeit davon, werde ich tänzerisch die Balance verlieren.

So ist der Tanz eine gute spirituelle Übung, den glitzernden Verführungskünsten der weißen Kraft nur soweit zu folgen, wie gleichzeitig Bodenkontakt – was spirituell gesehen dem Realitätssinn entspricht – gehalten werden kann.

»Stilles Eis« ist speziell als Lichtmesstanz zur Sensibilisierung des dritten Auges choreographiert. Er ist aber natürlich auch zu allen anderen Gelegenheiten zu tanzen, bei denen es um die Schärfung des Blicks in die feinstoffliche Dimension geht.[15]

Tanzbeschreibung »Stilles Eis«

Choreographie: Ziriah Voigt
Musik: Antonio Vivaldi, Die vier Jahreszeiten »Der Herbst«
2. Satz, Adagio molto / CD 1, Stück Nr. 3

Aufstellung: 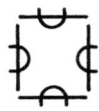 in vier Reihen zu einem Quadrat mit der Vorstellung einer Eisfläche in der Mitte; innerhalb der Reihen sind die Hände durchgefasst in V-Haltung.

Richtung	3/4-Takt	Zählzeit	Beschreibung
⌐Λ⌐	1-3		Stehen mit gestreckter Wirbelsäule. Die Konzentration liegt auf dem 3. Auge
	4	1-3	das Gewicht von den Füßen her gestreckt wie eine Linie nach vorne zur Eisfläche verlagern, als ob das 3. Auge dieses Eis erreichen wollte. Die Arme beginnen ebenfalls eine Bewegung nach vorne
	5	1-3	Fortführung der angefangenen Bewegung bis zur äußerst möglichen Gewichtsverlagerung nach vorne. Die Fersen können sich leicht vom Boden abheben, die Arme verlängern den Körper nach vorne zum Eis hin
	6	1-3	die Fersen heben leicht zum Relevé ab. Die Arme gehen fließend weiter nach oben und die Wirbelsäule verlagert sich zurück in die Senkrechte
	7	1-3	die Fersen werden langsam wieder auf den Boden geführt. Die Arme knicken in den Ellenbogen ein und werden in eine Abwärtsbewegung geführt
	8	1-3	Fortführung der Armbewegung nach unten bis zur V-Haltung mit einer gleichzeitigen leichten Verlagerung der Wirbelsäule nach hinten

Takt 4-8 fortlaufend wiederholen.

Didaktische Hinweise

Dieser Tanz erfordert in der Gruppe die Bereitschaft zu konzentrierter Arbeit an der Wirbelsäule und zur Zurückstellung der tänzerischen Bewegungsfreude. Andererseits ist er eine gute meditative Körperübung, die auch spirituell unerfahrene Frauen in die Welt der feinstofflichen Sicht einführen kann. Die Balance zu beherrschen, macht nach einiger Zeit Freude und schafft ein Zutrauen zur eigenen Standfestigkeit, das sich gegebenenfalls auf andere Situationen übertragen lässt.

Trotzdem ist es ratsam, den Tanz zunächst einzeln ohne Handfassung zu üben, bis jede Frau ein Gefühl für die eigene Balanceführung bekommen hat und nicht mehr die eigenen Probleme mit der Schwerkraft an die Nachbarinnen abgibt. Die Leiterin sollte darauf hinweisen, dass jede die Balancekurve ihrem körperlichen Vermögen entsprechend führt und sich keine ballettähnlichen Leistungen abverlangt. Nur dann kann sich die geistige Kraft entfalten, der der Tanz gewidmet ist.

Im fortgeschrittenen Stadium ist es eine reizvolle Unterstützung der schwankenden Tanzbewegung, wenn die Frauen durchgefasste Reihen bilden und die feine Führung der visionären Energie als gemeinsamen Prozess erleben. Doch unabhängig davon, ob durchgefasst oder einzeln getanzt: In beiden Fällen sollte die Aufstellung in Linien berücksichtigt werden. Grund: Die Exaktheit der geraden Linien in der choreographischen Anordnung der Gruppe entspricht der geistigen Konzentration des Tanzes und erleichtert diese zugleich.

Die Linien bestehen aus jeweils vier bis fünf Frauen. Wenn die Gruppe für ein Viereck zu klein ist, können zwei Reihen, die sich gegenüber stehen, gebildet werden. In der Mitte ist eine gefrorene Eisfläche zu imaginieren, auf die die Bewegung zustrebt und von der sie sich ernährt. Beim wiederholten Üben des Tanzes kann das Flirren zwischen den Augen in einen leichten Trancezustand führen, aus dem behutsam in den Alltag zurückgeleitet werden muss.

Tänze, die die geschaffene Energie entfalten und weiter führen, könnten sich anschließen, oder die Frauen tanzen »Stilles Eis« in einem rituellen Zusammenhang, sodass dem visionären Prozess der gebührende Platz gegeben wird.

»Ursprung und Ziel«

Der Name »Ursprung und Ziel« benennt die Polarität, die hier getanzt wird. Die Tänzerin streckt sich ihrem Ziel (ihrer Lichtmessvision) entgegen und hält doch gleichzeitig die Beziehung zu ihrem Ursprung, aus dem ja die Vision gewachsen ist. Der

Tanz bereitet die Lebendigkeit der Frühlingszeit vor, in der nach dem langen Winterschlaf plötzlich alles gleichzeitig zu sprießen scheint. Viele Menschen verlieren sich voller Begeisterung in solcher Fülle und fühlen sich später seltsam leer und ausgepumpt. Der Tanz übt die Ausdehnung von der meditativen Zentriertheit in die Welt hinaus, ohne die eigene Mitte im Trubel des Geschehens zu verlieren. Die fast in jeder Bewegung bedachte Polarität kann ängstlichen Gemütern Mut geben, sich nach neuen Ufern auszustrecken, und chaotischen Wesen die Ruhe des Ursprungs zurückbringen. Die musikalischen Pausen, die die Musik den Bewegungen vorgibt, setzt überschnellen Menschen eine manchmal schwer aushaltbare Bremse, nicht jedem Impuls unbedacht hinterher zu rennen.

Zu Lichtmess getanzt, wirkt »Ursprung und Ziel« fast noch als Pattsituation zwischen sehnsüchtig erstrebten Zielen und der Sogkraft des winterlich in sich ruhenden Mittelpunkts, vor allem da der Tanz bei diesem endet. Dies entspricht meiner Beobachtung, dass erstaunlich vielen Menschen der Februar der schwierigste Monat im Jahreskreiszyklus ist.[16]

Nach der langen Zeit des Zusammengezogenseins im Winter, die symbolisch der Rückkehr in den Mutterschoß entspricht, erscheint alle Ausdehnung fast schmerzhaft. Körper und Geist wehren sich gegen die Verletzung, die unvermeidlich entsteht, wenn – in Pflanzensprache gesprochen – der neue Keim die noch geschlossene Samenhülle durchbricht. Zwar weiß der Geist, dass die winterliche Geschlossenheit nicht zu halten ist, doch möchte er für den Körper den Schmerz vermeiden.

Auch diese Zerrissenheit tanzt »Ursprung und Ziel« und beruhigt die aufgeregte Seele in wohltuender Weise. Die zarte, kaum spürbare Berührung mit den anderen Tänzerinnen tut ein Übriges und holt die Einzelne heilsam aus der winterlichen Einsamkeit wieder in den Kreis zurück.

Tanzbeschreibung »Ursprung und Ziel«

Choreographie: Ziriah Voigt
Musik: Blauer Regen (Quelle unbekannt) / CD 1, Stück Nr. 4

Aufstellung: Alle stehen einzeln, sternförmig zentriert um die Mitte; die Hände liegen auf dem Bauch.

Richtung	4/4-Takt	Zählzeit	Beschreibung
	2/8-Auf-takt und **Takt 1-4**	und 1 und 2 usw.	Stehen und auf den Kontakt zum Ursprung konzentrieren
	5	1-4	re Arm entfaltet sich nach außen und schräg oben zum Ziel; Blick folgt
	6	1-4	li Arm entfaltet sich nach innen und schräg zum Ursprung; Blick folgt
	7	1 und	li kreuzt rü mit plié, Arme werden zusammengeführt und kreuzen vor der Brust
		2-4	re seit, Gewicht verlagert sich fließend nach rechts und beide Beine gehen in die Streckung, bis li nur noch mit den Zehen den Boden berührt. Dabei entfaltet sich der li Arm nach innen
	8	1-4	re Arm entfaltet sich nach außen und schräg oben zum Ziel; Blick folgt
	9+10		wie Takt 7 und 8
	11	1	li macht über plié eine 1/4-Drehung im Uhrzeigersinn, sodass alle mit dem Gesicht nach außen schauen; li Arm geht mit
		und 2	li geht in die Streckung (wie Takt 7)
		bis 4	beide Arme werden fließend nach oben geführt und die Nachbarinnen berühren sich leicht mit den Außenflächen der Hände
	12	1 und 2-4	re kreuzt rü mit plié. li seit mit Gewichtsverlagerung und Streckung (vgl. Takt 11)
	13		wie Takt 12
	14	1 und 2	180°-Drehung auf dem li Fuß am Platz. Die Arme werden fließend abwärts geführt, sodass die Hände am Ende geöffnet zur Mitte zeigen
		3 bis 4	Stehen; der Blick sucht den Ursprung
	15	1 und 2 und 3-4	re-li-re zur Mitte Stehen
	16	1 und 2-4	li vor 1/4-Drehung (re-li) am Platz, sodass alle wieder in Ausgangsstellung stehen. Die Arme werden über den Ursprung auf den Bauch geführt

Takt 5-16 fortlaufend wiederholen. Am Schluss der Musik in der Mitte bleiben und nur noch die Arme (vgl. Takt 5+6) öffnen. Mit den letzten Klängen wandert der Blick nach außen zum Ziel.

Didaktische Hinweise

»Ursprung und Ziel« hat einen Hauch von Ausdruckstanz und lebt von der gefühlserfüllten Bewegung und der Kraft der Augen, die der Sehnsucht immer ein Stück näher sind als die Körperbewegung. Die Leiterin sollte einen entsprechenden Impuls in die Gruppe geben, indem sie den Tanz in dieser Weise einmal vortanzt. Anschließend wird gemeinsam geübt und die oft auftretende Anfangsresonanz –»Das kann ich nie!« – legt sich meist rasch.

Die Musik ist schwer zu zählen und doch mit dem Auftakt in der Impulsvorgabe für die Bewegungen recht eindeutig, sodass in dieser Hinsicht selten Schwierigkeiten entstehen. Auf das Plié sollte geachtet werden, da es das visionäre Ausdehnen mit dem Ursprung im eigenen Schoß verbindet.

Die Hauptschwierigkeit des Tanzes besteht darin, dass für ihn fast alle Räume zu klein sind und die Tanzenden regelmäßig jammern, wenn sie ihre Sehnsucht dermaßen durch Mauern begrenzt finden. Dies entspricht fast in ironischer Weise den Realitäten, die die Frauen außerhalb des Tanzens in ihrem Alltag vorfinden. Hier gibt es keine Abhilfe. Die Leiterin wird das gar nicht lichtmesshafte Jammern und Fluchen gelassen ertragen und auf eine Pause warten müssen, um genau auf diesen Zusammenhang zwischen Tanz und Alltag hinweisen zu können.

»Tanz der jungen Mondsichel«

Der »Tanz der jungen Mondsichel« ist eine schlichte, beeindruckende Choreographie, in der auf zwei Ebenen zugleich eine Mondsichel getanzt wird. Zum einen wächst die Tanzgruppe durch die untergehakte enge Armhaltung zu einem gemeinsamen Himmelskörper zusammen; mit behutsam gesetzten Schritten bewegt sie sich als wandernde Mondsichel im Raum. Zum anderen zeichnet die einzelne Tänzerin mit jeder Schritteinheit eine Mondsichel auf die Erde. Dieser Tanz macht das

Konzept des kosmischen Verwobenseins im rituellen Kreistanz besonders deutlich.

Der »Tanz der jungen Mondsichel« kann gut den Abschluss einer Lichtmesszeremonie bilden, wenn sich jede Frau in ihrer weißen Kraft dem Kosmos zeigt. In weißer Lichtmesskleidung getanzt, wird diese Qualität besonders deutlich. Die zögernden Schritte der Choreographie lassen die Tanzenden die Zartheit eines Neuanfangs fühlen, zusätzlich gestützt durch die gezupften Lautentöne der von Bernhard Wosien gewählten Barockmusik.

Im fragwürdigen Richtungsstreit von links = Mondseite = weiblich und rechts = Sonnenseite = männlich zeigt der Tanz eine interessante Kombination von linksbetonten Schritteinheiten und rechtsläufiger Fortbewegung. Dies entspricht in etwa der faktischen Lage in der Mythologie, in der entgegen der vielfach behaupteten Mond = weiblich / Sonne = männlich-Theorie männliche wie weibliche Mondgottheiten zu finden sind. Im vorderasiatischen Raum dominierten beispielsweise Kulte männlicher Mondgottheiten, während etwa die griechische Mythologie mit Selene, Artemis und Hekate sogar drei bedeutende Mondgöttinnen kennt. Artemis gehört, wie erwähnt, als Mondbogen tragende Jagdgöttin zu Lichtmess; sie gilt als Beschützerin allen jungen Lebens und ist im griechischen Mythos ständig von jungen Mädchen umgeben, die mit ihr jagen, tanzen und spielen. Unter dem Titel Arktoi (griechisch = Bärinnen) leisteten junge Mädchen in Artemis' Tempeln einen zeitlich begrenzten Dienst[17], der offensichtlich auf alte weibliche Initiationsriten zurückzuführen ist.

Die Mondgöttin Selene bringt es im patriarchalen Griechenland laut Mythologie immerhin auf die stattliche Anzahl von fünfzig Töchtern; in der spätantiken Literatur tritt sie zusammen mit Hekate auf und vermischt sich mit deren Schwarzmondaspekt.

Tanzbeschreibung »Tanz der jungen Mondsichel«

Choreographie: Bernhard Wosien unter dem Namen »Sichelmond« *(aus: Maria-Gabriele Wosien, Sakraler Tanz. Der Reigen im Jahreskreis.)*
Musik: Antonio Vivaldi, Konzert für Violine und Laute d-moll, Largo / CD 1, Stück Nr. 5

Aufstellung: ᔑᔦ eng stehend als Sichel; die Ellbogen sind eingeknickt und gegenseitig untergehakt.

Richtung	4/4-Takt	Zählzeit	Beschreibung
↑	1	1-4	li vor, re ran, li vor, re ran ohne Gewicht
↘	2	1-2	re rü, li kreuzt rü mit plié
⌢→		3-4	re seit, li ran

Takt 1 und 2 abwechselnd wiederholen.

Tanzweg:

Didaktische Hinweise

Die enge Armhaltung des Tanzes ist anfangs ungewohnt – für einige Frauen sogar unangenehm. Sich als ein tanzender Himmelskörper zu verstehen, fordert von den Einzelnen in der Gruppe, die individuellen Bedürfnisse zurückzustellen und einen größtmöglichen Gleichklang in den Bewegungen zu gestalten. Dies wird nur in einem vertrauten Tanzkreis gehen, der sich an der spirituell-tänzerischen Anforderung freut.

Zu Beginn und zur Einübung der Schritte kann der »Tanz der jungen Mondsichel» in einfacher V-Haltung geübt werden. So entwickelt sich ein Gefühl für Raum und Abstände. Dies ist wichtig, da die Schritte zur Kreismitte hin die tanzende Sichel noch weiter verdichten. Die Anführerin und die Frau am Ende der Sichel halten die feine bogenförmige Spannung zwischen den beiden Sichelspitzen und achten auf die gleichförmige Fortbewegung der Sichel. Die Gruppenleiterin sollte hier zwei führungssichere Frauen einsetzen.

Die polare Spannung zwischen den beiden Enden kann,

wenn wir den Tanz außerhalb der Lichtmesszeit tanzen und die schlanke Sichel am Himmel geehrt werden soll, durch ein weißes und schwarzes Tuch symbolisiert werden, das die beiden äußeren Frauen deutlich sichtbar in der jeweils freien Hand tragen (Anführerin – rechte Hand, abschließende Frau – linke Hand). Zu Lichtmess selbst aber ist es ein schönes Bild, wenn alle Frauen ein weißes Tuch (oder ersatzweise ein weißes Band aus Krepppapier) in der rechten Hand halten (die abschließende Frau wieder links) als Symbol der im Ritual erworbenen Kraft, die nun mit den zarten Sichelschritten der Mitte entgegengetragen wird. Das Tragen eines Tuches wirkt zudem positiv auf die Körperhaltung zurück und die Frauen zeigen mehr Würde im Tanz.

Bei großen Gruppen bietet es sich an, mehrere Sicheln zu formieren, da eine aus zu vielen Tanzenden bestehende Sichel schnell ihre Form verliert. Auch ginge das räumliche Sichelbild verloren, wenn der sichelförmige Tanzkreis wesentlich mehr als einen Halbkreis bezeichnet. Das Bild mehrerer, sich im Raum bewegender Sicheln ist zudem sehr schön und ergibt eine reizvolle Variante dieses Tanzes. Schließlich sind auch im All Planeten mit mehreren Monden bekannt.

Frühlingstagundnachtgleiche –
Die Erde erwacht

Das Ritual der Frühlingstagundnachtgleiche feiert einen der beiden kostbaren Tage im Jahr, an denen sich Licht und Dunkelheit die Waage halten. Von uns Menschen, die wir uns so selten im Gleichgewicht fühlen, wird die Besonderheit, dass auch der Jahreskreiszyklus nur zwei Punkte des Gleichgewichts kennt, oft übersehen. Betrachten wir unser menschliches Wachstum als dem Werden der Natur analog, so scheint dieser Balancezustand nur selten für die Entwicklung notwendig zu sein. Offensichtlich aber schafft er zur Frühlingszeit den Boden für den mutigen Schritt aus der feinstofflichen Lichtmesswelt hinaus, sodass sich unsichtbare Visionen in grobstofflichen Vorgängen manifestieren können.

Die Frühlingstagundnachtgleiche gehört zu den vier Sonnenritualen und bringt Pflanzen-, Tier- und Menschenwelt mit dem

Aufsteigen der Lebenskraft in Kontakt. Astronomisch bezeichnet Frühlingstagundnachtgleiche den Schnittpunkt des Himmelsäquators mit der Ekliptik[1] in den Tagen um den 21. März. Er ist als Frühlingsbeginn in unseren Kalendern ausgewiesen und zeigt die Zunahme von Licht und Wärme an. Das Frühlingsritual ist ein Fest der erwachenden Erde. Noch ist oberhalb der Erde vom regen Treiben da drunten gar nicht so viel zu sehen; aber die grünen Spitzen widerstandsfähiger Wildkräuter wagen sich bereits hervor und die Bäume zeigen deutliche Knospen. Trotz der Sparsamkeit im äußeren Wachstum ist die erwachende Lebendigkeit dennoch unübersehbar. Ein neuer Geruch steigt dir bei jedem Spaziergang in die Nase; der Boden federt weich unter deinen Schritten und ruft dich hinzuschauen, auf welch lebendigem Körper deine Füße gehen. Jetzt fallen dir die kleinen grünen Spitzen in die Augen, das Krabbeln da unten und das Surren der ersten Insekten. In der Erde herrscht Hochbetrieb zu dieser Jahreszeit. Von draußen kitzelt die stärker werdende Sonnenkraft und bringt die ersten Pflanzen ins Schwitzen, sodass es reizvoll erscheint, das Köpfchen aus dem Erdreich herauszustrecken.

Das Durchbrechen des Keimlings aus dem Samenkorn ist ein Akt höchster Kraft, der nicht ohne Gewalt vor sich geht. Er ist dem Schmerz und der Anstrengung einer Geburt vergleichbar, auch deren Schock im Übergang von der langen Zeit der Dunkelheit und Geborgenheit in die plötzliche Weite des Lichts. Hell und Dunkel sind zwar zum Zeitpunkt des Frühlingsrituals gleichgewichtig stark, doch nicht unbedingt in Harmonie miteinander. Der Frühling ist eine schwierige Zeit, in der erwachende Sonnenkräfte mit den immer noch starken Frost- und Winterwesen kämpfen.

Die Frühlingstagundnachtgleiche setzt die zu Lichtmess begonnene Arbeit fort und macht zugleich die Schwierigkeit des nächsten Schritts deutlich. Es gilt, die kristallin in der Luft schimmernde Vision auf die Erde zu bringen und sie den Anforderungen des Alltags auszusetzen. Dies bedeutet zum einen eine Ernüchterung aus der glitzerigen Lichtmesswelt heraus in die erdige Realität, zum anderen geht es um konkrete Taten, die diesen jungen Keimling im ersten Lebenskampf erfolgreich stützen. Was für eine Bäuerin oder Gärtnerin die Bodenvorbereitung ist, muss im rituell übertragenen Sinn für das Gedeihen der Lichtmessvision ebenfalls getan werden. Lebensumstände müssen gegebenenfalls verändert werden, um einem visionär angepeilten Vorhaben gute Basisbedingungen zu bieten. Die Frühlingstagundnachtgleiche ist ein Ritual, das aus der luftigen Gedankenkraft in bodenständige Arbeit überleitet. Es geht darum, das Samenkorn zu bestimmen, den passenden Boden zu bereiten und die wichtigsten Nährstoffe für das erste Wachstum hinzuzufügen. Das zelebrierte Ritual verbindet diese eigene Arbeit mit der erwachenden Lebenskraft der Göttin.

Frühlingsfeiern, die die Erdgöttin an ihrem winterlichen Ruheplatz abholten und in Wagenumzügen durch Stadt und Land führten, sind seit langer Zeit – gerade im germanischen Raum – bekannt. Die von vielen Stämmen verehrte Göttin Nerthus wurde im Frühling, wenn sich in ihrem Hain die ersten grünen Spitzen zeigten, in ihrem von Kühen gezogenen Wagen abgeholt, wobei ihr Bildnis dabei offenbar verhüllt blieb.[2] Mit einem festlichen Umzug lenkt die Göttin ihren Weg über das ganze Land, um den Menschen zu zeigen, dass sie von ihrem totenähnlichen Winterschlummer zurückgekehrt ist und neues Wachstum bringt. Sie wird freudig begrüßt mit Musik, Gesang und Reigentänzen. Denn sie trägt den sehnsüchtig erwarteten Frühling in das Land, bringt Fruchtbarkeit in die Äcker, die mit ihrem Segen umgepflügt werden und weckt Hoffnung auf gute Ernte. Opfer werden ihr dargebracht, die die Menschen oft direkt in die Furchen des frisch gepflügten Ackers legen. Nach und nach erwacht so das Land unter der Berührung der Göttin zu neuem Leben. Deren Wagen bewegt sich im Verlauf des Umzugs aufs Wasser zu, denn mit Beendigung der Festzeit wird der Nerthuswagen mit dem Bildnis der Göttin und den verhüllenden Decken in ein Gewässer gezogen.

Der Abschluss im Wasser mag zunächst verblüffen, aber es leuchtet ein, dass die Bäuerinnen den Frühlingsregen für die frisch bestellte Saat herbeisehnen. Noch heute wird in vielen Landstrichen dem zur Frühlingstagundnachtgleiche vor Sonnenaufgang geschöpften Wasser eine besondere Kraft zugesprochen.[3] Die Nähe der Frühlingsgöttin zum Wasserelement zeigen auch ähnliche Umzüge in anderen Gebieten, bei denen ein Schiff über das Land gezogen wurde.[4]

Von der germanischen Ostara[5], die noch heute dem christlichen Osterfest ihren heidnischen Namen gibt, sind leider keine ausführlichen Kultbräuche überliefert. Sie wird üblicherweise als Licht- und Frühlingsgöttin angesehen, die von Osten kommt, wie die Namensverwandtschaft (Ostara – Osten) zeigt. Die Lichtbringerin hat sich auch trotz aller vordrängenden Sonnengötter in der griechisch-römischen Mythologie erhalten können. Dort ist es Eos, die griechische Göttin der Morgenröte[6], die sich jeden Morgen mit ihrem Wagengespann aus dem Okeanos erhebt und ihre Bahn vor ihrem Bruder Helios her über den Himmel zieht. Eos verliebt sich ständig neu, wie zahlreiche Mythen berichten, und hat als Nachkommen unter anderem mehrere bedeutende Winde geboren. Beides weist auf ihre Bedeutung als befruchtende Frühlingsgöttin hin und lässt eine frühere, offensichtlich machtvollere Stellung im Pantheon anklingen.

Die Achterschleife: ein Tanzmustern des Frühlings und des Herbsts

Die rituellen Tänze der Frühlingszeit zeigen einen erdhaften Charakter und suchen das Leben in allen Ritzen und Furchen zu wecken. Reiste früher die Göttin in ihrem Wagen über das Land, um es zu wecken und zu befruchten, so bleibt uns Menschenfrauen heute diese ehrenvolle Aufgabe als Tanz überlassen. Junge Mädchen, speziell zur Zeit ihrer ersten Menstruation, zeigen das aufblühende Leben der Frühlingsgöttin in besonderer Weise und sollten einen Ehrenplatz in der Tanzrunde bekommen. Die Erde wird zunächst mit Klopfen, Streicheln, Stampfen und Kichern geweckt, dass sie ihre Säfte nach oben treiben möge. Saattänze schließen sich an und werden von Segenstänzen begleitet, die die Kräfte der Elemente in die Samen ziehen wollen. Es gibt launische Apriltänze, die den ewigen Wettstreit von Sommer und Winter in dieser Zeit ausdrücken, aber auch ruhige harmonisierende Tänze, die die Spannung dieses Wettstreits wieder auszugleichen suchen. Denn in dieser Zeit scheint die Seele – wie zu Beginn angesprochen – heilende Kräfte zu brauchen, um den schwierigen Schritt von der ätherischen Vision in die erdige Verwirklichung zu schaffen.

Als symbolische Form gehört sowohl zur Frühlings- als auch zur Herbsttagundnachtgleiche (siehe S. 150) die Achterschleife[7], die mit ihrem Muster die in der Frühlingszeit wirkenden polaren Kräfte zu einem ineinander schwingenden Energiefeld verbindet. Tänze in der Achterform wirken spannungslindernd auf Körper, Seele und Kosmos und sind auch außerhalb der Frühlingszeit in allen entsprechenden Situationen heilsam zu tanzen.[8]

Das Hauptsymbol dieser Zeit ist das Ei als Sinnbild der von der Göttin neu geborenen Kraft. Mit roter Farbe bemalt zieht es deren Schöpfungsenergie an und bringt den Besitzerinnen neues Leben. Zur magischen Kraftanziehung werden die Eier aber auch mit vielfältigen Mustern bemalt, etwa Schlangen- und Zickzacklinien, die den kosmischen Lebensmustern entsprechen. Denn mit der Bemalung wird zugleich eine energetische Form in den Kosmos gezeichnet und auf diese Weise ein bestimmtes Energiemuster, das sich manifestieren soll, verstärkt. Mit derselben rituellen Absicht hat sich auch das traditionelle Backen von Gebildbroten als Frühlingsbrauch erhalten. Vulvenähnliche Formen als Fruchtbarkeitssymbol sind bekannt, vermutlich haben die Menschen ursprünglich jedoch eigene Gebilde geformt, die auf rituelle Weise Unsichtbares manifestieren helfen sollten. Das Backen galt in matriarchalen Kulturen als heilige magische Handlung, weil dabei ein Prozess der Transformation geschieht. So ist der Brauch des Gebildbrotebackens eine tiefe Symbolhandlung, mit der zum Beispiel eine zu Lichtmess gesehene Vision auf die Erde geholt werden kann.

In meinen eigenen Gruppen gestalte ich die spirituelle Aufgabe von Frühlingstagundnachtgleiche mit einem Aussaatritual. Damit entspricht die symbolische Haupthandlung den jahreszeitlich anstehenden landwirtschaftlichen Arbeiten.[9] Allerdings gehe ich in der vorbereitenden Ritualarbeit von einem nichtbäuerlichen Lebensalltag der teilnehmenden Frauen aus, sodass das zu säende Samenkorn als Symbol für eine Qualität steht, die im aktuellen Lebensprozess jeder Teilnehmerin zum Keimen gebracht werden soll. Im Prozess des Jahresrades leitet sich diese Qualität aus der Lichtmessvision ab, ist jedoch in der Vorbereitungsphase konkret zu formulieren und wird in der Öffentlichkeit der Ritualgruppe von jeder Frau einzeln benannt. Die Festlegung in konkrete Worte ist eine Einengung, die mancher Frau zunächst widerstrebt. Doch ist sie eine Voraussetzung, damit sich ungestaltete Wünsche und Utopien materialisieren. Genau diese Ernüchterung aber ist spirituell zur Frühlingstagundnachtgleiche gefordert: Die Zeit der inneren spirituellen Schwangerschaft ist abgeschlossen und es gilt, eine äußere Gestalt zu formen. Es ist Zeit auszusäen.

Das Ritual wird diesem Akt der Aussaat spirituelle Kraft geben. Die Frauen sammeln sich zum rituellen Kreis um die vorbereitete Saat.[10] Nach den eröffnenden Ritualhandlungen visualisiert jede Frau ihr Vorhaben in den ausgewählten Samen. Um eine magische Verbindung zu diesem zu schaffen, versucht sie in ihrer Visualisierung so konkret und klar wie möglich zu sein. Mit der Zelebrierung des Rituals wird der Same und die aus ihm entstehende Pflanze zum Kernsymbol der Umsetzung ihrer Lichtmessvision. Das Blühen und Gedeihen ihrer Pflanze, deren Zögern und Kranken wird ihr unübersehbar zeigen, wie es um ihr rituell geknüpftes Vorhaben steht. Die Pflanze wird sie auf Versäumnisse aufmerksam machen und in die Geheimnisse ihres Wachsens einführen.

Voraussetzung für ein Wachsen aber ist der geeignete Boden im äußeren wie im symbolischen Sinn, und so sucht nun jede Frau in der Nähe des Ritualplatzes nach Erde, die ihrem Vorhaben eine geeignete Basis geben wird. Sie meditiert mit dieser Erde und lässt sich von ihr die Grundlagen erzählen, die für das Wohlergehen ihrer Pflanze von Bedeutung sind. Sie bittet die Kräfte und Geister der Erde um ihre Mitarbeit, bevor sie von der Erde nimmt und in einem vorbereiteten Gefäß die Aussaat zelebriert. Nun gilt es, die Wesen der anderen Elemente in die Saatgefäße zu locken und das junge Vorhaben mit der sich ausbreitenden Frühlingskraft der Göttin zu verbinden.

Hier haben die rituellen Tänze ihren Platz; die Frauen kehren zurück in den Kreis und umtanzen die Saatgefäße aller Frauen in vielfacher Weise, sodass die junge Saat mit den unterschiedlichsten Energien gestärkt und getränkt wird. Es wird gesungen und gefeiert und die Tänze steigern sich in Tempo und Vitalität, bis das durchbrechende Leben nicht mehr zu verkennen ist und endgültig über den Winter gesiegt hat. Ein frühlingshaftes Mahl mit Ostaras Eiern und selbstgebackenem Brot kann das Ritual festlich und genussreich beschließen.

Nach dem Ritual kommen die Frauen mit dem jungen Leben in ihren Saattöpfen nach Hause. In den nächsten Tagen und Wochen werden sie dort immer wieder neugierig zu ihrem Pflanzgefäß laufen, mit dem noch unsichtbaren jungen Wesen sprechen und es locken, bis es endlich das lang erwartete grüne Köpfchen aus der Erde steckt. Zur Stärkung kann jede Frau ihrem Pflanzenwesen und damit ihrem eigenen Vorhaben ab und zu einige der Ritualtänze tanzen und sich so immer wieder mit der im Ritualkreis gespürten Kraft verbinden, bis sie den Lebenswillen des jungen Wesens in sich selber deutlich fühlen kann. Nun kann es ohne aufmerksame Fürsorge weiter wachsen und darf sich auf die Wildheit des Walpurgisrituals freuen.

Der aufsteigenden Sonnenkraft gemäß bietet sich als guter Zeitpunkt für das Frühlingstagundnachtgleicheritual der Sonnenaufgang an. Wie in den alten Traditionen kann die Göttin in ihrer wieder erwachenden Kraft dann vom Ritualkreis aus den morgendlichen Frühnebeln abgeholt werden. Die rituellen Festfarben sind alle zarten Frühlingstöne, vorzugsweise Gelb wie die ersten Forsythien, Schlüsselblumen oder ähnliche Frühlingsbotinnen. Zartes Baumgrün kann die Mitte schmücken; noch schöner ist es aber, den Ritualkreis direkt um einen Frühlingsbaum wie zum Beispiel die Birke[11] zu bilden. Das Umtanzen eines Baumes gehört zu den alten heidnischen Traditionen, es weckt die Lebenskräfte des Baumes wie der Tanzenden und wird das Frühlingsritual zu einem noch intensiveren Geschehen machen.

Demeter und Persephone, einen Saatwagen lenkend (um 600 v.Z.)

Bewegungsmeditation »Kreislauf des Wachsens«

In der dunklen Hälfte des Jahres ist die Energie des Körpers
– dem Naturzyklus entsprechend – nach innen und unten gerichtet. Das Becken bildet einen tiefen Kessel, in dem Altes
verdaut wird und Neues entsteht. Lichtmess öffnet den Zugang
zu dieser innen zentrierten Energie mit einem schnittartigen
Spalt im dritten Auge. Damit der Körper danach dem natürlichen Frühlingsprozess folgen kann, muss die vertikale Verbindung von unten nach oben wie umgekehrt gestärkt werden.
Die feinstofflichen Energiekanäle in der Vertikalen verstopfen
im Winter leicht, in dessen Zeit sich die Energie eher in der
Horizontalen ausgebreitet hat. In der ätherischen Lichtmesszeit
geht zusätzlich leicht die Verbindung zur Erde verloren, sodass
im Frühling zwar die stärkere Sonnenkraft von außen dankbar
gespürt wird, aber die Verbindung zum Lebensfeuer der Erde
häufig nicht gelingt. Dies kann eine Ursache für das Phänomen
der Frühjahrsmüdigkeit sein, die auf den ersten Blick zum Tenor des überall erwachenden Lebens so gar nicht passen will.

Die hier vorgeschlagene Bewegungsmeditation schließt den
menschlichen Körper an den in der Natur geschehenden Kreislauf des Wachsens an. Sie schafft über Becken und Vulva die
notwendige Verbindung zum geschäftigen Frühlingstreiben in
der Erde und lässt diese junge Lebensenergie vertikal im Körper aufsteigen. Damit werden Körper und Seele auf behutsame
Weise in den frühlingshaften, doch auch schmerzlichen Prozess
der Keimung geführt. Mit der konzentrierten Wiederholung der
Bewegungen wächst in der Übenden der Wunsch, sich in die
aktionsreichere helle Hälfte des Jahres, die mit dem Frühlingsritual beginnt, auszubreiten.

Die Übung verbindet aber diese wachsende Ausdehnung
nach oben mit einem abgesättigten, zufriedenen Einsinken
nach unten in die herbstliche Erde. Deshalb hilft diese Bewegungsmeditation nicht nur im Frühjahr, verschlackte Ener-
giebahnen zu reinigen, sondern sie ist ebenso im Herbst eine
Unterstützung, wenn Frauen der Abschied von der hellen Zeit
schwer fällt. Als harmonisierende Energieübung schafft sie Erleichterung bei allen als schwierig erlebten Übergängen und ist
gut über einen Zeitraum täglich zu praktizieren.

Gerade Städterinnen, die sich vom Naturzyklus abgeschnitten fühlen, kann sie ein Gefühl der Einbindung in den kosmischen Zusammenhang geben. Die Bewegungsmeditation »Kreislauf des Wachsens« kann mit[12] und ohne Musik durchgeführt werden. Bei geeignetem Wetter sollte das Üben ins Freie verlegt werden, sodass die Verwandtschaft mit Pflanzen und Bäumen noch deutlicher gespürt werden kann.

Meditationsübung »Kreislauf des Wachsens«

Du stehst mit geöffneten Beinen (etwa eine Fußbreite auseinander); die Füße zeigen etwas nach auswärts. Mit der Ausatmung lässt du dich im Becken zur Erde sinken, sodass die Knie etwas gebeugt sind, während die Wirbelsäule aufrecht bleibt. Die Augen sind geschlossen und die Hände bilden vor den Leisten eine Schale. Nun konzentrierst du dich auf die junge Frühlingskraft der Erde unter dir. Die Fingerspitzen öffnen sich leicht nach unten und suchen das Erdfeuer in deine Beckenschale zu führen. Mit dem Aufsteigen des Feuers stülpen sich die Fingerspitzen wie von selbst ein und ziehen die junge Kraft langsam aufwärts. Während innerlich die erwachende Frühlingsenergie an deiner Wirbelsäule aufsteigt, lässt du gleichzeitig deine Hände an der Vorderseite deines Körpers hoch wandern. Knie und Wirbelsäule strecken sich organisch mit.

Etwa in Herzhöhe wenden sich die Hände, sodass die Finger eine kaum geöffnete Blüte ergeben, die weiter nach oben wächst und Licht und Himmelskräfte sucht. Die Arme wachsen mit, bis du den höchstmöglichen Punkt und damit deine kürzeste Entfernung zum Himmel erreicht hast. Nun öffnen sich die Blütenhände, um möglichst viel Licht und Sonnenenergie aufzunehmen.

Diesem Impuls folgen die Arme und wachsen nun in die Breite. Du fühlst dich nun eher wie ein mächtiger Baum, der Raum einnimmt. Deine Arme werden allmählich schwer, als ob du viele Früchte tragen würdest, und so sinken deine Arme mehr und mehr herunter zur Erde. Die Hände wenden sich und neigen sich der Erde entgegen, die Knie geben nach, sodass auch dein Becken wieder den Erdkontakt spürt. Hände und Arme wandern weiter, bis sie ihre Früchte abgeben wollen und danach selber müde und entspannt ins Erdreich zurücksinken.

Die Ruhezeit mit ihrem unsichtbaren Prozess der Verwandlung beginnt. Die Hände wandern allmählich wieder zusammen und bilden wie zu Beginn eine Schale vor dem Bauch. In dieser Ruhephase bleibst du, bis du erneut den jungen Impuls des Frühlings unter dir spürst und wachsen willst ... Der Zyklus des Wachsens beginnt erneut.

Es ist gut, diese Meditation über einen Zeitraum regelmäßig zu praktizieren. Du kannst bei deinem Üben mit dem Tempo und mit den einzelnen Phasen der Meditation experimentieren. Es ist möglich, den »Kreislauf des Wachsens« als fließende Bewegung durchzuführen oder auch in einzelnen Positionen zu verbleiben und den sich zeigenden Bildern und Gefühlen länger nachzuspüren.

Choreographien

»Frau Frühling klopft an«

Der Tanz »Frau Frühling klopft an« ist als Reminiszenz an die oben geschilderten Frühjahrsumzüge der Göttin choreographiert. So wie diese in verschlungenen Wegen über das Land fuhr, um es mit ihrer Lebenskraft zu befruchten, zieht der Tanz Schlangenlinien über den betanzten Grund, um die Erde zum Frühling zu wecken. »Frau Frühling klopft an« gehört dementsprechend in die erste Frühlingszeit bzw. in den Vorfrühling, wenn der Boden noch kalt ist. Der Tanz ist von äußerst zarter Schrittführung, um dem Erdreich das Wecken sanft zu gestalten und junges Leben nicht zu zerstören.

Die tanzenden Frauen identifizieren sich mit der Frühlingsgöttin, die mit wehendem Rock über das Land schreitet und mit jeder Erdberührung unter ihren Füßen junges Grün sprießen lässt. »Frau Frühling klopft an« bewegt sich schlangenartig über das gesamte zu betanzende Gelände, um möglichst jedes Erdfleckchen mit den Schritten zu erreichen.

Der Tanz ist idealerweise im Freien zu tanzen, da dort für die Feiernden die rituelle Aufgabe unmittelbar zu spüren ist, die sie mit dem Tanzen erfüllen. Als Meditation getanzt, führt »Frau Frühling klopft an« in die spirituellen Bilder einer lebendigen weiblichen Kultur und verbindet die Frauen heilsam mit den natürlichen Prozessen im Jahreskreiszyklus.

Tanzbeschreibung »Frau Frühling klopft an«

Choreographie: Ziriah Voigt
Musik: Cör Tánc (ungarisch) / CD 1, Stück Nr. 6

Aufstellung: ⟶ offener Kreis; Hände in V-Haltung

Richtung	4/4-Takt	Zählzeit	Beschreibung
⟶	1	1 und 2 und	re-li (sehr zarte Schritte) Hände in V-Haltung
		3 und 4	re-li-re (doppeltes Tempo)
		und	auf re verharren
	2	1 und 2 und	li-re
		3 und 4	li-re-li (doppeltes Tempo)
		und	auf li verharren
	3+4		wie Takt 1 und 2
⟶	5	1 und 2 und	re-li die Arme werden in W-Haltung geführt
		3 und 4	Schritt re ohne Gewicht und mit der re Hacke drei Mal bei der Erde anklopfen
		und	in der letzten Position verharren
	6		wie Takt 5

Takt 1-6 fortlaufend wiederholen.
Die Anführerin bewegt die Tänzerinnen in schlangenartigen Windungen durch den Raum bzw. über das zu betanzende Gelände, sodass möglichst jedes Fleckchen Erde von der Frühlingsgöttin geweckt und begrüßt wird.

Didaktische Hinweise

Tanztechnisch wird »Frau Frühling klopft an« kaum Schwierigkeiten bieten. Wichtig ist, den Tanzenden den spirituellen Hintergrund der Choreographie anschaulich zu machen. Der Tanz lebt von der Identifizierung der Frauen mit der rituellen Aufgabe, die Erde zum Frühling zu wecken.

In geschlossenen Räumen muss die Beziehung zur Erde hergestellt werden, bis diese unter den Füßen zu spüren ist. Doch sollte keinesfalls beim Tanzen ständig auf die Erde geschaut werden, vielmehr ist das innere Gespür im Erdkontakt zu sensibilisieren.

Zu achten ist ferner darauf, dass die Schritte zart bleiben wie sanfte Tierpfoten und das Klopfen im zweiten Teil nicht zum Stampfen wird. Auch wenn viele Frauen aus Mangel an Gelegenheit das Stampfen lieben, gehört es in diesen ersten Frühlingstanz nicht hinein.

»Odermennigtanz«

Der Odermennig reckt sich als hohes schlankes Heilkraut dem Himmel entgegen und trägt kleine gelbe Blüten. Er wirkt wie eine zarte unscheinbare Ausgabe der mächtigen Königskerze und braucht sich doch in seinen Heilwirkungen nicht vor ihr zu verstecken. Im äußeren Erscheinungsbild betont die Odermennigpflanze deutlich die Vertikale und hat damit die Kraft, die im Frühling geforderte Energieverbindung vom dunklen Erdreich zu den lichten Höhen herzustellen.

Der Arzt Edward Bach hat die Pflanze in seine Blüten-Sammlung aufgenommen und ordnet sie ebenfalls einer Gleichgewichtsproblematik von Hell und Dunkel, Innen und Außen zu. Er gibt die Blüte Menschen, die ihren inneren Seelenprozess nur schwer mit ihrem äußeren Verhalten in Einklang bringen können. So scheint die Odermennigpflanze in Signatur und Heilwirkung (siehe die Bewegungsmeditation »Kreislauf des Wachsens« S. 77) der Frühlingsschwelle zu entsprechen.

Anastasia Gengs Choreographie greift die dem Odermennig zugeordnete Spannungsproblematik von innen und außen auf und lindert sie mit einer getanzten Acht, deren ineinander verschlungener Doppelkreis die Hauptfigur in diesem Tanz bildet. Im steten Ziehen dieser Achterschleife verbindet jede Tänzerin innere Sammlung mit äußerer Handlung, dunkle Erdenergien mit lichten Himmelsenergien.

Der »Odermennigtanz« ist als Kreistanz in Paarzuordnung choreographiert, sodass von jeweils zwei Frauen beide Hälften der Acht gleichzeitig getanzt werden können und als komplettes energetisches Muster im Raum erscheinen. Im rituellen Sinn wird damit die Acht in ihrer spannungslindernden Energie nicht nur auf die Tanzenden wirken, sondern ebenso in den Kosmos wohltuend ausstrahlen. So kann der Tanz allen im Frühling beanspruchten Kräften den Übergang vom Dunklen zum Hellen erleichtern.[13]

Um die Acht als choreographische Figur gelingen zu lassen, müssen sich beide Frauen im Ziehen ihrer jeweiligen Achterschleife genau aufeinander beziehen. Gerade diese Anforderung hilft, die notwendige Verbindung zwischen beiden Hälften der Acht im eigenen Bewusstsein zu schaffen. Getragen wird der innere Prozess der Tänzerinnen durch die eigenartig monotone, litauische Musik, die mit ihrem gleichförmigen Pulsschlag die nicht zu erschütternde Ewigkeit der Achterschleife erlebbar macht. Anastasia Gengs Choreographie zum Odermennig ist in allen Situationen heilsam zu tanzen, in denen innere und äußere Verhältnisse nicht zusammenpassen wollen. In der Frühlingszeit wirkt dieser Tanz nicht nur im beschriebenen spannungslindernden Sinn, sondern zeigt zusätzlich noch eine Segensgebärde in den Händen, mit der die Tänzerinnen sonnige Himmelsenergien auf die frisch erwachende Erde tragen. Deshalb kann er beispielsweise auch als Segenstanz für die im Frühlingsritual ausgesäten neuen Qualitäten getanzt werden.

Tanzbeschreibung »Odermennigtanz«

Choreographie: Anastasia Geng[14]
Musik: Maršas Skuodas (litauisch) / CD 1, Stück Nr. 7

Aufstellung: ‒⌒‒ geschlossener Kreis, wobei die Tänzerinnen in Paaren einander zugeordnet sind; Hände V-Haltung

Richtung	4/4-Takt	Zählzeit	Beschreibung
‒⌒➤	1+2	1-8	re-li-re-li :‖
⟳ re im Paar	3+4	1-8	re-li-re-li :‖ mit acht Schritten nach re die Außenschleife der Acht tanzen; li Hand ist auf der Hüfte eingestützt, re Hand führt geöffnet die Bewegung an
⟲ li im Paar			in dieser Position nach li die Innenschleife der Acht tanzen, wobei die li Hand die Bewegung anführt
	5+6		wie Takt 3 und 4 in umgekehrten Positionen
‒⌒➤	7+8		wie Takt 1 und 2

Richtung	4/4-Takt	Zählzeit	Beschreibung
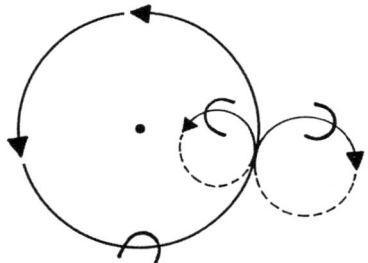	9-12		wie Takt 3 bis 6; aber die Hände zeichnen nun zusätzlich eine schräg liegende Acht in den Raum. Die nach außen tanzende Frau öffnet fließend mit vier Schritten die Hände – weg nach oben zum Himmel und bewegt sie dann langsam wieder tiefer zur Ausgangsposition, wo sich die Handflächen zur Erde wenden und beim Tanzen der Innenschleife zur Erde geführt werden. Der Körper folgt dabei den Händen, d.h. er reckt sich in der Außenschleife zum Himmel und neigt sich beim Innenkreis zur Erde. Die li tanzende Frau im Paar führt die Hände umgekehrt von der Erdkonzentration zum Himmel

Takt 1-12 fortlaufend wiederholen.

Räumliche Figur:

Didaktische Hinweise

Der »Odermennigtanz« erfordert ein gutes Raumgefühl, damit das Gesamtrund des Tanzkreises bei der Gestaltung der Acht nicht verloren geht. Hier hilft nur Üben und das gute Zusammenspiel des Paares, das ja gleichzeitig mit seinen jeweiligen Kreisen die vollständige Acht bildet.

Zur Vereinfachung kann der Tanz auch in mehreren Schritten eingeübt werden. Dann lässt die Leiterin zunächst keine Paare bilden, sondern alle tanzen zugleich den Außenkreis der Acht und ziehen anschließend die Innenschleife. Zudem kann die zweite, schräggestellte Erd-Himmels-Acht mit den Händen anfangs weggelassen werden.

Wird später die vollständige Choreographie getanzt, ist darauf zu achten, dass die Ausführung der beiden Achten klar unterschieden bleibt. Die erste Acht liegt gleichmäßig in der

Horizontalen und stellt die Verknüpfung von Innen- und Außenwelt dar. Die zweite Acht liegt schräg in einer Himmel-Erde-Vertikalen und verbindet nicht nur Licht und Dunkel, sondern sammelt Erd- und Himmelsenergien in den Händen (ähnlich der Gestaltung im Tanz »Himmel und Erde«, siehe S. 44), um sie dem jeweils gegenüberliegenden Pol zu spenden.

Damit jede Teilnehmerin den Weg von innen nach außen wie von außen nach innen erlebt, sollten bei der Wiederholung des Tanzes die Positionen gewechselt werden. Es ist interessant zu spüren, welche Bewegungsrichtung von jeder Frau als organischer empfunden wird. Dies muss nicht immer gleich sein, sondern wird sich in unterschiedlichen Stimmungen ändern.

Will eine Frau die Heilkraft dieses Achtertanzes für sich nutzen, ist es sinnvoller, gerade nicht die intuitiv vertraute Richtung zu tanzen, sondern die entgegengesetzte Position, sodass der Tanz diesen energetischen Weg für ihren Alltag stützt.

»Narini«

Der hier vorgestellte »Narini-Tanz« ist eine Neuchoreographie, die die Frühlings- (oder Herbst)arbeiten der Frauen auf einem zu bestellenden Acker stilisiert. Das Umgraben oder gar Pflügen der Erde war im Zusammenhang eines matriarchalen Weltbildes eine kultische Aufgabe der Frauen, die von besonderen Ritualen und reichhaltigen Opfergaben begleitet war. Die Erde galt als Körper der Göttin, und so verletzte jeder Spatenstich ihren Leib; gleichzeitig waren die Menschen überzeugt, dass die Göttin ihnen die Nahrungsschätze ihres Erdenkörpers auch schenken will. Deshalb führten Frauen, die mit ihrem Körper ebenfalls Leben in den kosmischen Kreislauf spenden, diese heiligen Arbeiten aus. Es zeigt sich hier das Paradoxon der Zusammengehörigkeit von Leben und Tod, das die matriarchale Weltsicht im Bild einer zyklischen Göttin formulierte.

In »Narini« werden zum einen die vorbereitenden Ackerarbeiten wie das Entfernen der abgestorbenen Pflanzenreste und der Fremdpflanzen getanzt, zum anderen beruhigen die Frauen immer wieder die aufgeregte Erde mit ihren Händen und schenken ihr zum Ausgleich ihr eigenes Lebensfeuer. Die gegenüber in Augenkontakt tanzenden Frauen feuern sich dabei gegenseitig an und entfachen genau damit die Wachstumskraft der Erde.

Tanzbeschreibung »Narini«

Choreographie: Ziriah Voigt
Musik: Narini (türkisch) / CD 1, Stück Nr. 8
(»Narini« ist ein sehr alter türkischer Tanz von der Schwarzmeerküste und wird dort von den Fischersfrauen getanzt. Ich weise ausdrücklich darauf hin, dass die hier vorgestellte Choreographie frei nach meinen eigenen Vorstellungen, Empfindungen und Gefühlen entworfen wurde und weder inhaltlich noch in Schritten und Gebärden dem traditionellen, gleichnamigen türkischen Volkstanz entspricht.)

Aufstellung:　ᵕᵕᵘᵢᵕᵕ　Die Gruppe bildet zwei Reihen, die
　　　　　　　ᴖᴖᵔᴖᴖ　aufeinanderzutanzen. Jede steht für
　　　　　　　　　　　sich; die Energie ruht im Becken.

Richtung	4/4-Takt	Zählzeit	Beschreibung
↑	1	1-2	Schritt re und li setzt mit der Hacke leicht geöffnet nach vorne auf. Parallel gestalten die Hände über dem aufgesetzten Hackeschritt eine nach oben auszupfende Bewegung (bzw. als Variante eine nach unten Stecklinge einsetzende Bewegung)
		3-4	Wiederholung li beginnend
↓	2	1-4	re-li-re-li
li ≷ re ≷ re li			die Schritte sind klein gehalten und werden auf einer imaginären Zickzacklinie gesetzt, sodass das Becken mitschwingen kann. Dabei führen die Hände parallel zu den Füßen eine die Erde glattstreichende Bewegung aus

Takt 1 und 2 im Wechsel fortlaufend wiederholen. Der Tanz kann auch mit versetztem Einsatz getanzt werden, das heißt, Reihe 1 beginnt mit der Tanzfigur von Takt 1, während gleichzeitig Reihe 2 mit der Figur von Takt 2 startet.

Didaktische Hinweise

Vor dem Einüben der Choreographie sollte den Frauen das Bild des Ackers gegeben werden, den sie in »Narini« mit ihrer Frauenkraft betanzen. Dies macht zugleich die ungewohnte räumliche Aufteilung in zwei Reihen, die sich aufeinander zubewegen, verständlich.

»Narini« ist durchgehend tief im Becken zu tanzen, das heißt, die Knie sind immer leicht gebeugt. Auch die Hände bleiben mit ihren Bewegungen in Beckenhöhe und tanzen aus dieser Energie heraus. Die Leiterin sollte auf diese energetische Ausrichtung achten, da gerade die Hände im Laufe der Tanzbegeisterung leicht in die gewohnte höhere Haltung rutschen.

Die Tänzerinnen beginnen mit einer nach oben auszupfenden Bewegung, um die Erde für den neuen Wachstumszyklus vorzubereiten. Nach einiger Zeit können die Hände in eine nach unten führende Bewegung wechseln, als ob Stecklinge ins Erdreich gesetzt werden. Ist der Tanz bekannt, überlasse ich den Frauen die Entscheidung, welche Handbewegung sie tanzen wollen. Dadurch besteht die Möglichkeit zur spannenden Eigenbeobachtung, welche Bewegung jeder in diesem Abschnitt des Jahres mehr entspricht.[15]

Zum ersten Erlernen des Tanzes sollten zunächst nur die Schritte mit den Füßen geübt werden, bis sie im Tempo der anfangs schnell erscheinenden Musik sicher beherrscht werden. Die Koordination mit den Handbewegungen ist für einige Frauen schwierig, wenn auch als gute Übung für unterschiedliche Bein- und Armbewegungen zu empfehlen. Bei Unsicherheiten sollten die übenden Frauen den Tanz immer wieder auf den reinen Grundschritt reduzieren und erst nach und nach die Gebärden der Hände hinzunehmen.

In fortgeschrittenen Tanzgruppen ist es möglich, den Einsatz in beiden Reihen jeweils versetzt zu machen. Dann werden die beiden Grundmuster der Choreographie – das Auszupfen und Kraft Geben – gleichzeitig getanzt, was nach ritueller Sicht intensiver auf die Gesamtenergie wirkt.

Egal, welche Fassung: Die beiden gegenüber tanzenden Frauen sollten im Sinne einer sich gegenseitig beflügelnden Zusammenarbeit einen gemeinsamen Tanz entwickeln. Oft habe ich dabei beobachtet, dass das gegenseitige Anfeuern zu einem

Zweikampf zwischen Auszupfen und Saat-Einsetzen wird. Hier kommt noch einmal das Thema der Frühlingstagundnachtgleiche zum Ausdruck: der Dauerstreit zwischen Hell und Dunkel, Sommer- und Winterkräften. Gegen meine Absicht hat es sich auch in dieser Choreographie seinen Platz erkämpft und wird von den Frauen immer wieder mit viel Energie ausgetanzt. Genauso aber ist zu beobachten, dass sich dieser scheinbar endlose Zweikampf ohne besondere Absprache oder Vorgabe durch die Leiterin zum kooperierenden Zusammenspiel wandelt.

Walpurgisritual – Nacht der Zaunreiterinnen

Die Walpurgisnacht ist das wohl bekannteste Ritual unter den acht Hexenfesten im Jahreskreis. Fast jede Frau hat schon einmal von diesem Ritual gehört. Leider liegt die Berühmtheit der Walpurgisnacht vor allem in den zweifelhaften Geschichten um den sogenannten Hexenflug zum Blocksberg begründet, der zu den Hauptanklagepunkten in den Hexenprozessen gehörte.

Es ist kaum möglich, über die Walpurgisnacht nachzudenken, ohne die Geschichte der Hexenverfolgung mit einzubeziehen, die im 15. und 16. Jahrhundert in Europa einen Höhepunkt hatte. Die meisten Menschen assoziieren heute noch mit dem Walpurgisritual die unter Folter erpressten Geständnisse der angeklagten Frauen, etwa dass sie Hexensalbe benutzt hätten und anschließend auf dem Besen zum Hexenversammlungsplatz geritten seien; dort soll es dann wilde orgiastische Hexentänze gegeben haben – nackt, versteht sich –, die in einer sexuellen Vereinigung mit dem Teufel gipfelten. Gerade diese Unterstellung trieb damals die Hexenverfolgung in den Dörfern und Städten voran. Die alte matriarchale Verbindung von Frauen mit der Göttinnenkraft wurde nicht mehr verstanden; Frauen mit spiritueller Macht und umfassendem Wissen erschienen plötzlich bedrohlich und verdächtig.

Suspekt waren vor allem autarke Frauen, die sich nicht auf Männer bezogen – seien es geschäftstüchtige Handwerkerinnen, die im Mittelalter in einigen Produktionsbereichen eindeutig dominierten[1], Witwen, die nicht wieder zu heiraten gedachten, oder gar auffallend schöne Frauen, die männliche Anträge desinteressiert zurückwiesen. Die christlich-männliche

Phantasie hatte keine andere Erklärung für solch unziemliche Lebensweise, als dass eine nächtliche Teufelsliebe dahinterstecken müsse, denn die sexuelle Begierde der Frauen galt damals als unersättlich. Diese Auffassung wurde später in der von Inquisitor Heinrich Kramer 1487 veröffentlichten Schrift Malleus Maleficarum, dem sogenannten Hexenhammer, ausführlich dargelegt.

Es ist hier nicht möglich, den historischen Zusammenhängen der Hexenverfolgung angemessen nachzugehen. Für das Thema der Jahreskreisrituale ist aus meiner Sicht eher von Bedeutung, zu schauen, welche älteren Traditionen sich zum Walpurgisfest noch erhalten haben, die rituelle Bräuche aus der Zeit vor der Hexenverfolgung widerspiegeln.

Walpurgisnacht ist – wie der Name sagt – ein Nachtritual und feiert doch zugleich die strahlende Helligkeit des Monats Mai. In diesem Doppelaspekt ist es eines der vielfältigsten und schillerndsten Feste aus dem Jahreskreiszyklus. Vielleicht zog es auch deshalb bevorzugt die Hexenphantasien der männlich-kirchlichen Obrigkeit an. Im Jahreskreisrad liegt Walpurgis dem Dunkelheitsritual gegenüber (siehe Abbildung S. 26) und gehört damit zur Achse der Orakelfeste. In diesen Ritualen liegt der Schwerpunkt darin, ein Tor zur Anderswelt[2] zu öffnen und aus dieser Dimension heraus Antworten auf unsere Fragen zu bekommen. Schauen wir überlieferte Volkstraditionen zum Walpurgisorakel an, so bestimmte das Geschehen in der Natur die angefragten Themen. Die in ihrer Erotik aufstrahlende Maigöttin wurde gerne in Liebesangelegenheiten befragt. Frauen benutzten kleine dreieckige Walpurgisspiegel, die in die Zukunft schauen halfen, oder sogenannte Walpurgisfäden, die an der Art des Gespinsts den Charakter und die Eigenschaften ihrer/ihres zukünftigen Geliebten ertasten ließen.[3]

Allein beim Orakel blieb es nicht. Die Liebe musste gefunden und gelebt werden – ein weiterer wesentlicher Bestandteil des Walpurgis- oder Mairituals, das in vielen europäischen Ländern mit orgiastischen Fruchtbarkeitsriten gefeiert wurde. In Irland etwa verweist man stolz auf einen kleinen Hügel namens Uisneagh, der die Überreste frühgeschichtlicher Anlagen zeigt. Hier soll vor Tausenden von Jahren das erste Maifeuer gebrannt haben und anschließend auf die umliegenden Berge gebracht worden sein.[4] Das Feuer von Uisneagh war aufgrund der zentralen, erhöhten Lage überall im Land zu sehen und eröffnete laut Überlieferung die mehrtägigen, lustvollen Beltanefeiern, wie sie bei den KeltInnen hießen.

Aus der römischen Religion wird von den Floralien berichtet, die offensichtlich schon zur ältesten Schicht der römischen Kultur gehörten und ein Fest zu Ehren der römischen Göttin der Blumen, Flora, waren. Sie wurden über mehrere Tage vom 28. April bis zum 3. Mai gefeiert.[5] Bei diesen Riten wechselten laut Überlieferung ekstatische Szenen mit lasziven, es gab volksfestartige Begegnungen ebenso wie feierliche kultische Handlungen. Das Fest schien von Höhepunkt zu Höhepunkt zu wandern und keine Schranken, besonders keine moralischen, zu kennen.

Gerade im letzteren Aspekt blitzte die alte matriarchale Religion durch. Der christlichen Moral war diese sexuelle Ekstase ein Dorn im Auge. Schon im 3. Jahrhundert wurden als kirchliches Konkurrenzangebot die Maiandachten an die jungfräuliche Maria eingeführt. Später veränderte sich das pure Auskosten des sexuellen Genusses in die Wahl der/des Liebsten fürs Leben und mit der fortschreitenden Patriarchalisierung wählte bald nur noch der Mann. Vergessen war die rote Göttin, die seit den Anfängen menschlicher Kultur zu dieser Jahreszeit das Land mit ihrer sprühend-erotischen Kraft zum Blühen bringt. Das Walpurgisfest ist sicherlich seit alten Tagen ein Liebesritual, doch war ursprünglich der Genuss der erotischen Kraft selbst gemeint und nicht eine hochzeitsartige Zweierbindung. Dies ist spätere Interpretation, die sich bis in die Mythologie auswirkte.

Führen die ersten Rituale im Jahreskreiszyklus wie Lichtmess und Frühlingstagundnachtgleiche die Energie klar von einem Jahreskreispunkt zum nächsten, so meint Walpurgis den Energiefluss selbst. Walpurgis ist ekstatische Kraft, die ansteckend wirken will. Tiere, Pflanzen und Menschen vermischen sich im Aufflammen ihrer erotischen Energie, die in diesem Ritual zwischen den verschiedenen Welten hin- und herfließt. Walpurgis gilt als Freinacht, in der die Schranken fallen, wobei damit weniger soziale Aspekte als primär die Schranken des menschlichen Verstands und des physischen Körpers gemeint sind. Wenn das Walpurgisritual schon vor der Hexenverfolgung Anhaltspunkte für ein klischeehaft hexisches Treiben bot, dann sind sie vermutlich in dieser tranceartigen Überwindung menschlich-körperlicher Grenzen begründet. Zwar sind solche Verwandlungserlebnisse auch in anderen rituellen Zusammenhängen möglich, aber beim Walpurgisfest liegt der gemeinsame Auslöser dieser Verwandlungserfahrungen im möglichst schrankenlosen Freigeben der erotischen Kraft. Dies mag – ähnlich gemeinsam praktizierter Trancekörperhaltungen[6] – zu einer gewissen Gleichartigkeit der Erlebnisse führen, etwa in Form des Luftfluges oder der Verwandlung in wilde Wesen.

So kann es dir auch heute noch in der Walpurgisnacht geschehen, dass ein brünstiges Tier in dir erwacht und dich durch den Wald treibt. Oder du findest dich plötzlich von der hauchzarten Schönheit einer Blumenelfe in den Bann geschlagen, denn mit der ersten Maiennacht beginnt die Zeit der Waldwesen, der Feen, Elfen und Blumengeister. Dann tanzt das kleine Volk gerne auf lauschigen Waldlichtungen und grünen Hügeln und sucht dich mit seinen leichtfüßigen schwebenden Bewegungen zu faszinieren. Doch Achtung! Die Zeit schwindet, während du den Blick nicht mehr von ihnen wenden kannst und dich immer weiter von dieser Welt entfernst. Leichter und leichter wirst du, schwindelnd dein Tanz, wie du ihn noch nie getanzt hast. Ohne es zu merken, klopft dein Herz in der Anderswelt und du hast dein Menschsein vergessen.

Das Erwachen aus solcher Ekstase ist mühsam. Schwer erscheint dir dein Menschenfrauenkörper, während du dir verwundert die Augen reibst und dein Gehirn befragst, was eigentlich geschehen ist. Vergebens, der Verstand kann es nicht fassen. Aber geträumt hast du auch nicht. Was war es dann? Vielleicht war es dein erster Luftflug und du kannst nicht glauben, dass du ihn erlebt hast. Nur die müden Glieder machen klar, dass du auch körperlich fortgewesen sein musst. Langsam erst kehrt die Orientierung zurück und du suchst die anderen aus dem Ritualkreis. Noch halb in Trance fängt eine Frau an zu erzählen. Ja, es ist wahr. Du bist fortgewesen. Was ist geschehen? Wo ist die Welt, die du gerade erlebt hast? Niemand weiß es genau. Sie ist auf irgendeine geheimnisvolle Weise dort, wo du jetzt sitzt und staunst. Und doch ist das Erlebte nun nicht mehr zu sehen. Aber im Ritual ist die Tür geöffnet worden und du hast den Weg gefunden.

Die Kraft zum Gestaltwandel, die im Walpurgisfest erlebbar ist, beruht auf der rituellen Kunst, menschliches Bewusstsein in andere Erkenntnisbereiche hinüberzuführen. Kosmische Knotenpunkte wie die Jahreskreisrituale erleichtern dabei das Öffnen der Türen zwischen den Welten.

Auf Außenstehende mag diese grenzüberschreitende Kraft von Ritualen bedrohlich wirken; doch bietet der rituelle Rahmen für alle Frauen im Kreis einen sicheren Halt, nicht nur den Weg hinüber in die Anderswelt zu finden, sondern auch den Rückweg abzusichern. So eingebettet bieten Trancerituale wie die Walpurgisnacht unserem seelischen Bedürfnis nach religiösen Ekstasezuständen Nahrung und haben auf die meisten Menschen eine heilsame Wirkung.[7]

Gemäß seinem Bekanntheitsgrad gehört Walpurgis zu den beliebtesten Ritualen und ist doch für eine Ritualleiterin gar nicht so leicht zu gestalten. Das beschriebene ekstatische Ausleben der eigenen erotischen Kraft wirkt auf viele Frauen mindestens ebenso bedrohlich wie anziehend. Denn in vielen Frauenleben blockieren Erlebnisse sexueller Gewalt den freien Fluss erotischer Energie. Wecken wir also im Walpurgisritual die sexuelle Kraft, so wecken wir damit gleichzeitig oft schlimmste Schmerzerfahrungen.

Ich denke, dass sich das Jahreskreisrad noch oft drehen muss, bis unsere Walpurgisrituale wieder die alte Wildheit der matriarchalen Maifeste erlangen werden. Doch kann jede Walpurgisnacht ein Schritt hin zur ursprünglichen roten Göttinnenkraft sein. In diesem Sinn habe ich das nachfolgend geschilderte Ritual für meine eigenen Gruppen konzipiert. Bei seiner Entwicklung war mir wichtig, dass das Walpurgisritual nicht zu einem Leistungsstress in erotischer Energie ausartet, sondern in lustvoller Weise die Wildheit der roten Frau in uns weckt. Diesem Kontakt dient auch die Begegnung mit der eigenen Hexenkraft, die das Ritual sucht. Sie kann sich im Trancezustand erweitern zum Hexenblick, mit dem ich die in dieser Nacht umherschweifenden hexischen Wesen erkennen, treffen und gegenseitig befragen kann.

Was aber verstehen wir im matriarchalen Sinn unter einer Hexe, wenn wir uns von dem klischeehaften, patriarchal-klerikal gefärbten Hexenbild befreien wollen? Etymologisch wird der Begriff Hexe in der Regel auf die althochdeutsche Hagazussa zurückgeführt; das ist ein geisterhaftes Wesen, das sich auf Zäunen und Hecken aufhält. Deshalb wird die Hexe in feministisch-spirituellen Zusammenhängen meist als Zaunreiterin definiert. Bei dieser Bezeichnung ist zu bedenken, dass noch im Mittelalter der Zaun um Dörfer und kleine Ansiedlungen eine deutliche Grenze zur Wildnis darstellte. Wenn sich also die hexenhafte Frau auf diesem Zaun aufhält, heißt das nichts anderes, als dass sie in Kontakt mit beiden Welten steht, mit der zivilisierten des menschlichen Dorfes und mit der ungezähmten tierischen und pflanzlichen Wildnis außerhalb. Als Zaunreiterin kann sie sogar auf dieser Grenze reiten, das bedeutet, dass sie die Führung bzw. das Bewusstsein behält und sich weder in dem einen noch in dem anderen Extrem verliert. Sie weiß, was sie tut, auch wenn sie öfter in tranceartige Wildheit zu verfallen scheint und anderen damit Angst einflößt. Die US-amerikanische feministische Philosophin Mary Daly nennt diese grenzreiterische archaische Kraft »häxlich« und fordert uns auf, in diesem Sinn zu »Häxen« zu werden[8] – weshalb ich im Folgenden diesen Begriff verwenden werde.

Diese wilden Zaunreiterinnen suchen wir im Ritual zu treffen, um selber zu einer solchen zu werden. Um dieser Hexenkraft zu begegnen, benutzen wir in dem von mir entwickelten Ritual als energetisierendes Hilfsmittel ein besonderes Hexengewand. Das Gewand soll etwas für uns persönlich Verrücktes (im Sinne von Welten ver-rücken) ausdrücken, etwas Unerlaubtes, was wir uns bisher nicht zu leben gewagt haben. Dieses verrückte Gewand wirkt wie eine Brücke aus der zivilisierten Welt hinaus in die Wildnis archaischer Hexenkraft und ursprünglicher Lebensenergie. In den Vorbereitungstagen macht sich jede Frau mit der Energie ihres gewählten Gewandes vertraut, und es wird empfohlen, in den letzten Nächten vor dem Ritual mit diesem Gewand zu schlafen. Dies kann inspirierende Träume verschaffen oder einfach den ersten feinstofflichen Kontakt mit der hexischen Energie des gewählten Gewandes bewirken.

Das Ritual selbst ist idealerweise zu Vollmond in einer lauen Nacht auf einer frischbegrünten Waldlichtung zu feiern. Allerdings ziehe ich aus Mangel an ungestörten Waldlichtungen für den ersten Teil des Rituals in der Regel einen geschützten Raum vor; denn zunächst geht es um das Wecken der ungezähmten Frau in uns, derjenigen, die ihre rote Kraft ohne Schranken leben will. In seiner ersten Phase gestaltet sich Walpurgis als reines Tanzritual, das energetisch von der Kraft der beiden untersten Chakren bestimmt wird. Die Ausformung des

Tanzes nimmt viel Zeit in Anspruch, nämlich die Zeit, die eine zivilisierte Frau braucht, um die Kanäle zu ihrer Wildheit zu finden und zu öffnen. Bei jeder ist das Tempo anders. Die eine beginnt stampfend und kann es kaum abwarten, die versprochene Walpurgisekstase zu fühlen, die andere setzt vorsichtig die ersten Schritte und sucht lange nach archaischen Bewegungen, die ihr Körper noch erinnert. Es ist Raum für beides, aber mit der Zeit springen die Energien der tanzenden Frauen aufeinander über. Die ersten Hüllen fallen, denn warm wird es bei diesem intensiven Tanz und: Haben wir uns nicht schon Tage vorher auf die Erotik dieses Festes gefreut? Plötzlich ist es gar nicht mehr schwer. Nackt und nackter wird der Tanz. Wir erproben uns in unserer Ausstrahlung und Stärke, um es sofort wieder lassen zu können. Es ist ein Wettstreit ohne Siegerin. Wir alle sind die wilden Frauen, die alten Hagazussas. Wir locken unsere Hexengewänder oder locken die Gewänder uns?

Der Tanz steigert sich zu einem furienhaften Finale. Wir spüren, wie die Energie des Gewandes in uns hineinfließt und uns mehr und mehr erfüllt. Eine ungekannte Kraft breitet sich in unseren Körpern aus. Eine jede Frau steht auf, schlüpft in ihr Hexengewand und zeigt sich den anderen in fremdartigen Bewegungen.

Wir schließen diesen ersten Ritualteil mit einem stärkenden Energiekreis ab und ziehen dann nach draußen in den Wald. In vorbereiteten Körben nehmen wir ausreichend Holz mit, um am gewählten Platz direkt das Walpurgisfeuer entzünden zu können. Wieder konzentrieren wir uns auf unsere Hexengewänder und die Kräfte, die wir darin spüren können. Der Walpurgistanz entsteht, mit dem wir das Feuer in archaischen Hexenbewegungen umkreisen. Aus den Bewegungen werden Töne und der Tanz verwandelt sich in Musik. Seltene Klänge tönen durch den Wald und suchen umherfliegende Hexenwesen anzulocken.

Lange bewegen wir uns so um das Feuer, angeführt von unserer eigenen Hexenmusik. Die Zeit löst sich auf und die Grenzen schwanken. Du hast das Gefühl, dass jemand an deine Seite geschlüpft ist. Auch hörst du deutlich fremde Stimmen, die vorher nicht da waren. Du scheinst verrückt geworden zu sein, aber irgendwie kümmert es dich nicht. Und so machst du einfach weiter, bis sich alle Frauen irgendwann ermattet in der Nähe des Feuers niederlassen. Es ist Zeit für ein Hexenessen und einen erfrischenden Schluck grüner Waldmeisterbowle. Das kühle Nass verschwindet allzu rasch in den Kehlen; es müssen mehr als dreizehn Hexen mitgetrunken haben. Allmählich verwandelt sich die Ekstase in müde Zufriedenheit und bevor die ersten mit ihrer hexischen Gefährtin – ob menschlich oder andersweltlich – unter die Hecken und Haine verschwinden, schließen wir das Ritual mit einem hexischen Sprung über das Feuer ab. »Ich bin eine Hagazussa, die zwischen den Welten reiten kann«, so oder ähnlich stellt sich jede Frau aus dem Ritualkreis den anderen in ihrer frisch eroberten Hexenqualität vor.

Diese Beschreibung mag als Anregung für eigene Gestaltungen des Walpurgisrituals genügen. Viele, traditionellerweise dem Fest zugeordnete Attribute wie Erotik und Hexenmusik sind darin schon genannt; dabei sind allerdings die Zuordnungen schwankend, was bei einem so schillernden Jahreskreisfest nicht verwunderlich ist. Meist wird dieses Ritual, da es die Erotik und Liebeskraft feiert, als Vollmondfest angesehen. Energetisch wäre es wohl stimmiger, Walpurgis in einer nahe dem Festtermin liegenden Vollmondnacht zu feiern. Doch hat sich – vermutlich aufgrund der Hexenverfolgung – die Nacht zum 1. Mai wie bei keinem anderen Ritual nahezu als Muss durchgesetzt.

Will die Gruppe die grüne Maienkraft der Göttin feiern, wird sich ihr Grün in den Ritualgewändern und im Raumschmuck widerspiegeln; die Gewänder können aber auch die rote Farbe der Göttin als Zeichen ihrer Liebeskraft zeigen. Noch anders wird ein Gewand aussehen, das – wie oben beschrieben – als Brücke in die Anderswelt führen soll. Eulen, Wildgänse und Schwäne werden als Begleittiere des Rituals angesehen, da sie den Aspekt des Gestaltwandels repräsentieren.[9] Aber die häxischwilden Zaunreiterinnen werden vielleicht noch andere, wildere Tiere zur Walpurgisnacht herbeirufen wollen. Attribute des Rituals sind auch Rhythmusinstrumente wie Rasseln, Trommeln, Klangeisen oder –stäbe, Schellenbänder an den Fußgelenken und kreative Neuschöpfungen für Hexenmusik aller Art.

Walpurgis ist ein Ritual des freien Tanzes und kaum in festgelegte Kreistanzchoreographien zu zwängen. Der ekstatische Tanz des Rituals lebt aus der Energie der beiden unteren Chakren, auf deren Öffnung in vorbereitenden Übungen behutsam hingearbeitet werden sollte. Dies kann zum Beispiel mit der Körpermeditation »Die schmatzende Göttin« (siehe S. 96) geschehen. Unabhängig davon, welche genaue Vorbereitungsübung gewählt wird, Basis für diese rituelle Energiearbeit ist eine gute Erdverbindung in den Füßen, was mit einem intensiven stampfenden Kneten der im Mai aufsteigenden Erdenergie erreicht werden kann. Will frau trotz allem festgelegte Choreographien tanzen, so sind Walpurgis natürlich alle Tänze mit erotischem Flair zuzuordnen. Dies können zum Beispiel Paartänze sein, die in den Paaren immer wieder wechseln, um dem freien Fluss der roten Energie Raum zu geben und auf diese Weise die Menschen mit der Liebeskraft der Göttin anzustecken.

In der Folkloretradition wird zu dieser Zeit mit recht komplizierten Bändertänzen der auserkorene Maienbaum im Dorf umtanzt. Auch dieses Über- und Unterflechten in verschiedenen Farben hat mit dem fruchtbringenden Verknüpfen erotischer Energie zu tun. Der Maibaum als altes Lebenssymbol der Göttin wird mit diesen umgarnenden Tänzen zur Blüte und damit zum späteren Früchtetragen angeregt. Leider ist mittlerweile in den meisten Dörfern der lebendige Baum durch einen toten Pfahl ersetzt worden – als letztes Relikt an die Göttin manchmal noch mit einer aufsteigenden Spirale bemalt. Der Zusammenhang zwischen Maibaum und Lebensbaum der Göttin ist inzwischen nahezu vollständig verloren gegangen, sodass der Maipfahl heute von den meisten Menschen als Phallussymbol angesehen wird. Das umkränzende Rad soll dann die Vulva darstellen, mit der er sich sexuell verbindet.

Der Maibaum ist ein weiteres Beispiel dafür, wie matriarchale Symbole und Feste vom Patriarchat in Besitz genommen und umgedeutet wurden: Nicht nur wandelte sich das freie Liebesfest der Göttin zur heterosexuellen Hochzeit, sondern auch der auswählende Part wird nach und nach der phallischen Energie zugesprochen, bis sich zuletzt der ehemals grüne Maienbaum zu einem männlichen Symbol gewandelt hat.

Die christlich-patriarchale Inbesitznahme der alten matriarchalen Feste reicht bei Walpurgis bis in den Namen selbst hinein. Üblicherweise wird für den Festnamen Walpurgis die heilige Walburga als Namensgeberin angeführt, die um 750 mit frommen Jungfrauen über das Meer gekommen war, um das Christentum auf dem Festland zu verkünden. Diese Ableitung klingt für ein ekstatisches, heidnisches Ritual befremdlich und wenig überzeugend, es sei denn, dass Walburga von der Kirche als keusch-frommer Antipol gegen das sinnlich-ekstatische Maientreiben zur Namenspatronin dieses Festes ernannt worden ist.[10] Einige feministische Forscherinnen haben deshalb schon vor längerer Zeit Zweifel an der frommen Namensgeberin angemeldet. Barbara Walker stellt die Existenz dieser heiliggesprochenen Angelsächsin sogar gänzlich in Frage, da es von ihr keinerlei zeitgenössische Berichte gäbe. Sie sieht hinter der heiliggesprochenen Walburga eine christianisierte heidnische Göttin Walpurgis, deren ausgelassene Feste im Volk sehr beliebt gewesen seien.[11] Sonja Rüttner-Cova macht darauf aufmerksam, dass die christliche Walburga auf Bildnissen und in Erzählungen häufig mit typisch heidnischen Symbolen wie Spindel und dreieckiger Spiegel beschrieben wird.[12] Hier scheint im Wandel des Volksglaubens eine Verschmelzung mit alten Göttinnentraditionen geschehen zu sein. Da nähere Überlieferungen und vor allem erhaltene Mythen fehlen, bleibt unsere Vorstellung von der Göttin Walpurgis leider sehr vage. Sie zeigt sich uns nur in diesem wirr schillernden Ritual, wild und voller Lebenskraft, geheimnisvoll wie die Wesen der Nacht und ohne festbleibende Gestalt.

Energieübung »Die schmatzende Göttin«

Walpurgis lebt vom Mut zur Einseitigkeit. Die ekstatische Kraft des Rituals basiert auf einer Aktivierung des untersten Chakras, des Wurzelchakras, sodass die dort zirkulierende Lebensenergie frei wird und sich entfalten kann.

Die hier beschriebene Übung »Die schmatzende Göttin« konzentriert sich auf die sexuelle Energie; die Frauen locken mit lustvollen Geräuschen und Bewegungen ihrer Venuslippen[13] die Frühlingssäfte der Erde. Ein sexuelles Spiel zwischen den erotischen Kräften der Natur und denen der Ritualfrauen entsteht. Sie fachen sich gegenseitig an und lassen so die rote Energie der Göttin im Kosmos aufleuchten.

Für viele Frauen ist diese Energieübung eine Herausforderung, denn sie berührt mehr oder weniger bewusste Tabus in der eigenen Sexualität. »Die schmatzende Göttin« lockt mit schlüpfrig wollüstigen Geräuschen und Bewegungen von Venus-lippen, Anus und Venusbein. Es ist ein provokantes Liebesspiel mit weiblicher sexueller Kraft, wie es nach Jahrhunderten pa-triarchaler Reduzierung nur wenige Frauen ungehemmt wagen. Die Übung knüpft an die selbstbewusste weibliche Erotik an, wie sie in Abbildungen und Figuren aus frauenzentrierten Kulturen deutlich wird; sie will Frauen unterstützen, ihre eigene rote Kraft in diesem alten matriarchalen Sinn zu leben und zu zeigen. Doch empfinden viele Frauen die Geräusche, die bei der Übung entstehen, und die Bewegungen mit Venuslippen, Anus und Venusbein als obszön und können sich nur selten einfach dem Genuss dieser Energien überlassen. Deshalb ist im Anschluss an die Übung »Die schmatzende Göttin« sicherlich ein Gespräch notwendig, um die erlebten Ambivalenzen akzep-tieren zu können.

Neben den Blockaden und Hemmungen, die vermutlich vie-le spüren, wird bei einigen Frauen auch Trauer laut, die lustvolle Seite dieser roten Kraft bisher nicht gelebt zu haben. Das Wal-purgisritual kann dann zu einer Möglichkeit werden, das lange vergessene Tor zu dieser ursprünglichen Energie zu öffnen und matriarchal-rote Kraft zu spüren.

Für die Übung brauchst du einen saftig-grünen Maienplatz in der Natur, damit das rituelle Zusammenspiel zwischen dir und der Wal-purgiskraft der Göttin geschehen kann. Du stellst dich in einen etwa hüftbreiten Stand, schließt die Augen und lässt deine Knie sehr weich und nachgiebig werden. Wenn du so stehst, kann dein Becken locker hängen.

Du beginnst mit leichten, schlabbernden Bewegungen in den Gelen-ken. Der Schwerpunkt liegt dabei im unteren Becken, die anderen Kör-perteile geben diesen Bewegungen nur nach, arbeiten aber in dieser Phase nicht gestalterisch mit. Diese Bewegungsreduzierung ist wich-tig, um die Energie möglichst fokussiert in den Beckenbodenbereich zu lenken.

Nach und nach konzentrierst du dich immer mehr auf deine Venus-lippen und nimmst parallel die Lippen des Mundes zur Unterstützung hinzu. Die äußere Bewegung des Körpers wird immer kleiner, aber bei-de Münder experimentieren mit allen saugenden, leckenden, schmat-zenden und sabbernden Bewegungen, die ihnen möglich sind. Geräu-sche entstehen und führen mit ihrer Musik tiefer in die energetische

Qualität der »schmatzenden Göttin« hinein ... Überlass dich diesen Tönen und nimm dir Zeit, deine Lippen groß und saftig werden zu lassen und mehr und mehr Ungewohntes, vielleicht Tabuisiertes zu erproben. Dann erinnere dich deiner rituellen Aufgabe: Die Säfte sollen aus der fruchtbaren Tiefe der Erde aufsteigen und alles zum Sprießen und Blühen bringen. Deine Töne werden mehr und mehr ein verführerisches Locken ... Wenn du den sexuellen Funken zwischen dir und der Erde spürst, lass deine Bewegungen größer werden. Deine Hände unterstützen nun den Körper in streichenden Berührungen von unten nach oben. Vielleicht entsteht ein Schritt, und du dehnst deine Bewegung auf eine größere Fläche aus, vielleicht aber zieht es dich auch näher zur Erde und du legst dich ganz zu ihr ... Du kannst die Augen nun wieder öffnen und mit der grünen Fläche tanzen oder mehr in der inneren Verbindung bleiben. Egal wohin es dich treibt, lass ein Spiel entstehen zwischen dem Schmatzen deiner Lippen und den feuchten Säften der Erde. Gestalte dieses rituelle Spiel nach deiner eigenen Weise und finde dann eine Form, es abzuschließen.

Schlangengöttin aus dem Palast von Knossos (um 1.500 v.Z.)

Choreographien

»Šano Dušo«

Der Tanz »Šano Dušo« lockt das Feuer in der Erde wie in der Tänzerin. Der Grundschritt erinnert in seiner vorsichtigen Berührung des Erdfeuers und dem anschließenden Zurückschnellen des Fußes an ein Kind, das neugierig-mutig eine heiße Herdplatte erforscht. Auch auf uns Erwachsene wirkt das zunächst so lockende Feuer bei der ersten Berührung fast noch zu heiß. Es dauert einige Zeit, bis der Fuß fest aufgesetzt werden kann. Bei keinem anderen Element kippt die anfängliche Anziehung so schnell in bittere Abwehr wie beim Feuerelement. »Šano Dušo« habe ich in Anlehnung an einen serbischen Folkloretanz choreographiert, um Frauen bei ihrer Begegnung mit dem Feuerelement einen energetischen Rahmen zu bieten, der sie zum einen konkret in den Kontakt führt, aber gleichzeitig angesichts der Hitzigkeit dieses Elements auch Zurückhaltung bewahrt. Feurig-drängenden Gemütern mögen die Schritte zu vorsichtig sein; andererseits geben sie Raum, auf innere Alarm- und Abwehrsignale zu achten, die gerade bei diesem ambivalent besetzten Element nicht überhört werden sollten.

Der Folkloretanz »Šano Dušo« ist stark von türkischen Elementen beeinflusst; diese schimmern auch noch in der von mir choreographierten Fassung durch. Alle Tanzschritte werden mit gebeugten Knien getanzt, sodass das Becken wie sitzend zwischen den Beinen ruht. Dadurch sammelt sich die mit dem Tanzen geschaffene Energie vor allem im Hüft- und Beckenbereich. Breit geschnittene orientalische Hosen können diese Ausstrahlung des Tanzes noch unterstützen. Doch auch ohne entsprechende Kleidung wird beim »Šano Dušo« mit jeder Tanzeinheit die Ausstrahlung des Beckens stärker. Wenn dies unsere oft von einem Schlankheitsideal geprägten Gemüter erlauben, scheint sich das Becken verbreitert zu haben.

In dieser breiten Basis ruht die Tänzerin; von dort aus richtet sie sich auf, wird stolz und strahlend, sodass sich letztlich über die Bewegungen dieses Tanzes ihr ganzes Energiefeld vergrößert. In dieser Phase des Tanzes, die meist erst nach einiger Zeit entsteht, wird »Šano Dušo« mehr und mehr zum erotischen

Tanz. Ist anfangs jede Frau primär mit ihrem eigenen Kontakt und ihrer notwendigen Distanz zum Feuer beschäftigt, so wandelt sich diese innere Begegnung im Prozess des Tanzens zu einem feurig-erotischen Miteinander. Blicke werden geworfen, Hüften gezeigt und die Hände werden mutiger und ziehen die Feuerkraft wie züngelnde Schlangen nach oben. Manchmal entsteht ein spielerisches Kräftemessen in dieser Phase des Tanzes: Jede Frau zeigt sich in der Schönheit ihrer Feuerkraft und provoziert die anderen im Kreis, ihr gleich zu tun. Dies erinnert an die Energie afrikanischer Frauentänze, in denen solche Begegnungsmomente selbstverständlich sind. In unserer heutigen Kultur ist das erotische Kräftemessen leider allein dem männlichen Geschlecht vorbehalten. »Šano Dušo« bietet ein gutes Übungsfeld, diese sexistische Aufteilung zu verändern.

Im Sinne einer matriarchalen Spiritualität richtet dieser Tanz seine Aufmerksamkeit primär auf die Feuerenergie im glutflüssigen Innern der Erde. Damit ist »Šano Dušo« zugleich eine körperlich-fühlbare Hinführung auf das energetische Weltbild einer matriarchalen Kultur, das die Welt nicht dualistisch in einen hellen Himmel voll lebendiger Sonnenkraft und eine dunkle, kalte Erde als Ort des Todes und der Düsternis aufteilt. Sich auf die Feuerkraft im Innern der Erde zu beziehen, entspricht nicht nur der kosmischen Wirklichkeit, dass dieses Feuer für uns wesentlich näher liegt als die so weit entfernte Sonne, sondern gibt auch für die Auseinandersetzung mit der Feuerkraft eine ganz andere, nämlich irdische Basis.

Wird Feuerenergie in diesem dichten Kontakt zum Erdelement erfahren, ist jede Tänzerin gefordert, sich vom Feuer nicht nur mitreißen zu lassen, sondern zugleich die Ebene der Realität zu wahren. Indem wir das Feuer nicht vorrangig aus den lichten, ätherischen Höhen in den Körper rufen, sondern dicht auf die irdische Basis beziehen, beugen wir esoterischen Höhenflügen vor, die sich später im Alltag nicht halten lassen. Deshalb arbeitet eine matriarchal geprägte Spiritualität immer in engem Bezug zur Erde, wie es für einen energetisch fundierten Tanz ohnehin Voraussetzung ist.

Tanzbeschreibung »Šano Dušo«

Choreographie: Ziriah Voigt (inspiriert durch den gleichnamigen serbischen Folkloretanz)

Musik: Šano Dušo (serbisch) / CD 1, Stück Nr. 9

Aufstellung: ⌒ einzeln im Kreis; Füße eine Schrittbreite geöffnet mit leicht gebeugten Knien; Hände sind in den Hüften eingestützt.

Richtung	4/4-Takt	Zählzeit	Beschreibung
⌒	1	1-2	re setzt am Platz auf (plié)
⌒▶		3	li kreuzt vor re (Körper wendet sich leicht mit) und wird ohne Gewicht mit dem Fußballen aufgesetzt
⌒		4	li setzt mit dem ganzen Fuß auf
⌒▶	2	1-2	re seit (Gewicht ruht re im plié)
⌒		3-4	li tippt am Platz auf (gebeugte Knie) und schnellt direkt wieder in die Höhe
⌒	3		Takt 2 spiegelbildlich (mit li beginnend) wiederholen
	4	1-2	re setzt mit einem Stampfer am Platz auf
		3-4	li setzt mit einem Stampfer am Platz auf

Takt 1-4 fortlaufend wiederholen.

Handhaltung: Die Hände können durchgehend in den Hüften eingestützt bleiben (Handrücken liegen dabei auf dem Körper) oder werden vor dem Körper ausgebreitet (Handinnenflächen zeigen zur Erde). Nach einiger Zeit des Tanzens können die Hände in frei gestalteten Bewegungen vor dem Körper aufsteigen (vgl. hierzu die didaktischen Hinweise zu diesem Tanz).

Raumweg: »Šano Dušo« kann durchgehend im Kreis getanzt werden oder in frei gestalteten Raumwegen, die in die Begegnung führen.

Didaktische Hinweise

Der Grundschritt des »Šano Dušo« fällt einigen Frauen nicht leicht. Dies betrifft weniger die technische Ausführung, sondern die Anforderung an die Konzentration, da dieser Schritt ständig vom rechten zum linken Standbein und zwischen Auftippen und Aufsetzen wechselt. Beim Einstudieren erschwert dies zusätzlich die Kreisanordnung, die von einigen Frauen spiegelbildliches Sehen zur Leiterin erfordert. Offenbar ist die Schrittkombination unseren Körpern eher fremd, sodass einige Übungszeit einkalkuliert werden muss, bevor mit der energetischen Kraft des Tanzes auf einer tieferen Ebene gearbeitet werden kann.

Auch das stolze Präsentieren des Körpers und das erotische Messen der Kräfte mit anderen ist unseren Gemütern ungewohnt und stößt an mehr oder weniger bewusste Tabus. So kann auf dieser Ebene Protest und Ablehnung vom Kreis der Tanzenden kommen, wenn die Gruppe im falschen Moment mit diesem Tanz konfrontiert wird. Andererseits kann »Šano Dušo« bei einer entsprechenden inneren Bereitschaft gerade helfen, an diesen internalisierten Tabus zu rütteln und in die Energie dieses Tanzes hineinzuwachsen.

Bei einer Gruppe, die zum Walpurgisthema tanzen will, dürfte diese Offenheit weniger ein Problem sein. Gleichwohl können sich auch hier innere Abwehrmechanismen melden. Ist die erste Schwelle jedoch überwunden, genießen die meisten Frauen diesen Tanz und das erotische Spiel mit der Feuerkraft, das er ihnen bietet.

Ich zeige den Tanz mit drei verschiedenen Handhaltungen. In der ersten Übungsphase für den Schritt lassen wir die Hände eingestützt in den Hüften, wobei die Handinnenflächen nach außen zeigen. Auch später kehren wir immer wieder zu dieser Haltung zurück, um die Energieansammlung in den Hüften zu unterstützen, die bei dieser Handhaltung am besten spürbar ist. Liegt die Konzentration auf dem Kontakt mit dem aufsteigenden Erdfeuer, halten wir die Hände ausgebreitet vor dem Körper, sodass die Handflächen die durch den Tanz geweckte Feuerenergie fühlen und aufnehmen können. In dieser Haltung kann jede Frau am besten ihrer eigenen Beziehung zum Feuerelement nachspüren; sie kann es in ihrer Ungeduld stärker locken oder auch mit den Händen in angemessenem Abstand halten. Erst wenn sie die Feuerkraft näher in ihren Körper hineinlassen will, wechselt sie zur dritten Handhaltung über: Die Hände wenden sich und steigen in leicht drehenden Bewegungen zum Himmel auf. Diese Haltung habe ich den kretischen Schlangenpriesterinnen abgeschaut, von denen aufrecht stehende Statuetten mit je einer Schlange in den erhobenen Händen gefunden wurden (siehe S. 98). Die sich aufrichtende Schlange ist in der matriarchalen Mythologie ein Symbol für die aufsteigende Feuerkraft im Körper, sodass die schlangenartigen Handbewegungen meist die dritte Phase im Tanz bestimmen, wenn ein genügend feuriges Energiefeld im Kreis aufgebaut worden ist.

Ich stelle in meinen Gruppen nach dem ersten Üben die Wahl zwischen diesen drei Handhaltungen frei, sodass jede Frau im Verlauf des Tanzes immer wieder wechseln kann. Dies entspricht meiner Intention bei dieser Choreographie, die darauf abzielt, Frauen in diesem Tanz einen energetischen Rahmen für einen persönlich stimmigen Umgang mit dem Feuerelement zu bieten. Für alle drei Handhaltungen gilt allerdings, dass der Körper trotz aller Konzentration auf die Erde möglichst aufgerichtet bleiben sollte, sodass der Blick frei im Kreis der Tanzenden schweifen kann. Nur dann entfaltet sich das energetische Miteinander, das der »Šano Dušo« beabsichtigt.

»Die aufbäumende Schlange«

Im Tanz »Die aufbäumende Schlange« liegt die gesammelte Konzentration der Tänzerinnen auf dem Steißbein. Dieser unterste Teil unserer Wirbelsäule ist phylogenetisch als verkümmerter Schwanz zu betrachten, den wir Menschen als unübersehbares Zeichen unserer Verwandtschaft mit der Tierwelt in uns tragen. In der indischen Chakrenlehre wird auf diesen letzten zusammengewachsenen Wirbeln das Wurzelchakra angesiedelt, in dem unsere primäre Lebensenergie ruht. Diese wird häufig als zusammengerollte Schlange dargestellt, die im Prozess einer feinstofflichen Arbeit aufzuwecken ist, sodass ihre Kraft in der Wirbelsäule aufsteigen kann.[14] Mit der Befreiung dieser Schlange wird ein großes Energiepotenzial aktiviert, das wild und ungezügelt in die Zellen drängt und gerade beim ersten Erwachen schwer zu kontrollieren ist.

Diese ungezügelte Kraft in uns wird auch im Tanz »Die aufbäumende Schlange« angesprochen: Die tierartigen Bewegungen der Wirbelsäule locken die Tänzerinnen, ihr Bewusstsein
weit in ihre stammesgeschichtlichen Wurzeln zu verlagern. Die
Monotonie des Schritts, der sich nach und nach in der Ge-
schwindigkeit steigert, ruft nach einiger Zeit eine leichte Trance
hervor, in der sich jede Frau tiefer dieser Tierenergie überlassen kann. Trotz der Anstrengung dieses Tanzes sind die meisten
vom Erleben dieser animalischen Kraft in ihnen tief berührt.

Po und Steiß, die aufgrund der anal geprägten Erziehung in
unserer Kultur bei vielen Frauen mit Ängsten und Hemmungen
besetzt sind, erfahren in diesem Tanz eine ganz neue Bedeutung. Indem die Zellen des Steißes sich an ihre Schwanzgestalt
erinnern, formen sie sich plötzlich zu einem Gebilde von Ele-
ganz und Schönheit.

Nach einiger Zeit fühlst du im Tanz keinen Menschenpo
mehr, sondern ein langer Tierschwanz peitscht über den Boden
und wird mit jeder Runde des Tanzes heftiger und wilder. Ein
neues energetisches Gefühl erfasst dich; von unten her richtet
sich das Tier in dir auf und wirft den Kopf stolz in den Nacken.
Du fühlst von deinem Körper fast nur noch diese schlangen-
artige Energielinie. Mit jeder Wiederholung des eindringlichen
Doppelstampfers duckst du dich tiefer, sodass dein Po neue
Kraft sammeln kann, die dann in die Höhe aufschnellen will.
Das Tempo lässt dich keuchen; aber du bist über die Verbindung zu den anderen keuchenden Wesen neben dir gehalten,
diese Bewegungen weiter zu tanzen.

Bist du noch Mensch oder schon Tier? Gehst du am Ende gar
mit einem Schwanz aus diesem Tanz hervor? »Die aufbäumende
Schlange« lässt dir keine Zeit für solche skeptischen Fragen.
Der Tanz braucht deine ganze Energie und Aufmerksamkeit. Erst
hinterher, wenn du erschöpft am Boden liegst, spürst du deinem
Körper suchend hinterher, der – ohne deinen Verstand zu fragen
– den tierischen Impulsen des Tanzes einfach gefolgt ist.

Tanzbeschreibung »Die aufbäumende Schlange«

Choreographie: Ziriah Voigt
Musik: Ambee Dageets (armenisch) / CD 1, Stück Nr. 10
Aufstellung: ‾⌒‾ geschlossener Kreis; der Oberkörper ist

leicht nach vorne geneigt und der Po nach hinten gestreckt; Hände in V-Haltung.

Richtung	4/4-Takt	Zählzeit	Beschreibung
⌒	1	1	re stampft am Platz auf
↗		2-3 4	li-re kleiner Hüpfer re, li hebt sich dabei (leicht zur Seite geöffnet) in die Höhe, die Arme werden mit den Vorwärtsschritten nach oben geführt, sodass sie mit dem Hüpfer zum Himmel zeigen. Der Oberkörper richtet sich parallel zu den Armen auf
↘	2	1 2-3	li kreuzt leicht hinter re, sodass eine Zickzack-Drehung entsteht re-li Arme werden fließend zurück in die V-Haltung geführt. Der Oberkörper neigt sich mit den Schritten, bis der Steiß sich nach außen streckt
⌒		4	re stampft am Platz auf. Die Arme recken sich leicht nach hinten und das Körperbewusstsein konzentriert sich auf das Steißbein

Takt 1-2 fortlaufend wiederholen. Musik steigert mehrmals das Tempo.

Didaktische Hinweise

Der Tanz »Die aufbäumende Schlange« kann aufgrund seines Trancecharakters und seiner Nähe zur Tierenergie sehr gut zum Walpurgisritual eingesetzt werden. Frauen, denen das von mir vorgeschlagene freie Tanzen zu Walpurgis schwer fällt, kann mit diesem Tanz eine wichtige Brücke gebaut werden, wie sie zu den wilden Wesen in die Anderswelt hinüberschlüpfen können.

Ich bereite »Die aufbäumende Schlange« meist mit einer Körpermeditation vor, die die Frauen in die schwanzartige Energie ihres Steißbeins führt. Am Ende dieser Meditation lassen die Frauen sich in einer Visualisierung lange Schwänze wachsen, die sanft streichelnd oder wild peitschend die Erde berühren. Ganz natürlich entstehen auf diese Weise die ersten Tierbewegungen mit dem Po, ohne dass ein Gefühl von Peinlichkeit aufkommt. Der anschließend vorgestellte Schritt der »Aufbäumenden Schlange« ist dann eine willkommene Gelegenheit, sich dieser selten gefühlten Energie noch weiter zu überlassen.

In Tempo und Energie kann »Die aufbäumende Schlange« natürlich genauso als ritueller Tanz der Feuerkraft verstanden und zur Sommersonnenwende eingesetzt werden. Wenn die tranceartige Verwandlung in ein Tierwesen nicht im Vordergrund stehen soll, kann auch die sexuelle Energie dieses Tanzes ins Zentrum gerückt werden, sodass mit dieser Kraft in nachfolgenden Tänzen weiter gearbeitet werden kann.

Rein tänzerisch gesehen ist »Die aufbäumende Schlange« ein Tanz ohne größere technische Schwierigkeiten. Die tierartige Bewegung der Wirbelsäule fällt den meisten Frauen nach der vorgeschlagenen Meditation nicht mehr schwer; der Kopf sollte allerdings nicht zu tief gesenkt werden, da dies Schwindelgefühle hervorrufen kann. Die Augen können geschlossen werden, was die Wirkung deutlich verstärkt.

Etwas irritierend ist für einige Frauen, dass sich der erste und der letzte Schritt jeder Tanzsequenz im Fortlauf des Tanzes zu einem Doppelstampfer zusammenfügen, sodass die Takte vor allem bei der späteren Temposteigerung zu einer ununterbrochenen Einheit zu verschmelzen scheinen, die keine Pause zum Atemholen lässt. Eigentlich ist dies nur eine künstliche Irritation des Bewusstseins, aber genau dies macht den Tranceeffekt dieses Tanzes aus. Wenn die Tänzerinnen sich von dieser Täuschung nicht hetzen lassen, ist »Die aufbäumende Schlange« fast für jede Frau ohne Probleme bis zum Ende durchzuhalten. Allerdings ist es wichtig, dass sich jede auf die anderen im Kreis verlassen kann und nicht eine plötzlich mittendrin beschließt, den Tanz abzubrechen. Aufgrund der gemeinsamen Energiefigur sollte dies im rituellen Kreistanz ohnehin selbstverständlich sein; trotz allem habe ich dieses Abbrechen gerade bei der »Aufbäumenden Schlange« immer wieder erlebt, was für den ganzen Kreis nicht nur eine Verunsicherung, sondern bei diesem Tanz eine ernstzunehmende Unfallgefahr darstellt. Deshalb ist es wichtig, den Teilnehmerinnen am Anfang klar zu machen, was sie bei diesem Tanz erwartet, sodass jede ihre Kräfte und ihren Willen realistisch einschätzen kann.

»Hexentanz«

Der »Hexentanz« will aus den Tänzerinnen die wilde Frau herauslocken. Die Kombination von häxischen Bewegungen und wild-sirrender Musik hat eine fast unwiderstehliche Wirkung. So schnell wie die Musik vorbeirast, ist aus einer ruhig kreisenden Tanzgruppe ein wilder Haufen tobender Weiber geworden. Das Schenkelschlagen wird mit jeder Runde heftiger und die Hexenkrallen an der Grenze zwischen Wildnis und Zivilisation zeigen mehr und mehr tierische Qualität. Geräusche kommen wie von selbst hinzu und machen die Musik fast überflüssig. Jenseits aller intellektuellen Diskussionen über die unterschiedlichsten Facetten des Hexenbegriffs hält mit diesem Tanz unübersehbar Walpurgis Einzug.

Die Choreographie setzt bei überlieferten, aber in unserer Kultur tabuisierten Bewegungen weiblicher Kraft an. Breite Schenkel finden wir schon bei den ersten Frauenfiguren aus paläolithischer Zeit als Zeichen weiblicher Potenz. Dennoch hat heute wohl kaum eine Frau in ihrer Erziehung die Lust des Schenkelschlagens als weiblichen Wert vermittelt bekommen. Nicht zuletzt die Zeit der Hexenverfolgung und die damit einhergehende Verurteilung weiblicher Lust haben wesentlich dazu beigetragen, dass ungehemmtes Ausleben weiblicher Kraft in die Ecke der Obszönität gedrängt worden ist. Das Bild der wilden tanzenden Frauen in diesem Hexentanz hat in unserer Kultur keinen positiven Platz. Gerade darum tanzen wir diesen Tanz in matriarchal geprägten Ritualen, um jenseits von patriarchalen Vorurteilen über hysterisch kreischende Weiber in diesen häxischen Bewegungen an unsere eigene Erfahrung weiblicher Macht und Lust anzuknüpfen.

Tanzbeschreibung »Hexentanz«

Choreographie: Ziriah Voigt
Musik: Sirba tot pe loc (rumänisch) / CD 1, Stück Nr. 11

Aufstellung: ‒⌒‒ einzeln im Kreis, Füße sind zu einem breiten Stand geöffnet; Knie gebeugt.

Richtung	4/4-Takt	Zählzeit	Beschreibung
─⌒─	1	1-4	Hände steigen mit krallenartigen Bewegungen vor dem Körper auf und wieder ab :‖ 2x
	2		wie Takt 1
	3	1-8 doppeltes Tempo	Hände schlagen auf die gespreizten Oberschenkel :‖ 8x
←⌒─	4	1-8	li seit-re ran :‖ 8x (schneller Seitgalopp) Hände gehen mit dem ersten Seitschritt in eine hohe W-Haltung und fassen zu einem geschlossenen Kreis durch

Takt 1-4 fortlaufend wiederholen.

Einsatz sofort mit der Musik. Der ganze Tanz kann mit frei gestalteten Tönen unterstützt werden.

Didaktische Hinweise

Trotz aller Wildheit ist der »Hexentanz« leicht zu erlernen. In der Regel genügt einfaches Vortanzen, und die Frauen schließen sich sofort an. Die vorgegebenen Grundbewegungen können – je nach Laune und Verfassung – individuell ausgestaltet werden. Die Bewegungen am Platz werden mit breiten, gebeugten Knien getanzt, sodass das Becken frei schwingen kann im Kontakt zum Feuer der Erde. Die krallenartigen Bewegungen der Hände sind nach außen gerichtet; der Körper bäumt sich im Rhythmus der Musik leicht auf und senkt sich dann wieder ab. Die Übergänge sind in der Musik deutlich zu hören, sodass kein Mitzählen nötig ist.

Das Musikstück für den Tanz ist ziemlich kurz, weshalb es mehrfach hintereinander aufgenommen werden sollte, um sich in die Stimmung hineinzutanzen. Andererseits ist der Tanz für ungeübte Frauen recht anstrengend, weshalb einige über die Kürze der Musik auch froh sind. Hier gilt es, nach den Fähigkeiten und Bedürfnissen der Gruppe zu schauen.

Die Hauptanstrengung liegt auf der Oberschenkelmuskulatur und kann ein wenig abgemildert werden, wenn frau etwas höher im Becken sitzend tanzt. Allerdings entspricht diese »gezähmtere« Haltung natürlich genau unserem mitteleuropäischen Naturell und beschränkt die wild tobende Energie des Tanzes.

Der »Hexentanz« stellt meist den Abschluss einer feurigen

oder erotisch gewürzten Serie von Tänzen dar. Die aufgebaute Energie kann in diesem Tanz ihren Höhepunkt erreichen und sich zugleich entladen, sodass kein innerer Stau entsteht. Frauen fühlen ohne mühsame Erklärungen ihre häxliche Kraft und erfassen die feministische Bedeutung dieses Begriffes. In diesem Sinn kann der Tanz sowohl in rituellen Zusammenhängen wie in spirituell-feministischen Gruppen zum Thema Hexe eingesetzt werden.

Sommersonnenwende – Die Göttin in ihrer Feuerkraft

Zu Sommersonnenwende steht die Sonne auf dem Zenit ihrer Feuerkraft; in den Tagen um den 21. Juni erreicht die Sonne auf ihrer scheinbaren Bahn um die Erde die größte Höhe und wandert – astrologisch gesehen – in das Tierkreiszeichen Krebs. Das Feuerelement wendet sich also in seiner hitzigsten Zeit, seinem Gegenpol, dem Wasserelement, zu.

Für die meisten Menschen beginnt in dieser Zeit erst der Sommer, sodass sie erstaunt sind, schon jetzt die Wende des Sonnenjahres feiern zu sollen. Das am landwirtschaftlichen Zyklus orientierte Auge sieht dagegen anders; schon viele Wochen vorher hat sich in der Natur ein großer Energieschub – gespeist vom Feuerelement – breiten Raum verschafft. Alles grünt und blüht in einer Üppigkeit, die schon fast dreist erscheint. Ausdehnung heißt das Prinzip der Zeit und so wuchert und wächst alles, was mit dieser Elementarkraft in irgendeiner Weise verbunden ist. Energie und Nahrung von unten wie von oben sind im Überfluss vorhanden, sodass das Größerwerden wie von selbst geschieht.

Der kosmische Wechsel der Sonne auf ihrem hitzigsten Punkt in die Kühle des Wasserzeichens Krebs entspricht einer notwendigen Grenzsetzung. Auch wenn uns Menschen der mittleren Breitengrade die Sonnenwende oft viel zu früh erscheint, so macht gerade diese Wende den Genuss des Sommers erst möglich[1]; sie ist wie ein Innehalten inmitten der größtmöglichen Schönheit und Ausdehnung. Mit diesem Jahreskreisfest verändert sich das ungeduldige Drängen des Frühsommers in zufriedene Sattheit. Die Pflanzen wuchern nicht mehr in die Höhe und Breite, sondern verwandeln die Fülle ihrer Energie in

Früchte und andere genussreiche Gaben. Folgt unsere Energiekurve der kosmischen Parallele, so lassen auch wir Menschen in der arbeitsreichen Hektik der Aufbauzeit nach und genießen den Reichtum, der entstanden ist.

Ähnlich dem grenzüberschreitenden Walpurgisritual der Zaunreiterinnen flammt auch zur Sommersonnenwende eine ungezähmte Kraft auf, mit der es sich rituell zu verbinden gilt. Wir können das Mittsommerritual als lichte Schwester der Walpurgisnacht ansehen. Vieles, was wir im Ritual tun, erscheint verwandt, da es an dieselbe energetische Kraft anknüpft. Doch da das Rot der Sommersonnenwende im Gegensatz zu Walpurgis nun in die sichtbare Welt drängt, entfaltet es sich nicht in einer grenzüberschreitenden Kraft des Gestaltwandels, sondern in herausfordernder Fülle, in Macht und Erotik.

Dies macht auch der bekannte Mythos um die japanische Sonnengöttin Amaterasu[2] deutlich. Er erzählt, dass sie sich aus Zorn über ihren Bruder, den Gott des Sturms, in eine Höhle zurückgezogen hat. Auf der Erde war ihre Schönheit nun nicht mehr sichtbar, alles verdunkelte sich dort. Während in der göttlichen Welt noch beratschlagt wurde, wie Amaterasu aus ihrem Versteck wieder herauszulocken sei, tanzte die Göttin der Heiterkeit vor dieser Höhle, machte Scherze und sang obszöne Lieder. Dabei hob sie vor dem Höhleneingang ihre Röcke und zeigte Amaterasu ihre entblößte Vulva. Diesem Anblick konnte die Sonnengöttin nicht widerstehen und kam lachend heraus. Da aber mittlerweile die anderen Gottheiten einen Spiegel gegenüber der Höhle aufgehängt hatten, strahlte Amaterasu, als sie heraustrat, in blendender Schönheit und war von sich selber so beeindruckt, dass sie es unangemessen fand, sich noch einmal in einer Höhle zu verstecken.[3]

Dieser Mythos der machtvollen japanischen Sonnengöttin skizziert einiges von den rituellen Geschehnissen, die wir im Sommersonnenwendritual lebendig werden lassen: Es geht um ein sexuelles Spiel zwischen der Göttin der Heiterkeit und der Sonnengöttin. Derbe Scherze, laszive Gesten und weibliche Schönheit bestimmen die Szene. Was als mythologisch lebensbedrohlicher Streit begann, endet in Heiterkeit, Schönheit und Lachen. Die Sonne hat sich selber in ihrem Glanz gesehen, und so kann das Leben um sie herum ebenso aufstrahlen.[4]

Die überlieferten Traditionen zum Mittsommerritual zeigen ebenfalls, dass es um den strahlenden Anblick der Sonne selbst und um die Verbreitung ihrer Kraft geht.[5] Am deutlichsten wird dies im Brauch des Feuerscheibenschlagens. Hierzu werden mit Harz bestrichene Holzscheiben im Feuer glühend gemacht und dann mit Hilfe einer Scheibenbank hoch in die Luft geschleudert. Die glühende Scheibe lässt eine feurige Sonnenbahn am Himmel sichtbar werden.[6] Einen ähnlichen Zweck verfolgt die in einigen ländlichen Gebieten heute noch ausgeübte Sitte des Wagenräderrollens. Auch hier werden die Räder mit Stroh präpariert, sodass sie hell aufbrennen, wenn sie den Berg hinunter gerollt werden. Während die freie Himmelsbahn der Feuerscheibe manchmal wie ein Zukunftsorakel gedeutet wurde, weist das talwärts Rollen des Sonnenrades unübersehbar auf den abnehmenden Lauf der Sonne hin, der mit der Feier des Rituals eingeleitet wird. Aber was heute oftmals nur noch als Touristenattraktion oder als bierselige Dorfgaudi begangen wird, hatte früher im Rahmen eines mythischen Weltbildes magischen Charakter. Wenn die Menschen im Ritual das Sonnenrad abwärts rollten, so suchten sie damit rituell am Lauf der Sonne mitzuwirken.

Die Sonne war ein hitziger und schnell gekränkter Himmelskörper, wie es auch die oben beschriebene Legende von Amaterasu deutlich macht. Es war wichtig, sie freundlich zu stimmen, auf dass sie die Natur weiter mit ihrem Licht und ihrer Wärme beschenkte. Andererseits musste sie, damit das Leben auf der Erde nicht verbrannte, auf ihrem immer feuriger werdenden Weg zu einer Wende bewogen werden. Deshalb wurden traditionelle Opfergaben an das hochlodernde Sonnenfeuer gegeben: Heilkräuter in Form von Kränzen, Büscheln oder Siebensträußen werden in der Literatur hier an erster Stelle genannt oder auch andere Geschenke wie Tierknochen und Pferdeschädel.[7] Die rituelle Sitte, den Elementen etwas zu schenken, entspricht dem klassischen Grundsatz der Naturreligionen, dass das Geben und Nehmen bei kosmischen Ritualen in Einklang stehen soll.

Auf dem Höhepunkt des natürlichen Reichtums im Jahreskreiszyklus schenken wir Menschen Kostbares und Schönes aus unserem eigenen Jahr, um die Sonne zu erfreuen und uns für ihre Feuerkraft zu bedanken. In meinen eigenen Gruppen habe ich das rituelle Schenken mit dem traditionellen Sprung über das Sonnenwendfeuer verknüpft. Auf diese Weise verbindet sich jede Frau mit der hell aufflammenden Feuerkraft und gibt zugleich von ihrem eigenen Sonnenreichtum zurück. Dies bedeutet eine Stärkung für beide Seiten genau in dem Moment, in dem die Feuerkräfte kosmisch schwächer werden. Traditionell wird der Feuersprung jedoch eher als Fruchtbarkeitsritus angesehen. Deshalb ist es bis heute vor allem für jungvermählte Paare hierzulande Sitte, über das mächtige Mittsommerfeuer zu springen. Früher wurde bei diesem Sprung ein Kräutergürtel[8] um die Hüfte getragen, um die Beckenenergie rituell zu stärken.

In Dorftraditionen werden weitere Kräuterriten genannt[9], jedoch habe ich die Vermutung, dass hier eine Vermischung mit dem nachfolgenden Ritual der Kräuterweihe stattgefunden hat. Denn je weniger die Jahreskreisrituale in einer lebendigen heidnischen Tradition verwurzelt waren, desto mehr wurden ihre Riten zu Volksbräuchen, die ihren einstigen Sinn und ihre energetische Kraft verloren hatten. Als schöne, festliche Sitte ließen sie sich beliebig an eine freie Stelle in die ortsansässige Tradition setzen, sodass die energetische Gesamtstruktur im Jahreskreiszyklus allmählich verloren ging. Die Unklarheit in den überlieferten Volkstraditionen zum Jahreskreis ist immer wieder auffällig und erschwert unsere Suche nach einer ursprünglichen Form der einzelnen Rituale spürbar.

Eine Ehrenpflanze des Sommersonnenwendrituals ist ohne Zweifel das Johanniskraut, das in dieser Zeit zu blühen beginnt und seine größte Heilkraft entfaltet. Mancherorts wird das Kraut direkt als Sonnenwendkraut[10] bezeichnet, speichert es doch in seinen Blüten ein dunkles Öl – rot wie die Lebenskraft der Sonne. Das Johanniskraut ist die bekannteste lichtspeichernde Pflanze, die uns auf der anderen Seite der Sonnenwendachse, der Zeit der Wintersonnenwende, über die dunkelsten Wochen hilft.

Kräutersammlerinnen schwören darauf, dass das Johanniskraut frühmorgens bei Tau gesammelt werden muss, denn gerade dieser Tau entfalte für den Menschen eine heilsam magische Wirkung. Überhaupt scheint der Tau in den Riten der Sommersonnenwende eine besondere Rolle zu spielen. In Island etwa wälzten sich die Menschen am Morgen der Sommersonnenwende im Tau, um kräftig und stark zu werden[11], im saalfeldischen Gebiet in Thüringen wird ebenfalls erzählt, dass sich an diesem Tag nackte Paare auf dem Acker- und Gartenland wälzten.[12] Unübersehbar geht es bei diesem Ritual um das Feiern von Erotik und Fruchtbarkeit.

Wie das erotische Walpurgisritual ließ sich auch das ausschweifende Fest der roten Sommergöttin nur schwer in die sexualitätsfeindliche christliche Kultur integrieren. Während sonst zur besseren Verbreitung der christlichen Religion viele Riten in angepasster Form in das Kirchenjahr übernommen wurden, war dies bei den klassisch roten Festen im Jahreskreiskalender nicht möglich. Zum ausschweifenden Fest der Maigöttin bot man stattdessen den Frauen Marienandachten an, zur Zeit des roten Genusses wählte die Kirche Johannes als Festpatron aus, der – spartanisch von Heuschrecken und wildem Honig lebend[13] – mit Massentaufen zur Buße aufrief. Hier ist wohl kaum eine Parallele zur roten Göttin spürbar, die doch im Ritual genießerisch gefeiert werden will.

Die Spannung zwischen den beiden Kulttraditionen war trotz allem unübersehbar. Schon der heilige Augustinus (354-430 u.Z.) nennt den 24. Juni als Geburtstag des Johannes. Die Nähe zum Datum der Sommersonnenwende führte schon bald zu einer Vermischung der beiden Feste mit ihren zugehörigen Traditionen. Je nach Macht und Einfluss der katholischen Kirche rutschten in Folge einige der beliebtesten Mittsommerbräuche auf das spätere Datum hinüber; so werden heute vielerorts sogar die Sommersonnenwendfeuer am 24. Juni entzündet und tragen verwirrenderweise den Namen Johannisfeuer.

Der biblische Johannes zeigt nur wenig Anzeichen eines Feuergottes, allerdings erinnern seine jugendliche Gestalt und sein drastisch inszenierter Tod an die Heroen der Mysterienriten. Nach biblischer Darstellung wurde der Kopf des Johannes von Herodias, der Geliebten des Herodes, gefordert, als sich ihre Tochter Salome aufgrund ihres ekstatischen Tanzes von Herodes etwas wünschen durfte.[14] Die Nähe von Salomes erotischem Tanz zum sexuellen Charakter der Mittsommernacht ist unverkennbar. Der geforderte Kopf aber gilt als altes Sonnensymbol, und so ist – leider in verzerrter, misogyner Form – in der Sterbegeschichte des Johannes ein Rest weiblicher Macht und Erotik erhalten geblieben, wie sie früher das Ritual der Sommersonnenwende bestimmten.

Wenn wir nach einer Form suchen, das Sommersonnenwendritual unserer heutigen Zeit gemäß zu gestalten, so ist es gar nicht leicht, das zunächst so angenehm klingende Thema der roten Zeit in einer stimmigen rituellen Weise umsetzen. Die hitzige Dynamik der roten Energie ist leider für viele Frauen mit Schmerz und Angst verknüpft, sodass wir sie nur selten in ungetrübter matriarchaler Fülle ausleben können. Das Genießen haben viele nicht gelernt, sodass es zu einer rituellen Aufgabe dieses Festes wird.

Deshalb gestalte ich Sommersonnenwende in meinen Gruppen als luxuriöses Ritual der fünf Sinne. In der ersten Phase des Rituals verbinden wir uns die Augen, um uns ganz auf die nicht-visuellen Sinne konzentrieren zu können. Aus der roten Fülle des Lebens haben die vorbereitenden Frauen Dinge ausgewählt, die uns nacheinander die Sommerkraft der Göttin riechen, schmecken, hören und fühlen lassen. In der energetischen Dichte des Ritualkreises intensiviert sich unsere Wahrnehmung mehr und mehr, und wir genießen nicht nur das Dargebotene, sondern ebenso die rote Fülle in unserem eigenen Körper. Erst auf dem Höhepunkt der Sensibilisierung nehmen wir unsere Tücher ab und erfahren die Kraft des Sehens neu. Mit rot geschärften Sinnen bestaunen wir das aufleuchtende Rot im geschmückten Ritualkreis.

Wie ein Spiegel flammt es in uns selber auf und will sich zeigen. Ein roter Tanz beginnt, sanft und genießerisch in den Hüften oder wild und ekstatisch stampfend und tobend. Feuerenergie macht sich breit, und eine zündet die andere an; Liebesfunken fliegen hin und her und locken noch ganz andere Bewegungen aus den rot geschmückten Körpern heraus. Wenn die Feuerkraft im Kreis fast zu explodieren droht, zünden wir das vorbereitete Sonnenfeuer an. Hoch flammt es in den Himmel auf, der in dieser Nacht fast keine Dunkelheit annehmen will. Die Mutigste springt zuerst über die wilden Flammen. Mitten im Sprung lässt sie ihr Geschenk fallen, das sie der Sonne mitgeben will. Der Sprung ist zugleich eine Bestätigung für ihre eigene Feuerkraft, die sie in diesem roten Ritual gespürt und gezeigt hat. Nach und nach springt jede aus dem Kreis über das Feuer, während die anderen zusehen, wie die Geschenke in der Hitze verglühen. Das Feuer frisst sie auf in zischenden und gleißenden Tönen, bis es nach langer Zeit stiller wird. Die Sonne hat sich gewendet. Wir bedanken uns bei den Elementen und Kräften, die wir gerufen haben und schließen das Ritual mit einem üppigen roten Festmahl ab.

Zu dieser Zeit fällt es nicht schwer, den Raum oder Ritualplatz mit den roten Gaben der Göttin zu schmücken. Roter Mohn leuchtet uns überall von Feldern und Wiesen entgegen, die Heckenrosen ranken und recken sich in den Gärten. Die ersten roten Beeren sind herangereift und bestimmen die Speisetafel. Rituelles Hauptgericht aber sind in fast allen Gruppen die Hollaküchle vom schwarz-weiß-roten Strauch der Göttin. Zur Sommersonnenwende zeigt sich der Holunderbusch weißblühend wie eine Frau in der Blüte ihrer Jahre. Später wandeln sich diese angenehm duftenden Blüten in rote Beeren, die erst dann zu ernten sind, wenn sie eine fast schwarze Farbe haben. In der Mythologie ist die Holle-Göttin fast nur noch als Wintergöttin zu finden. Die nahezu überall erhaltene Sitte der Hollaküchle aber ist eine Spur zu ihrer roten Kraft, und wir dürfen annehmen, dass die mythische Holla-Gestalt ursprünglich eine dreifache Göttin mit schwarz-weiß-rotem Charakter war. Wenn wir im Ritual diese traditionelle Hollaspeise essen, verbinden wir uns mit der alten ganzheitlichen Kraft einer matriarchalen Göttin.

Die rituellen Tänze der Sommersonnenwendzeit zeigen die vielen Facetten des Rot, die schon genannt wurden: heiße, erotische Tänze der Liebeskraft bis hin zur wilden, feurigen Ekstase, die alles verbrennen will, Tänze, die die eigene Schönheit genießen und feiern, sowie Tänze, die die Fülle des Sommers umkreisen. Ein Bild dieser erotischen Reigentänze vermittelt das französische Gedicht »Romance de la Rose« aus der Mitte des 13. Jahrhunderts:

Zwei der anmutsvollsten Damen,
angetan mit hellen Kleidern
und das Haar zum Zopf geflochten,
hießen Dedzuiz und Adelsart
mitten in dem Reigen tanzen;
es erübrigt sich zu sagen,
wie die beiden herrlich tanzten;
zierlich ging die eine vor
auf die andre los und als sie
nahgekommen, trafen sich die
Münder, dass es schien als wenn sie
gegenseitig Küsse tauschten.
Ohne Nachlass tanzten sie,
will nicht mehr darüber sagen ...[15]

Aber im Mittelpunkt des Rituals steht die Sonne. Sie ist das Hauptthema der Tänze. Wir feiern und ehren sie, feuern sie auf ihrem Höhepunkt an, zu strahlen, bis sich gegen Ende die Wendetänze anschließen, mit denen die Sonne auf ihre allmählich niedriger werdende Bahn geleitet wird. Das zentrale Muster dieser Tänze ist oft eine mächtige energiesammelnde Spirale, in deren Mitte ein Feuerherz pocht. Auf diesen Höhepunkt der Energie tanzen wir zu, sodass die Spirale enger und enger wird. Am dichtesten Punkt des Tanzes verbindet sich jede Frau mit dieser Kraft, wendet sich und tanzt – durch den Feuerkontakt gewandelt – einen neuen Weg aus dem Inneren heraus.

In der Mitte der Spirale pocht ein Feuerherz

Energieübung »Feueratmung«

Die Energieübung der »Feueratmung« bereitet die nachfolgend beschriebenen roten Tänze vor; sie stellt eine energetische Verbindung mit dem Feuer im Innern der Erde her, sodass es in den Körper eintreten und sich dort ausbreiten kann. Die »Feueratmung« kann sowohl in der Gruppe als auch allein durchgeführt werden. Je nach Wunsch kann die Einzelne sie regelmäßig in der roten Zeit üben, um die Verbindung zum Feuer zu halten. Es ist gut, hinterher zu tanzen, damit sich die eingeatmete Feuerenergie nicht staut und nach innen entlädt.

Du setzt dich im Schneidersitz auf ein Meditationskissen oder direkt auf den Boden (wenn es ausreichend warm ist, ist es schön, die Feueratmung draußen zu machen). Finde eine Haltung, in der du deine Venuslippen gut spüren kannst und diese leicht geöffnet sind. Lass dein Ausatmen in deine Vulva fließen und konzentriere dich mehr und mehr auf den ovalen Spalt zwischen deinen Lippen ... Spüre nur noch diesen Spalt und lass ihn in der Vorstellung ein wenig größer werden. Stell dir nun vor, dass die Erde unter dir ebenfalls diesen ovalen Spaltbreit geöffnet ist. Sieh diesen Erdspalt möglichst genau vor deinem inneren Auge. Vertiefe diesen Spalt nach und nach weiter ins Innere der Erde ... vorbei am Reich der Wurzeln und Steine ... vorbei an den Schichten des Grundwassers ... Lass diesen Spalt immer weiter dem Erdkern entgegenwachsen, bis du die feurige Glut im Innern spürst. Wenn du den Spalt zu diesem Feuerreich hin öffnest, kannst du dem Wirken der Drachin zusehen, dem alten heiligen Feuertier der Göttin. Sie tanzt inmitten dieser Feuerpracht und hält die Flammen in ständiger Bewegung. Sie freut sich an der Glut und feuert sie an, auf dass die Hitze noch größer werde und die Flammen noch heftiger tanzen. Schaue eine Weile der Drachin bei ihrem Spiel zu, bis dir die Macht des Feuers vertrauter ist. Dann spüre zurück zu deinen geöffneten Venuslippen. Konzentriere dich nun auf dein Einatmen und beginne, mit deiner Vulva durch den Erdspalt das Feuer der Drachin einzuatmen. Fange vorsichtig an, sodass sich dein Körper an die hitzige Feuerenergie gewöhnen kann ... Wiederhole diese Atmung immer wieder und lass das Feuer nach und nach durch die Vulva in deinen Körper eintreten. Nimm dir dafür die Zeit, die du brauchst, sodass das schnelle Tempo des Feuers deine Ängste nicht überrennt. Wenn dein Beckenraum in gutem Kontakt mit dem Drachinnenfeuer ist, erlaube dieser Energie, sich in deinem Körper weiter auszubreiten. Spüre, wie das Feuer langsam die Wirbelsäule hochsteigt ... deinen Rücken und Brustraum ausfüllt, sodass dein Busen von dieser Energie rot leuchtet ... lass das Feuer in deinen Schultergürtel aufsteigen, damit es hinunter in deine Arme und Hände fließen kann ... Nimm wie-

der einen tiefen Atemzug von dem Drachinnenfeuer und spüre, wie es über die Wirbelsäule hoch hinauf bis in deinen Kopf steigt ... Lass die überschüssige Energie aus deiner Kopfhaut austreten und in die Haare fließen, die nun wie züngelnde Schlangen von deinem Kopf abstehen ... Genieße die Macht dieser roten Ausstrahlung, die du jetzt hast. Atme immer weiter aus dem Erdinnern feurig-rote Energie nach. Spüre, wie sie deinen Körper erfüllt, und lass sie durch die Haut nach außen rot abstrahlen, sodass ein kosmischer Kreislauf entsteht und dir selber das Feuer nicht zu viel wird. Bleibe eine Zeitlang in diesem verbundenen Atmen und folge den Bildern, die dabei in dir entstehen ... Schließe die Feueratmung ab, indem du noch drei bewusste Atemzüge von dem Drachinnenfeuer nimmst. Bedanke dich bei der Drachin und den Feuerwesen und schließe den Erdspalt mit einem Kuss deiner Venuslippen. Schließe nun auch dein eigenes unteres Chakra und nimm dir dann Zeit, der roten Feuerkraft in deinem Körper nachzuspüren, bevor du die Augen wieder öffnest.

Choreographien

»Tanz der Roten Frau«

Die Choreographie »Rote Frau« inszeniert eine tänzerische Begegnung zwischen Frauen, die von roter Energie erfüllt sind und diese miteinander teilen wollen. Der Tanz erinnert in seiner Ausstrahlung an afrikanische Frauentänze[16], in denen ein erotisches Kräftemessen von Busen- und Beckenkraft selbstverständlich ist. In unserer Kultur ist diese Art der erotischen Selbstdarstellung als Teil des sozialen Miteinander von Frauen unbekannt. Sie gilt vielmehr als obszön und einer »anständigen Frau« nicht würdig, sodass die »Rote Frau« – wenn sie von einer Gruppe voll ausgetanzt wird – bei mancher Tänzerin an tief sitzenden Moralvorstellungen rüttelt. Manchmal braucht es einige Tanzrunden, bis sich jede im Kreis traut, diesen rituellen Raum des erotischen Spiels anzunehmen und sich der roten Kraft dieses Tanzes hinzugeben.

Der Tanz der »Roten Frau« an der Tabuschranke entlang wird in der Mittelpassage der Choreographie noch deutlicher. Hier wechseln die sonst auf den Hüften ruhenden Hände zu einer

Gebärde, die das Schenken des Menstruationsblutes andeutet. Der Kreis wird dichter, die Körper rücken eng aneinander, sodass der Eindruck eines gehüteten Geheimnisses entsteht. Im Schutz dieser Intimität tanzen die Frauen von der Quelle ihrer Blutkraft her; der Impuls der Handbewegung geht vom Venusdreieck aus und benennt sichtbar den Schoß weiblicher Macht. In diesem nonverbalen Erzählen über die Quellen und Geheimnisse von Frauenkraft erinnert die »Rote Frau« an alte weibliche Initiationstänze, die mit jungen Mädchen zur Feier der ersten Menstruation getanzt wurden.

Der Hauch von Schamlosigkeit, den manche Frauen beim Tanzen dieser Handgebärde empfinden, spiegelt vermutlich die anerzogenen Werte aus ihrer Mädchenerziehung wider. Denn noch vor wenigen Jahren wurde vermittelt, dass die Tatsache und vor allem die Spuren der Menstruation unter allen Umständen zu verbergen sind. Dieses gesellschaftliche Gebot ist interessanterweise nicht nur gegenüber Männern einzuhalten, sondern greift auch in weibliche Zusammenhänge hinein. Nur wenige Frauen können ihre monatliche Blutung als Ausdruck ihrer Potenz empfinden, die gerade gezeigt und nicht mit Hilfe moderner Hygiene vertuscht werden will.

Ähnlich dem Menstruationsblut ist auch das Rot selbst vom Hauch des Tabus und Obszönen umgeben, vor allem wenn es von Frauen als leuchtende Kleiderfarbe gewählt wird. Noch heute erlebe ich in fast jeder Tanzgruppe eine Abwehr und Skepsis gegenüber roter Ritualkleidung wie bei keiner anderen rituellen Farbe. Nur wenige Frauen trauen sich, unübersehbar wie das Rot aufzuflammen und in dieser Qualität einen Raum oder gar eine Gruppe zu bestimmen.[17] Fast alle antrainierten weiblichen Erziehungsnormen bäumen sich gegen ein solch rotes Gehabe auf, wie es vielleicht in matriarchalen Kreisen einmal selbstverständlich-lustvoller Brauch gewesen ist.

Die »Rote Frau« gibt Raum, rote Macht am eigenen Leib und zugleich im Miteinander eines Tanzkreises zu erfahren und – nach den ersten Tabuhürden – möglichst hemmungslos bis zum letzten Takt auszukosten.

Tanzbeschreibung »Rote Frau«

Choreographie: Ziriah Voigt
Musik: Halay (nordafrikanisch) / CD 1, Stück Nr. 12

Aufstellung: ―⌓― einzeln im Kreis; Füße hüftbreit geöffnet
(leichtes plié); Hände ruhen auf den Hüften

Richtung	6/8-Takt	Zählzeit	Beschreibung
―⌓―	Vorspiel		das Körperbewusstsein konzentriert sich auf die Hüften und die im Becken wohnende rote Kraft (siehe didaktische Hinweise)
↗	1	1-2	re-li berührt mit einem Kick den Boden und schnellt leicht in die Höhe
	2		wie Takt 1, aber li beginnend
↙	3+4	1-4	re-li-re-li (leichtes plié). Der erste Schritt wird schräg rück gesetzt, sodass eine Zickzack-Drehung entsteht. Die Hände kreisen vor dem Becken umeinander in einer Gebärde des Vermischens, die Handflächen sind dabei zur Erde ausgerichtet

Takt 1-4 fortlaufend wiederholen.
In der Mittelpassage des Tanzes (neues musikalisches Grundmotiv) verändert sich die Handbewegung bei den Vorwärtsschritten: Die Hände lösen sich von den Hüften und machen eine schenkende Gebärde vom Schoßdreieck zur umtanzten Mitte hin. Die Rückwärtsschritte werden kleiner gesetzt, sodass ein engerer Kreis entsteht. Mit Einsatz der Anfangsmelodie wechseln die Hände wieder zu den Hüften und der Kreis wird weiter, sodass jede Frau in ihrer roten Kraft Raum haben kann.

Didaktische Hinweise

Bei dem Tanz »Rote Frau« liegt der Schwerpunkt in der eigenen Verbindung zur roten Kraft. Deshalb sollte vor der technischen Vermittlung des Tanzes eine energetische Arbeit zur Stärkung dieser Energieverbindung stehen. Dies kann zum Beispiel mit der oben beschriebenen »Feueratmung« (siehe S. 116) geschehen oder mit der Walpurgisübung »Die schmatzende Göttin« (siehe S. 96). Andere Möglichkeiten sind Farbmeditationen mit

Rot, am besten zu visualisieren auf der bloßen Haut. Ziel dieser Energieübungen ist stets eine Stärkung der roten Energie, die im Körper der Tänzerin so kräftig fühlbar sein sollte, dass sie in ihrem Überschuss bis in die Aura hinein rot abstrahlt.

Die Hauptbewegung liegt bei diesem Tanz in den Hüften. Zum Vorspiel gebe ich den Tänzerinnen deshalb immer die Aufgabe, die in den Übungen erlebte rote Energie in den Hüften zu zentrieren. Wie selbstverständlich wiegen sich bei dieser Vorstellung die Hüften zu den einleitenden Takten mit, nach einiger Zeit öffnen sich die Augen, und die Blicke der stolzen roten Frauen begegnen einander prüfend. Dann erst ertönt der Rhythmus des Tanzes, die Hüften schwingen achtmal mit, bevor sie mit dem Grundschritt einsetzen.

Bei diesem Grundschritt ist immer wieder darauf zu achten, dass das nach vorne schwingende Bein keinen Stampfer macht. Die Beinbewegung ist eher dem Ratschen eines Streichholzes vergleichbar, das über eine Zündfläche geführt wird. Wenn doch ein Stampfen daraus wird, wie vielfach zu beobachten ist, stoppt die Energie am Platz und die Frauen klagen am Ende des Tanzes häufig über ein Gefühl der Erschöpfung; hingegen wirkt die ratschende Bewegung belebend und die Tänzerin fühlt sich mit jedem Schritt kraftvoller.

Diese Bewegung ist einfacher auszuführen, wenn das Bein leicht nach auswärts gedreht ist, sodass der Schritt primär von der Ferse und nicht von den Zehen geführt wird. Durch den Schwung des Beines wird die jeweilige Hüfte mitgezogen und dreht sich leicht nach vorn. Die etwas hinter den Beckenknochen ruhenden Hände unterstützen diesen Hüftschwung, was die charakteristische Tanzbewegung der »Roten Frau« ausmacht. Fast von allein entsteht hierbei ein erotisches Spiel mit der Frau gegenüber, ein gegenseitiges Anfeuern im Austanzen der roten Kraft, was auch Blicke, Schultern und vieles mehr mit einbezieht.

Der ständige Blickkontakt in diesem Tanz ist für einige Frauen ungewohnt, eventuell sogar eine Überforderung. Auch dies ist ein Grund, die »Rote Frau« mit Energieübungen und hinführenden anderen Tänzen einzuleiten. Hilfreich können außerdem kulturkritische Hinweise auf das Tabu des Rots in unserer Gesellschaft sein. Das ermöglicht den Frauen, eigene Hemmungen in einem sozialen Zusammenhang zu sehen, und sie können versuchen, ihnen im Tanz offensiv begegnen.

»Feuertanz«

Bei diesem israelischen Feuerreigen fachen wir das rituelle Feuer im Zentrum des Kreises an und schüren es zugleich in uns selbst. Mit zackenartigen Schritten umtanzen wir es schneller und schneller, bis die Wildheit des Feuers all unsere Zellen erfasst hat. Trotz Erschöpfung eilen die Füße fast der Musik voraus, die plötzlich zu langsam erscheint. Wenn die Feuergeister mit im Tanzkreis sind, ist ihre chaotische Kraft deutlich zu spüren. Sie treiben uns an und wollen nicht mehr aufhören. So manche Tänzerin rennt gerne mit ihnen davon und wird nur mühsam von den anderen angehalten, wenn mit dem zweimaligen Stampfer die Aufforderung zur inneren Zentrierung des Feuers kommt.

Diese Passage im Tanz ist gerade deshalb eine interessante Herausforderung, weil sie von der Musik nicht angezeigt wird. Sie verlangt die innere spirituelle Aufmerksamkeit der Tänzerin, mitten in der feurigsten Lust des Tanzes noch anhalten zu können. Diese Fähigkeit ist für den Umgang mit dem wildesten aller Elemente unbedingt erforderlich, wenn wir von ihm nicht überrollt werden wollen. Schwierigkeiten mit und Ängste vor dem Feuerelement beruhen vielfach auf fehlender Zentrierung; denn dieser Mangel bietet der Wildheit des Feuers dankbaren Boden, die betreffende Frau zu chaotisieren und willenlos zu machen.

Das Tanzen der »Hora Medura«, wie der israelische Name der Choreographie lautet, gibt einen plastischen Eindruck von den begeisternden und ängstigenden Auswirkungen der Feuerkraft. Manche Tänzerinnen gehen an den Rand, weil ihnen der Tanz zu wild ist und ihre innere Fassung durcheinander bringt, anderen dagegen ist die Musik viel zu kurz. Sie haben Feuer gefangen und wollen nur noch wild weitertanzen, ohne sich auf eine Struktur konzentrieren zu müssen. Die israelische Choreographie von Yoav Ashriel aber hat Wildheit und Struktur kombiniert und bietet genau darin eine gute Übung für zaghafte wie für hitzige Gemüter.

Die ambivalente Haltung vieler Frauen gegenüber dem Feuerelement mag auch darin begründet sein, dass das Feuer in unserer Kultur als klassisch männliches Element gilt. Hartnäckig versteht sich diese Mär bis in Frauenkreise hinein zu halten. Vom Schulunterricht in antiker Mythologie angefangen bis hin zu modernen psychologischen Fortbildungen hören wir fast überall dieselbe These: Das Feuer entspreche der männlichen Schöpfungskraft, und wir Frauen können es nur sekundär in unserem männlichen Teil, dem Animus, wiederentdecken. Feuerriten gehören jedoch zu den ältesten Ritualen der Menschheit und haben ihren Ursprung in den frühen, matriarchal geprägten Kulturen. Da der Erhalt des Feuers das Überleben einer Menschengruppe sicherte, wurde in solchen Kulturen das Amt der Feuerhüterin einer der mächtigsten Personen des Stammes übergeben. Dies war im allgemeinen die älteste Frau in der Gruppe, der der Ehrenplatz am Feuer gebührte, wo sie mit den Ahninnen sprach und das Feuer mit Gebeten, Gesängen und Geschenken ehrte.

Dieses Ehrenamt der Feuerhüterin ist heute noch in den isoliert lebenden, matriarchal organisierten Musuo-Sippen Südchinas zu finden. Aber auch von der westlichen Industriekultur unberührte Dörfer Bulgariens hüten noch Teile dieses matriarchalen Brauches. In den dreitägigen Feuerriten, die in Bulgarien noch vor einiger Zeit vom 15. bis zum 17. Juli gefeiert wurden, war der Höhepunkt die Entzündung des neuen Feuers durch die älteste Frau der Dorfgemeinschaft. Diese repräsentierte die Feuergöttin selbst. Sie war verantwortlich dafür, dass das Feuer nicht ausgeht; denn es muss die Menschen ihres Dorfes ein Jahr lang mit seiner Lebendigkeit ernähren. Vom heiligen Feuerplatz aus trugen die Frauen am Ende des Rituals das Feuer in ihre Häuser. Der kalt gewordene Herd wurde neu entzündet und wiederum von der ältesten Frau des Hauses gehütet. Interessanterweise waren in Bulgarien Männer von diesen Riten des ersten Feuers ausgeschlossen. Erst nach einer rituellen Öffnung durften sie zum Feiern und Essen hinzukommen.

Wenn wir Frauen also an Sommersonnenwende zu Sonnenenergie und Feuerkraft tanzen, ist dies auch eine Gelegenheit, sich der mächtigen Feuerhüterinnen aus anderen Kulturen zu erinnern. Nun schüren wir selber die matriarchale Macht des Feuers und zwar in uns. Wild und entschieden zugleich tanzen wir sie – wie in der »Hora Medura«.

Tanzbeschreibung »Feuertanz«

Choreographie: Yoav Ashriel
Musik: Hora Medura (israelisch) / CD 1, Stück Nr. 13

Aufstellung: ─⌒─ geschlossener Kreis; Hände in V-Haltung

Richtung	2/4-Takt	Zählzeit	Beschreibung
⌒→	1+2	1-8	Hüpfer re seit-li ran :‖ 4x
↑	3	1-4	re-li-re-li der Oberkörper ist leicht zur Mitte gebeugt, die Arme streben dem Kreiszentrum (Feuer) zu; die Schritte werden mit Tönen, die das Feuer anfachen, unterstützt
↓	4	1-4	re-li-re-li die Arme wieder zurücknehmen und den Oberkörper aufrichten
	5-8		wie Takt 1-4
←⌒	9-11	1-12	re kreuzt vor li-li seit-re kreuzt hinter li-li seit (Mayimschritt) :‖ 3x die Arme gehen mit dem ersten Schritt in die W-Haltung, ev. auch hier die Schritte mit Tönen unterstützen
⌒	12	1-2	zwei kräftige Stampfer am Platz mit dem re Fuß (halbes Tempo)
	13-16		wie Takt 9-12

Takt 1–16 fortlaufend wiederholen.
Die Musik beschleunigt zum Ende des Tanzes.

Didaktische Hinweise

»Hora Medura« ist eine einfach zu vermittelnde Choreographie und bereitet den meisten schon beim ersten Tanzen Freude. Für ungeübte Tänzerinnen ist allerdings der Übergang von Teil 1 in den Mayimschritt des zweiten Teils schwierig, was eine Ursache für das Durcheinander ist, das bei der »Hora Medura« öfter entsteht. Meist werden die Unsicheren von den anderen Tänzerinnen einfach mitgezogen, bis sie schon bald wieder durch den geforderten Doppelstampfer erneut verwirrt werden. Da aber die chaotische Energie auch zum Tenor des Tanzes gehört, stören diese tänzerischen Unsicherheiten im Allgemeinen wenig und bereiten oft mehr Spaß und Lachen, als ein korrekt getanzter »Hora Medura« erreichen würde. Erscheint aber einer Tanzleiterin das Durcheinander zu störend, kann sie statt des Mayimschritts auch einfach Laufschritte in Gegentanzrichtung tanzen lassen.

Das Anfachen des Feuers im ersten Teil kann durch Geräusche bei den Schritten zur Mitte intensiviert werden. In dieser Passage ist der Oberkörper leicht gebückt, sodass die geballte Energie der Gruppe direkt dem imaginären oder realen Feuer im Kreiszentrum zuströmen kann. Auch im zweiten Teil des Feuertanzes dürfen Töne gemacht werden – hier allerdings eher wilde, feurige Juchzer voller Lebenskraft, die beim Tanzen der »Hora Medura« nach draußen wollen und der erlebten Tanzfreude Ausdruck geben.

»Sonnenspirale«

Als Beispiel für die Gattung der Sonnenwendtänze sei hier die »Sonnenspirale« vorgestellt. Diese führt die Tänzerinnen in einem vor und rückwärts pendelnden Schritt in eine dichte Spirale, in deren Mittelpunkt jede Frau eine bewusste 180°-Wendung vollzieht. Durch die Rückwärtsbewegung im letzten Teil des Grundschritts entsteht eine leichte Irritation des Bewusstseins, das schon im Energiezentrum der Spirale angekommen zu sein glaubt, aber dann doch noch einmal drei Schritte in den alten Zustand zurücktanzen muss. Solch tänzerisches Empfinden entspricht der »Stirb-und-Werde-Deutung«, die meist für den Spiralweg gegeben wird. Irgendwann ist im Innern der Spirale keine Verdichtung mehr möglich. Dies ist der Umkehrpunkt, von dem aus die geballte Energie wieder in die Weite, in die Entladung geführt wird. Wir spüren die Parallele zum Grundrhythmus des Lebens. Das sich ein- und ausrollende Spiralmuster entspricht dem Ein- und Ausatmen, Sommer und Winter, Geburt und Tod. Dementsprechend wurden Spiraltänze für kosmische wie persönliche Wandelsituationen aller Art getanzt.

Der Pendelschritt gibt dem Tanz einen Wassercharakter, was wiederum dem Wechsel der Sonne in das Tierkreiszeichen Krebs entspricht. In einer Fülle von hitzigen Sonnen- und Feuertänzen bietet die »Sonnenspirale« der Seele oft eine willkommene Abkühlung, die mit der Sonnenwende ja auch kosmisch herbeigeführt wird. So schwingt – unterstützt durch die sanften Töne der israelischen Musik[18] – auch ein Hauch von Abschiedsstimmung in diesem Tanz mit.

Die Raumfigur der sich ein- und ausrollenden Spirale ist neben dem Kreis eines der ältesten Tanzmuster. Schon in der zweiten Hälfte des 7. Jahrtausends (v.z.) wurden in Südosteuropa Keramikgegenstände mit Spiralmustern hergestellt.[19] Fahren wir derartige Zeichnungen mit dem Finger nach, spüren wir die dynamische Lebensenergie, die der Spiralfigur innewohnt. Mit jeder Windung scheint sich die Energie zu intensivieren; diese Verdichtung im Spiralzentrum ist für jede Tanzende unmittelbar spürbar. Mancher ist die Enge im Mittelpunkt sogar zu viel, als erwarte sie dort ein unangenehmes Ereignis.

Spiralchoreographien werden für Mond- wie für Sonnentänze verwendet, denn beide Himmelskörper bilden in ihren kosmischen Bahnen die Zyklen von Sterben und Neuwerden ab. An Sommersonnenwende getanzt, bietet die »Sonnenspirale« eine energetische Möglichkeit, die Fülle der Sommer- und Sonnenenergie mit zärtlich-genießerischen Schritten zu ihrem Höhepunkt zu geleiten und mit der Wende nach außen die wohltuende Entspannung nach dieser Verdichtung zu spüren. Die sanfte, fließende Bewegung des Tanzes macht deutlich, dass der Wendepunkt der Sonne keine schlagartige Energieveränderung bedeutet, sondern letztlich auch ein sanftes Vor- und Zurückschwingen über diesen heißesten Punkt des Jahres ist. In diesem Sinn ist der energetische Raumweg der »Sonnenspirale« dem Energiefluss des Jahreskreiszyklus näher als ein einmaliges Sonnenwendritual.

Tanzbeschreibung »Sonnenspirale«

Choreographie: Ziriah Voigt
Musik: Erev Shel Shoshanim (israelisch) / CD 1, Stück Nr. 14

Aufstellung: ⟶ offener oder geschlossener Kreis; Hände in V-Haltung

Richtung	4/4-Takt	Zählzeit	Beschreibung
⟶	1	1-3	re-li-re (weiche, abrollende Schritte).
		4	auf re bleiben
	2	1-3	li-re-li
		4	auf li bleiben
	3		wie Takt 1
⟵	4	1-3	li-re-li
		4	auf li bleiben

Takt 1-4 fortlaufend wiederholen.
Mögliche Raumwege:

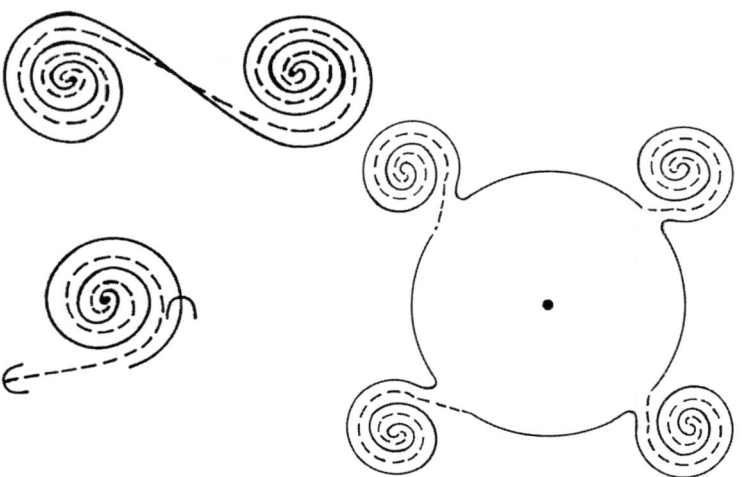

Didaktische Hinweise

Der Grundschritt der »Sonnenspirale« ist schnell erklärt. In die Verzögerung auf den Vierer jedes Taktes muss sich dagegen zunächst eingehört und eingetanzt werden, bis ein einheitlicher Energiefluss im ruhigen Pendelschritt des Tanzes entsteht. Einige Frauen müssen sich auch erst an die drei Rückwärtsschritte als Abschluss jeder Tanzsequenz gewöhnen. Solche Unsicherheiten verstärken sich noch, wenn im Verlauf des Tanzes die Spiralform deutlicher wird und beim Ein- und Ausrollen eine gegenläufige Bewegung entsteht. Frauen, denen die Verdichtung im Innern der Spirale unangenehm ist, werden durch das Vor und Zurück zusätzlich verwirrt und versuchen meist krampfhaft, eine analytische Orientierung zu behalten. Spiraltänze aber wollen gerade unserem analytisch geprägten Bewusstsein entgegenwirken und die rechte Gehirnhälfte aktivieren.

Die Leiterin führt den Grundschritt zunächst eine Weile im Kreis, bis sich die Gruppe als einheitliche Schlange ruhig vor- und zurückbewegt. Spürt sie diesen gemeinsamen Energiefluss, beginnt sie mit den Spiralfiguren im Raum. Diese sind mit Raum- und Gruppengröße abzustimmen, aber auch mit der

Tanzenergie selbst, die von der Gruppe im Moment geschaffen wird. So kreiert sich die »Sonnenspirale« mit jedem Tanzen neu und stellt nie eine bloße Wiederholung dar.

Von der ruhigen Dynamik her eignet sich die »Sonnenspirale« gut als Abschluss eines Sommertanztreffens; dann ist es wohltuend, von der Spirale wieder in den Kreis zu führen und sich in dieser Form zu verabschieden. Wenn die Kraft der solaren Wende im Zentrum des Tanzes stehen soll, kann hingegen im Spiralmuster selbst geendet werden. Dies wirkt zwar weniger abschließend, führt aber die Teilnehmerinnen näher an die sich ständig weiterbewegenden kosmischen Energien heran.

Ich tanze die Choreographie aufgrund der zarten Abschiedsstimmung in der Musik meist bei der Sommersonnenwende, doch ist die »Sonnenspirale« auch ein wohltuender Tanz zu Wintersonnenwende, wenn die dunkle Energie allmählich in die helle überschwingt.

Reduziert die Anführende die Raumfiguren auf eine in sich schwingende Doppelspirale, entsteht mehr die Energie der Tagundnachtgleichen mit ihrer stark harmonisierenden Kraft. Auch an diesen rituellen Terminen kann der Tanz den Teilnehmerinnen verdeutlichen, dass die Sonnenfeste Energie im Kosmos nicht fixieren wollen, sondern sofort wandeln und weiterbewegen.

Kräuterweih – Ritual der roten Schnitterin

Das Kräuterweihritual am 2. August liegt im Jahreskreiszyklus Lichtmess gegenüber (siehe Abbildung S. 26) und fügt für die Betrachtung der einzelnen Rituale den Aspekt der jeweiligen Achse im Jahresrad hinzu. Beginnen wir die Zählung der Jahreskreisfeste wie in diesem Buch mit Lichtmess, gibt es mit Kräuterweih erstmals einen rituellen Gegenpol, zu dessen Naturenergie schon gefeiert wurde. Beide Rituale der jeweiligen Achse haben ein gemeinsames Thema, das jedoch aus genau entgegengesetzten Standpunkten spirituell entfaltet wird.

Das Thema der Lichtmess-Kräuterweih-Achse ist die silbrig-kühle Energie der schlanken Mondsichel. In zunehmender Gestalt zu Lichtmess steigt sie als Verdichtung deiner Vision aus dem Ungeformten empor (siehe S. 52). Zu Kräuterweih konzentriert sie in abnehmender Gestalt das vielfältige Wachstumsgeschehen der zurückliegenden Monate auf die Schnittfläche einer erntenden Sichel. Der Übergang ist jedes Jahr aufs Neue brutal, da es eigentlich keinen gibt. Hast du gerade noch das reich tragende Getreidefeld bewundert, so gähnen dich morgen schon die Stoppeln eines abgemähten Feldes an. Halbe Ernteschnitte gibt es nicht.

So ist Kräuterweih ein rot-schwarzes Ritual, das den Doppelaspekt von Ernte zelebriert: Fülle und Zerstörung. Dieses Fest stellt sich dem – immer wieder schwer zu akzeptierenden – Mysterium, dass wir Lebendes töten müssen, um Nahrung zu haben und selbst überleben können. Dies ist die Lektion, die uns die Göttin in ihrer rot-schwarzen Wandlungskraft zu Kräuterweih gibt.

Es ist wichtig, sich diesen tötenden Aspekt von Ernährung gerade auch in Bezug auf pflanzliche Nahrung klarzumachen, da er von Vegetarierinnen gerne übersehen wird. Bei tierischer Nahrung ist die vorherige Tötung offensichtlich; auch die Grausamkeit in der gegenwärtigen Massentierhaltung lässt viele spirituelle Menschen zu Vegetarierinnen werden. Doch ist die kasernenartige Anlegung von Getreidefeldern in Reih und Glied letztlich für den freien Geist einer Pflanze nichts anderes als die Legebatterie für das Huhn.

So töten wir mit jedem Ernteschnitt ein pflanzliches Lebewesen. Und wir sind mit dieser Notwendigkeit, für die eigene Ernährung andere Lebewesen töten zu müssen, nicht allein im Kosmos. Auch Tiere fressen einander und selbst Pflanzen saugen vampirartig Mineralstoffe aus der Erde. Wenn wir den Begriff »Leben« in Mikro- und Makrokosmos spirituell erweitern, kommt kein Wesen auf dieser Welt ohne Töten aus. Es ist das tiefe Geheimnis von »Stirb und Werde«, mit dem uns das Kräuterweihritual konfrontiert. Auf dem Höhepunkt von sommerlicher Fülle und Schönheit wird konsequent die Frage nach dem tötenden Schnitt gestellt.

Zu Kräuterweih holt dir die rote Schnitterin mit ihrer blanken Sichel dein rituelles Thema zurück. Mitten in der verwirrenden Vielfalt des Sommers, in der du dich gerade verlieren wolltest, blitzt plötzlich ihr Metall auf und fragt: Was willst du schneiden, Frau? Du erwachst, wie aus einem bunten Traum zurückgeholt, und schaust ratlos-erschrocken deine Sichel an. Ja, es ist Schnitterinnenzeit und es gilt, sich auf die dunklen Wochen im Jahreskreis vorzubereiten. Denn wenn du genau hinschaust, siehst du schon, dass manche Kräuter bleich und kraftlos werden. Dein Zögern, die bunte Pracht zu schneiden, macht die Situation nicht besser. Die Tage der Ernte sind begrenzt wie die schmale Fläche deiner Sichel. Wenn du Kraft ernten willst, musst du jetzt schneiden.

Die Schwierigkeit, den besten Erntezeitpunkt zu bestimmen, könnte eine Ursache für die divergierenden Terminangaben zu diesem Fest sein. Im keltischen Irland fand früher Anfang August ein großes Ritual anlässlich der Getreideernte statt. Darin wurde der Abschied vom Kornkönig gestaltet, der die Menschen zu dieser Jahreszeit verlässt und zurück in die Erde geht – das heißt, zurück in den Leib der großen Göttin. Von diesem Kornkönig Lugh, auch als Sonnengott verehrt, leitet sich der keltische Ritualname Lughnasad ab. Es ist aber anzunehmen, dass dieser Mythologie vom scheidenden Kornkönig eine matriarchale Tradition voranging, die die Erntegöttin selbst ins Zentrum des Rituals stellte. So wird im Kontext von Lughnasad immerhin auf die zwei mächtigen irischen Göttinnen Oenach Tailten und Oenach Carmain verwiesen[1]; doch fehlen ausführliche Überlieferungen, sodass eine solche matriarchale Ur-Tradition über diese spärlichen Hinweise hinaus nicht nachzuweisen ist.

Im Angelsächsischen wird das Fest Lammas genannt, was auf »Hlaf-mass« zurückgeht – das heißt übersetzt »Fest des Brotes«.[2] Der Name lässt vermuten, dass als Ritualhandlung aus dem frisch eingebrachten Korn das erste Brot dieser Erntesaison geformt und gefeiert wurde. Auch in anderen Kulturen sind für den Erntemonat August ausführliche Feste zu Ehren der blonden Getreidegöttin bekannt. Im Gegensatz zu den sexuell eingefärbten Ritualen im Frühjahr haben die kultischen Feierlichkeiten im Hochsommer eher einen ernsten, den Geist fordernden Charakter gehabt.[3] Dies entspricht der oben dargestellten, metallisch-kühlen Energie des Kräuterweihrituals. Die sexuell ausschweifende, fruchtbringende Göttin der Frühjahrsmonate hat sich zur unerbittlichen Schnitterin gewandelt.

Neben diesen Traditionen steht der ebenfalls für den August überlieferte Brauch eines geweihten Kräuterstraußes, der sich bis heute erhalten hat. Dieser Ritus scheint auf den germanischen Göttinnenkult zurückzugehen[4] und hat dem Ritual in der deutschsprachigen Kultur den Namen »Kräuterweih« gegeben. Im alpenländischen Raum hat sich zusätzlich im Volksglauben die Tradition des sogenannten Frauendreißigers[5] erhalten, die diese Periode zur Festzeit erklärt, weil sich die Natur den Frauen jetzt in besonderer Weise schenke. Aus dem Blickwinkel einer Kräutersammlerin verwundert dies zunächst. Es stimmt nicht, dass die Kräuter während dieser spätsommerlichen dreißig Tage ihre höchste Heilkraft entfalten. Bis auf wenige Pflanzen liegt in mitteleuropäischen Ländern die beste Sammelzeit für Heilkräuter erheblich früher. Im Grunde ist das Sammeln von Kräutern zu den üblichen medizinischen Zwecken im August nahezu abgeschlossen.

Worum aber geht es dann? Denn die Legende der besonderen Kräuterkraft während des Frauendreißigers ist nicht zum Schweigen zu bringen. Überprüfen wir die volkskundlichen Empfehlungen zur Kräutersammeltradition im Spätsommer, so fällt auf, dass primär auf die Zauberkraft der Kräuter verwiesen wird und nicht auf ein Heilmittel im üblichen Sinn. Die Kräuter sollen zu einem bestimmten Mondstand während des Frauendreißigers geschnitten oder mit der Wurzel ausgestochen werden; sie werden wie eine Persönlichkeit angesprochen und um ihre Kraft gebeten.[6] Dies sind alles Hinweise auf eine magische Zielsetzung des Kräuterstraußes. Dieser Monat, in dem sich die rote Göttin der Fülle zur unerbittlichen Schnitterin wandelt, ist prädestiniert, magische Kraft zu sammeln, um sie in der schwer einzuschätzenden dunklen Zeit zur Verfügung zu haben.

Unter diesem Aspekt betrachtet, gewinnt der in der katholischen Mariä Himmelfahrt-Tradition zum lieblich-schönen Wohnungsschmuck verkommene Kräuterstrauß eine neue Dimension. Der im Kräuterweihritual gesammelte und mit dem roten Band der Göttin umwundene Pflanzenbund ist geballte magische Energie. Mit jedem Gewächs, das ich im Ritual schneide, sammle ich gezielt Pflanzenkraft ein, die mir in kommenden schwierigen Situationen zur Seite stehen wird. Dabei betrachte ich die Pflanze primär von ihrer spirituell-geistigen Kraft. So thront zum Beispiel traditionellerweise im Zentrum eines Kräuterstraußes eine mächtige, alle anderen Pflanzen überragende Königskerze. Sie ist die Königin meines Straußes. Sie kann zerstreute Kraft in ihrem hoch aufragenden Stängel bündeln und stützt ebenso mir das Rückgrat, wenn zu viele Einflüsse an mir zerren. Solche spirituellen Qualitäten verrät mir diese Pflanze allein durch ihr Erscheinungsbild, wenn ich sie in meditativer

Betrachtung auf mich wirken lasse und ihr Lebensfeld beobachte. Sie stimmen nicht unbedingt mit der heilkundlichen Bedeutung überein, die bei der Königskerze vorrangig in der schleimlösenden Kraft ihrer gelben Blüten liegt.

In ähnlicher Weise ließen sich für zahlreiche tradierte Pflanzen des Kräuterstraußes unterschiedliche Bedeutungen von magischer und medizinischer Wirkung aufzeigen. Beispielsweise ist die Rose als Heilpflanze von geringerer Bedeutung, sie gehört aber zu den zentralen Pflanzen im Strauß, die fast nicht fehlen darf.[7] Denn sie bündelt in ihrer Blüte die Schönheit der roten Sommerzeit und hilft mit ihrer Liebeskraft durch die dunklen Wintermonate. Darüber hinaus gehören in einen Kräuterstrauß auch Gemüsepflanzen wie Zwiebeln oder Mohrrüben. Wir können sie als Symbol für Nahrung sehen, die früher in der kargen Winterzeit knapp zu werden drohte; vom spirituellen Standpunkt aus aber geben sie der rituellen Sammlerin als wurzelbetonte Pflanzen erdende Stabilisierung.

Sammle ich unter diesem magischen Blickwinkel Pflanzen für meinen Kräuterstrauß, kann ich nahezu ohne Kräuterkenntnisse auskommen. Nicht zu entbehren ist allerdings ein waches und geübtes spirituelles Auge, das die fein chiffrierte Aussage der Pflanze versteht.

Wenn wir die überlieferten Zusammenstellungen eines Kräuterstraußes anschauen, so gehen diese offensichtlich auf magische Ursprünge zurück. Dies machen allein schon die in der Volkstradition empfohlenen Zahlenangaben für den geweihten Kräuterstrauß deutlich: Als kleinste mögliche Zahl der zu bindenden Pflanzen wird Sieben[8] genannt; bekannter ist der Neunerstrauß[9], aber die Empfehlungen gehen hoch bis auf 77 oder gar 99[10]. All dies sind in der Magie benutzte Zahlenwerte, die sich bis heute noch in Kinderreimen[11] erhalten haben. Auffällig ist auch, dass die genannten Zahlenwerte durchweg ungerade sind. Ungerade Zahlen haben in der patriarchalen Kultur ein krummes Image bekommen, in der matriarchalen Philosophie jedoch wurden und werden sie aufgrund ihres beweglichen Energieflusses geschätzt.

Die katholische Mariä Himmelfahrt-Tradition hat diesen alten heidnischen Brauch des Kräuterbindens zwar übernommen, aber seinem rituellen Zusammenhang entrissen. Der Festtag »Mariä Himmelfahrt« ist bald nach dem Konzil von Ephesus

(432 u.Z.) im Orient aufgekommen und fand offenbar im Volk große Verbreitung. Eine Ursache mag der speziell in Ephesus beliebte Artemiskult gewesen sein, der weit in die christliche Zeit hinein der ansässigen Kirche Konkurrenz machte.[12] Die Bevölkerung ließ sich mit den spärlichen, an einen männlichen Gott gerichteten Zeremonien des Christentums nicht zufrieden stellen. Die Kraft der Göttin war nach wie vor groß und ihr lebensfreudiger Kult im Volk geschätzt und weit verbreitet.

So gesehen geschah mit der Einführung von »Mariä Himmelfahrt« dasselbe wie überall auf der Welt: Das Christentum absorbierte die ortsansässigen heidnischen Traditionen, entzog ihnen ihren sexuell ausschweifenden Charakter und integrierte sie in abgeschwächter bis entfremdeter Form in den kirchlichen Festkalender. Nur so konnte sich der neue Glaube gegenüber den nach wie vor lebendigen heidnischen Kulttraditionen durchsetzen.

Im Sinne dieser Okkupierung wurden für die neu eingeführten kirchlichen Festtage die alten heidnischen Daten benutzt. Dies geschah wohl auch beim Kräuterweihritual: 847 führte Papst Leo IV. den im Orient aufgekommenen Festtag »Mariä Himmelfahrt« in die Gesamtkirche ein und setzte den 15. August, einen alten Festtag der ephesinischen Göttin, dafür fest. Das Volk feierte vermutlich noch lange in diesem christlichen Marienfest den Wandel der großen Kornmutter zur Schnitterin, die den Tod bringt. Auch die Germaninnen erkannten in diesem kirchlichen Augusttag ihre mächtige Korngöttin wieder, und so werden sich damals die zelebrierten germanischen Kräuterrituale mit dem christlichen Marienfeiertag vermischt haben.

Ich selber orientiere mich beim Festdatum an der keltischen Tradition, die das Ritual auf den Augustanfang legt. In den Einzelheiten gibt es auch hier noch Unterschiede; die empfohlenen Festzeiten reichen vom Vorabend des 1. Augusts über den 1. Augusttag selbst bis zum 2. August. Aufgrund der anfangs zitierten Lichtmess-Kräuterweih-Achse hat mich als Datum der 2. August am meisten überzeugt. Als beste Tageszeit für das Ritual empfinde ich den späten Nachmittag oder frühen Abend. Dies entspricht dem jahreszeitlichen Wandel der Göttin von der hellen Sommerkraft des Tages in die dunkle Energie der Herbst- und Winterwochen. Schön ist es, wenn der gewählte Ritualplatz ebenfalls etwas von diesen beiden Qualitäten widerspiegelt –

etwa eine sonnige Wiese, die in einen dunklen Wald blickt oder in ein tiefes Tal, denn die feiernden Frauen benötigen die Spannung zwischen diesen beiden Polen als energetische Quelle für ihren Schnitt.

In einem umfassenden Kräuterweihritual wird sowohl der Aspekt des persönlichen Ernteschnitts wie das Sammeln eines magischen Kräuterstraußes zelebriert. Dies ist allerdings eine gewaltige Spannbreite, die von der Ritualleitenden gehalten werden muss. Denn es gilt, wie oben beschrieben, die in die Breite schweifende rote Energie der vorhergehenden Jahreskreisrituale auf die schmale Fläche einer Erntesichel zu fokussieren. Damit diese metallisch kühle Energie der Mondsichel nicht in einer ausufernden Länge des Rituals verloren geht, ist eventuell das schon empfohlene »Weniger ist mehr« vorzuziehen. Eine schnittige Entscheidung für nur eine der beiden Haupthandlungen kann dem Ritual mehr Intensität geben, da die gesammelte Konzentration dann dieser einen rituellen Symbolhandlung zugeführt wird.

Wenn ich das Ritual mit Gruppen in vollem Umfang feiere, geht dem eine mindestens zweitägige Vorbereitungszeit voraus. Dabei liegt das Augenmerk auf der Betrachtung des faktisch Gewachsenen. Die Fragestellung für jede Ritualteilnehmerin ist: Was kann ich schneiden? Analog der im August erntenden Bäuerin wäre der klassische Schnitt der Ernteschnitt. Die heutige Ritualfrau erntet indes eher die Früchte ihrer in die Welt gesetzten Lichtmessvision. Sie folgt damit dem anfangs beschriebenen Doppelaspekt von Ernte und Zerstörung. Sie sammelt Ernährendes für die kommende Zeit und tötet damit die alten, eventuell liebgewordenen Triebe. So wird die erntende Schnitterin Freude und Schmerz zugleich empfinden.

Im Verlauf meiner rituellen Arbeit sind über den Ernteschnitt hinaus noch viele andere Möglichkeiten des Kräuterweihschnitts entstanden. Das Ritual bietet eine starke Energie für Trennungen und kann für Abschiede von überreifen bis schon faulenden Lebensanteilen genutzt werden. Dies kann sich auf Wohn- und Arbeitsverhältnisse, aber auch auf emotionale Bindungen zu Personen beziehen. Im Sinne der Nutzung von kosmischen Energien besteht zu Kräuterweih die bestmögliche feinstoffliche Unterstützung für derartige, eventuell lang hinaus geschobene Entscheidungsschnitte. Genau wie zu Lichtmess fungiert auch in diesem Fall die Gruppe als Zeugin für die öffentlich im Ritualkreis vollzogene Schneidehandlung. Der zusehende Frauenkreis wird vor Schnitten zurückhalten, die im Alltag der rituell Agierenden nicht einzuhalten sind.

Vielleicht sind aufgrund dieser Öffentlichkeit von den Frauen meiner Gruppen viele vorsichtige Zwischenformen eines Trennungsschnittes entwickelt worden; zum Beispiel wurden zuwuchernde Hindernisse weggeschnitten oder kleine Öffnungen in angstbesetzte Felder dunkler Kindertage gemacht. Diese Zwischenstufen betonen die eigene Verantwortung in jeder rituellen Handlung und halten von einem passiven Wunderglauben an die große Göttin ab, als brauche frau selbst gar nichts zu verändern. Die konzentrierte Arbeit zu klären, welcher Schnitt gemacht werden will, sollte vor dem Ritual getan sein, sodass jede Frau, wenn sie zum Ritual geht, weiß, was sie schneiden wird. Zur Vorbereitung eignet sich unter anderem die unten beschriebene »Bewegungsmeditation mit dem Schneidewerkzeug« (siehe S. 137).

So gerüstet ziehen die Frauen am Festtag zum Ritualplatz. Jede hat ihr eigenes, zu Hause erwähltes Schneidewerkzeug mitgebracht.[13] Die Frauen sind rot-schwarz gekleidet wie das Doppelgesicht der Göttin zu Kräuterweih, oder sie tragen gedeckte Rottöne wie der Spätsommer. Nachdem das Ritual in der üblichen Weise eröffnet worden ist, werden zunächst die alten Kräutersträuße aus dem Vorjahr verbrannt. Die Rückführung ritueller Kraftgegenstände in den kosmischen Kreislauf ist eine wichtige spirituelle Notwendigkeit, die von Zeit zu Zeit geschehen muss.

Im Kräuterweihritual ist Gelegenheit, einmal Dank zu sagen an all die vielen spirituellen Kräfte, mit denen wir im zurückliegenden Jahr lehrreiche Erfahrungen machen durften. Der sich in den Kosmos verflüchtigende Rauch der verbrannten Sträuße hilft, Schmerzliches ziehen zu lassen und Abschied zu nehmen. In dieser Weise eingestimmt wandert anschließend jede Frau allein in die Landschaft hinein, um in Gestalt von Pflanzen magische Kraft für die anstehende dunkle Zeit zu sammeln. Sie wird mit jeder Pflanze sprechen, die sie erwägt zu schneiden und deren Einverständnis abwarten. Irgendwann stellt sich dann das Gefühl ein, genug pflanzliche Kraftträger gesammelt zu haben, und du kehrst zu den anderen auf den Ritualplatz zurück. Schweigend warten wir, bis der Kreis wieder geschlossen ist. Frau für Frau tritt nun einzeln an eine symbolisch gebildete Schwelle und vollzieht dort klar und deutlich ihren Schnitt. Gebärde und Worte verhallen, und du siehst dich verwundert um, dass es nun geschafft ist. Die anderen Schnitterinnen begrüßen dich jenseits der Schwelle, und meist ist an dieser Stelle auch eine kleine leibliche Stärkung fällig. Ohne Zittern und Tränen ist ein Schneideritual kaum zu schaffen und da hilft ein wenig rote Nahrung der Sommergöttin, sich wieder an die freudvolleren Aspekte dieses Festes zu erinnern.

Ein Letztes bleibt dann noch zu tun: Wir binden die Kräutersträuße und durchziehen sie mit einem roten Band als Symbol der Lebenskraft der Göttin, die auch in dunklen Zeiten nicht versiegt. Während des Bindens sprechen wir jede Pflanze noch einmal persönlich an. Es heißt, dass Geister schöne Worte, glitzernde Geschenke und andere flüchtige Schönheiten lieben. So zeigen wir den Pflanzenwesen mit dieser kleinen verbalen Huldigung unsere Ehrerbietung und bitten sie um die Entfaltung ihrer Kraft im Kräuterstrauß. Die Sträuße werden umtanzt, und wir danken den Elementen für ihre Unterstützung. Ein sommerliches Festmahl mit den Genüssen, die die scheidende rote Göttin zu dieser Jahreszeit auftischt, schließt sich an das Ritual an.

Wenn die Ritualteilnehmerin wieder nach Hause kommt, wird sie in ihrer Wohnung nach einem geeigneten spirituellen Platz für ihren Kräuterstrauß suchen. Traditionellerweise hängt er möglichst zentral an einer Wand oder über einer Tür, sodass er seine magische Kraft in der ganzen Wohnung verbreiten kann. Dort thront der Pflanzenbund nun ein Jahr lang wie eine Schutzgöttin, hütet Haus bzw. Wohnung und schaut dich in dunklen Tagen aufmunternd an, wenn deine Lebenskräfte nachzulassen drohen. Darüber hinaus ist jede Frau aufgefordert, ihre spirituelle Phantasie zu entfalten und sich in den nächsten Monaten immer wieder konkret mit einzelnen Pflanzen aus ihrem Strauß zu verbinden. So kann sie einzelne Blätter rituell verspeisen oder diese unter ihr Kopfkissen streuen und sich von ihnen im Schlaf begleiten lassen. Sie kann sie in einen Beutel einnähen und über Tag bei der Arbeit bei sich tragen oder noch andere Möglichkeiten erfinden. Traditionelle Empfehlungen gehen noch weiter; beispielsweise wird am Niederrhein und in der Eifel geraten, während eines aufziehenden Gewitters Zweiglein aus dem Kräuterbund auf der Herdplatte verglimmen zu lassen.

In anderen Gegenden wiederum wird der Strauß als Segensbringerin unter die Schwelle eines neuerbauten Hauses gelegt und fast überall wird er bei schweren Erkrankungen von Mensch und Tier unter die Nahrung gemischt.[14] Das Tanzrepertoire der Kräuterweihzeit enthält die ersten fröhlichen Erntetänze; größeren Raum aber nehmen Tänze ein, die mit pflanzlicher Kraft verbinden. An diesem Thema interessierte Frauen seien insbesondere auf das tänzerische Werk von Anastasia Geng verwiesen, in dem viele Choreographien zu Pflanzen, Blüten und Bäumen zu finden sind. Zum Schnitterinnenaspekt gehören zentrierende Tänze, die Rückschau auf das Erlebte der letzten Monate halten und in die Inhalte des anstehenden Schnitts führen. Um in den endgültigen Schnitterinnenentschluss zu finden, braucht es energetisch starke Tänze, damit die inneren Hemmnisse und Zweifel überwunden werden können.

Eine Sichel in der Tanzmitte, die die schneidende Korngöttin würdig repräsentiert, wird Herzen und Sinne gerade bei diesen Tänzen als zentrierendes Symbol stützen. Pflanzen aller Art bieten sich ebenfalls zum Schmuck der Kreismitte an, speziell der nach der Holle-Göttin benannte Holunder, dessen Beeren in diesem Monat ihre Farbe von rot zu schwarz wechseln.

Bewegungsmeditation mit dem Schneidewerkzeug

Zur Vorbereitung auf das Schnitterinnenritual gilt es zunächst, ein geeignetes Schneidewerkzeug zu erwählen. Was geeignet ist, lässt sich nicht in allgemeinen rituellen Regeln bestimmen. Nach meiner Auffassung ist jedes Jahr das passende »Instrument« neu zu suchen. In die Entscheidung fließt sowohl die persönliche Biografie als auch die aktuelle energetische Verfassung der sich auf das Ritual vorbereitenden Frau ein. Zuerst wird sie sich in ihrer Wohnung umsehen und dabei Diverses entdecken, das sie bislang noch nie aus dieser spirituellen Perspektive betrachtet hat. Profane Brotmesser oder praktische Gartenscheren bekommen plötzlich ein neues Flair. Frau wird sie in die Hand nehmen, das Gewicht und Gefühl aufmerksam spüren und so prüfen, ob sie mit diesem Hilfsmittel rituell schneiden will.

Ist sie nicht überzeugt, sucht sie nach anderen Möglichkeiten. Eventuell muss eine Stadtfrau im Gartencenter eine funkelnagelneue Sichel kaufen oder die Freundschaft mit der Landlesben-WG auffrischen, bei der noch Holz gehackt wird und sich dort die (Doppel-)Axt ausleihen. Irgendwann wird schließlich etwas in deiner Hand liegen, von dem du die Botschaft spürst: Dieses will mein Schnitterinnenwerkzeug im Ritual sein. Danach kannst du dich mit der folgenden Meditation vorbereiten.

Zunächst suchst du dir in deiner Wohnung (oder auch draußen) einen Platz mit etwas Bewegungsspielraum und lässt dich dort mit gekreuzten Beinen oder in einer ähnlichen, für deinen Körper möglichen Weise nieder. Du schließt die Augen, konzentrierst dich auf deinen Atem, bis du eine entspannte innere Zentrierung erreicht hast. Dann erst nimmst du das von dir ausgewählte Schneidewerkzeug in die rechte Hand (Linkshänderinnen in die linke).

Erprobe, welche Art und Weise der richtige Griff ist und prüfe, wie fest oder wie zart du zupacken möchtest. Nun konzentrierst du dich auf die Energie, die dir über diesen Griff entgegenströmt. Lass sie durch den Arm in deinen Körper eintreten und gib ihr eine Chance, auf deine Stimmung und innere Haltung einzuwirken. Lass diese Veränderung zu, ohne sie zu interpretieren.

Dann nimmst du die andere Hand und führst sie auf die Schnittfläche deines Instruments; betaste diese vorsichtig, als ob du sie ganz genau erforschen wolltest. Wenn deine Hand zur Ruhe gekommen ist, lässt du sie noch einen Moment dort liegen und konzentrierst deine Sinne auf die Schärfe und die metallische Qualität unter deinen Fingern. Lass auch diese Energie über den Arm in deinen Körper eintreten. Sei dabei vorsichtig, da es anfangs erschreckend sein kann, schneidende metallische Kraft deutlich im Körperinneren zu spüren.

Nach einiger Zeit lässt du die Hand wieder sinken, überprüfst noch einmal den Griff in deiner Rechten (oder Linken) und stehst dann – dein Schneidewerkzeug in dieser Art weiter haltend – behutsam auf. Geh zunächst ein paar Schritte kreuz und quer durch den Raum und beginne dann, dein Schnittinstrument zu bewegen und auszuprobieren, welche Schneidemöglichkeiten es dir bietet. Lass dir Zeit dabei und beginne immer wieder neu auf eine andere, vielleicht auch unüblichere Weise, damit zu schneiden.

Achte darauf, bei welchen Schneidegebärden du dich kraftvoll und authentisch fühlst. Das Gefühl der Authentizität ist deine wichtigs-

te Wegweiserin, die vielen Schneidemöglichkeiten auf eine konkrete Schnittgebärde zu reduzieren, denn nach einer ersten Zeit des freien Ausprobierens schränkst du nach und nach die vielen Möglichkeiten des Schneidens auf eine einzige ein, in der du dieses Gefühl der Authentizität verspürst. Wenn du dies erreicht hast, bleibe am Platz stehen und forme diese eine Schnittgebärde aus, sodass du sie in einer ritualisierten Form immer wiederholen kannst.

Steigere nun nach und nach die Intensität dieser Schnittgebärde bis zu der dir höchstmöglichen Stärke. Vergiss dabei das Ausatmen nicht und lass zu, dass eventuell Töne zu deiner Gebärde gehören. Mache nun dasselbe zum entgegengesetzten Pol: Lass die Schnittgebärde nach und nach so zart werden, wie es dir möglich ist. Falls zu deiner Gebärde ein Ton (oder ein Geräusch) gehört, lass diesen ebenfalls gleitend zarter werden.

Hast du die dir zartest mögliche Qualität erreicht, steigerst du die Intensität wieder bis zu dem Grad, an dem du erneut das Gefühl der Authentizität spürst. Erst jetzt machst du die Augen auf und siehst deiner eigenen Schnittgebärde zu. Sie kann dir Genaueres erzählen über das, was es im Ritual für dich zu schneiden gibt.

Göttin mit Tauben (Kreta)

Choreographien

»Geben und Nehmen«

Nanni Klokes Choreographie »Geben und Nehmen« arbeitet mit fünf schlichten Gebärden, die an die Haltung steinzeitlicher Frauenfiguren erinnern. Im monotonen Wiederholen dieser Gebärden auf der Basis nur einer einzigen Schrittkombination entsteht das Bild einer getanzten Anrufung. Das Thema ist mit dem Titel vorgegeben: Geben und Nehmen. Rituell gesehen ordnet dieser Titel den Tanz damit der Gattung der Erntetänze zu, die sich speziell der Thematik von Geben und Nehmen widmen.

Erscheint das Ernten dem profanen Auge nur als fröhlicher Akt des Früchteeinsammelns nach harter Arbeit, so ist in der spirituellen Perspektive gerade an dieser Stelle im Jahreskreis auf die Wahrung des Gleichgewichts zu achten. Die geernteten Feldfrüchte sind in der matriarchalen Vorstellung Geschenke der Göttin. Die Erde, die als ihr Körper gilt, soll nicht ihrer Kräfte beraubt werden, wenn wir ihre Früchte und Gaben ernten. Geben und Nehmen muss im Gleichgewicht bleiben (siehe auch den »Narini-Tanz« S. 84). Vielerorts wurde deshalb noch lange die Sitte der letzten Garbe gepflegt. Sie wurde in besonderer Weise geschmückt und geehrt; als symbolischer Dank an die Göttin bleibt sie auf dem Feld stehen, bis die Frühjahrsarbeiten im neuen Jahr beginnen. Überhaupt heißt es bei vielen Bäuerinnen immer noch ein Feld oder ein Beet sollte nie gänzlich abgeerntet werden, sonst würde dessen Kraft versiegen. Deshalb gucken im Garten einer spirituellen Bäuerin immer ein paar zerzauste Lauchstängel oder angeknabberte Kohlköpfe aus dem winterlichen Beet hervor, sodass die Erdwesen sich ihren Dank nehmen können.

Der Tanz »Geben und Nehmen« geht über derartige Lokalbräuche weit hinaus oder – zeitlich gesehen – weit davor zurück. Hier sind keine einfallsreichen spirituellen Dankgeschenke gemeint, sondern eine Ebenmäßigkeit im kosmischen Geben und Nehmen, die in der Würde der Tanzgebärden ihren Ausdruck findet. In jeder Tanzsequenz stehen Geben und Nehmen im Einklang und lassen die feinen Beziehungen im kosmischen Geflecht nie aus dem Gleichgewicht kommen.

In diesem Sinn hätte der Tanz in jedem Ritual eine wichtige Aufgabe. Energetisch entspricht er der polaren Spannung zu den Tagundnachtgleichen und ist zu diesen Ritualen harmonisch zu tanzen. Wenn ich ihn für die Schnitterinnenzeit vorschlage, kommt dem Tanz eher die Funktion einer rituellen Wächterin zu: Im Eifer der Anstrengungen, die der Ernteschnitt erfordert, geht die Aufmerksamkeit für die rituelle Regel von Geben und Nehmen leicht verloren. Die Intensität dieses Tanzes erinnert die rituell Agierenden an dieses Gleichgewicht und wird zudem das eigene Gleichgewicht zu dieser exponierten Situation im Jahreskreiszyklus erneuern helfen.

Tanzbeschreibung »Geben und Nehmen«

Choreographie: Nanni Kloke *(© Nanni Kloke, Harmonien, pan 166, Musikverlag Pan AG, Zürich.)*
Musik: Karewe yom (israelisch) / CD 2, Stück Nr. 1

Aufstellung: —⋔— im Kreis; jede für sich. Die Hände ruhen auf dem Lebenszentrum im Unterbauch.

Richtung	4/4-Takt	Zählzeit	Beschreibung
↑⋔	1	1-2	re-li; die Hände öffnen sich dabei nach vorne (Beckenhöhe), die Handflächen zeigen zur Erde
—⋔—		3-4	tiefer Wiegeschritt re-li (das Becken zeichnet dabei eine liegende Mondsichel)
↑⋔	2	1-2	re-li die Hände wenden sich, sodass die Handflächen nach oben zeigen
—⋔—		3-4	wie oben
⋔↓	3	1-2	re-li beide Arme werden in dieser geöffneten Handhaltung in die Höhe geführt (fast bis zur Streckung)
—⋔—		3-4	tiefer Wiegeschritt re-li, die Arme vertiefen sich zur W-Haltung, (Handrücken zeigen dabei zur Mitte)
⋔↓	4	1-2	re-li die Unterarme werden in einem Halbkreis nach unten geführt, kreuzen aneinander vorbei und kommen auf dem Bauch in der Ausgangsposition zur Ruhe
—⋔—		3-4	wie oben

Takt 1-4 fortlaufend wiederholen.
Der Tanz endet in der meditativen Haltung der Ausgangsposition.

Didaktische Hinweise

Der Tanz ist leicht zu erlernen und zu lehren. Dies birgt jedoch die Gefahr in sich, dass der tänzerischen Ausführung zu wenig Aufmerksamkeit gewidmet wird. »Geben und Nehmen« erhält seine energetische Intensität aber durch die genaue Ausführung der Bewegungen und Gebärden. Um dem Tanz rituelle Kraft zu geben, sollten die Tänzerinnen auf jede individuelle Verzierung verzichten und ein monotones Gleichmaß im Tanz anstreben. Der Tanzkreis wird so zu einem einzigen Körper, obwohl der Tanz in den Gesten die Tanzenden nicht körperlich miteinander verbindet.

Zu achten ist ferner auf die Verbindung zur Erde während des ganzen Tanzes. Die Gebärden von Geben und Nehmen stehen immer in feinstofflicher Beziehung zur Erdenergie. Der Wiegeschritt wird tief ausgeführt mit einer erdbetonten Bewegung des Beckens, die eine liegende Mondsichel nachzeichnet.

»Tanz der Schwertfrau«

Die »Schwertfrau« baut in der Tänzerin das Kraftfeld eines Entschlusses auf; die energetischen Schritte und die vor der Brust verschränkten Arme geben das Gefühl innerer Standkraft, auch wenn der gewohnte Boden nicht bleiben wird. Dieses Gefühl wird gestützt vom eindringlichen Rhythmus der Musik. Mari Boine besingt ihren nicht mehr zu erschütternden Entschluss, alte Fesseln zu zerreißen. Sie will frei sein, einer neuen Sehnsucht zu folgen. Der Tanz besiegt die letzten inneren Zweifel. Am Ende steht eine entschiedene Schwertfrau.

Bei der Choreographie fallen die eigentümlich steifen, aber gerade darin ausdrucksstarken Bewegungen auf. In die Welt magischer Symbolik übertragen, tanzt die Frau das Schwert ihres Entschlusses und zwar in einer Art und Weise, in der sie selbst mit ihrem gestreckten Körper das Schwert verkörpert.

In der klassischen magischen Lehre spielt das Schwert

eine große Rolle, wie es auch die Tarotkarten in ihrem Satz der Schwerter überliefern. Die Reihe der Schwertkarten steht im Tarot für die Schärfe der Verstandeskraft, für das Zerschlagen von fesselnden Projektionen und die eindeutige Haltung in zweideutigen Situationen.

Die Schwertkraft entspricht der vertikal aufsteigenden Energie der Wirbelsäule. Gesunde Schwertkraft verbindet Herz und Hirn mit dem lebendigen Kessel im untersten Chakra und ist somit keineswegs kaltblütig. Aber sie lässt sich nicht mehr in die Chaotik dieses Gefühlskessels hineinziehen, sondern transformiert jene Energie in die schneidend-klare Kraft des Geistes.

Die Schwertfrau schaut von oben herab auf das Geflecht ihres Lebens. Mit dem Leib steckt sie darinnen, doch der Kopf guckt quasi heraus und vermag fesselnde Muster zu erkennen. Deshalb ist die Schwertfrau die Spezialistin für Entscheidungen. Nicht, dass ihr solche Herzensentschlüsse nicht weh täten. Aber sie lässt sich niemals bis über den Kopf in etwas verwickeln. Ihr »würdevolles Auge«[15] schaut immer heraus und schenkt ihr Bewusstheit im Durcheinander ihres Lebens.

Der »Tanz der Schwertfrau« kann dir helfen, selbst zu einer Schwertfrau zu werden, wenn du aufkommende Verstrickung in deinem Leben bemerkst. Die entschiedenen Schritte werden deine Wirbelsäule stärken und die Energie nach oben treiben in das Kraftfeld des Überblicks. Gefühle werden nicht abgetötet, aber du übst, ihnen ins Auge zu schauen. Daraus entsteht die Freiheit, sich für oder gegen etwas zu entscheiden. Die Schwertfrau ist geboren.

Schwerttänze sind alt und spielen in vielen Traditionen eine wichtige spirituelle Rolle. Manchmal ist diese hinter virtuosen Bühnenaufführungen kaum noch zu erkennen wie bei der Schwert tragenden Frau aus der orientalischen Tanzkunst, manchmal gibt es aber auch noch deutliche Beispiele wie in den Tänzen des koreanischen Schamanismus. Hi-ah Park etwa berichtet von ihrer Initiation zur Schamanin, bei der sie nach langen Vorbereitungen mit zwei scharfen Schwertern zu tanzen hatte.[16] Diese symbolisierten ihre Todesangst, die sie besiegen musste. Erst danach war sie in der Lage, mit bloßen Füßen auf den Klingen zu stehen. Diese Fähigkeit wird hier nicht als technisches Können, sondern als innere Freiheit verstanden, welche die Initiantin mit ihrem Tanz zu beweisen hat.

Wir werden die »Schwertfrau« mit bescheideneren Ansprüchen und mit weniger scharfen Schwertern tanzen. Doch wird es die Würde des Tanzes verstärken, wenn wir die Bewegungen im kraftvollen Bewusstsein solch alter Schwerttanztraditionen ausführen.

Tanzbeschreibung »Schwertfrau«

Choreographie: Nanni Kloke unter dem Titel »Strahlendes Auge« *(© Natural Dance Productions 1997, mit Genehmigung von Nanni Kloke)*
Thematische Anpassungen zur »Schwertfrau«: Ziriah Voigt
Musik: Mari Boine »Cuvges vuovttat, duodalas calbmi« (samisch)

Aufstellung:  geschlossener Kreis; Arme in T-Haltung

Richtung	12/8-Takt	Zählzeit	Beschreibung
	**1**	1	re seit
		2	li kreuzt vor (plié). Dabei neigt sich der Oberkörper tief nach unten und die Arme werden mit gestreckten Händen vor den Beinen gekreuzt
		3-4	re seit-li ran (das Anstellen erfolgt energisch aus einem kleinen plié in die Streckung). Die Arme gehen dabei in eine verschränkte Haltung vor die Brust, aber mit Abstand vom Körper
	**2**	1-2	li seit-re ran(Schrittqualität wie oben).
		3-4	re rück-li vor (energischer, eher gestreckter Wiegeschritt)
	**3**	1-2	re-li (Wiegeschritt wie oben)
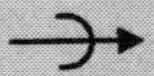		3-4	re-li (Vorwärtsschritte)
	**4**	1-2	re-li (Wiegeschritt wie oben). Dabei öffnen sich die Arme gestreckt in die Breite zur T-Haltung (der Kreis ist verbunden)
		3-4	re-li (Vorwärtsschritte)

Takt 1-4 fortlaufend wiederholen.
Die Musik ist bis zum Ende auszutanzen, sodass der Tanz mit der verschränkten Armhaltung von Takt 1 als Schlussposition endet.

Didaktische Hinweise

Der Tanz »Schwertfrau« erfordert die Fähigkeit, Arm- und Bein-
bewegungen unabhängig voneinander ausführen zu können. Da
dies manchen Frauen schwer fällt, ist es ratsam, den Tanz zunächst ohne Armbewegungen einzuführen. Zum Üben empfehle
ich die vor der Brust verschränkten Arme als Grundposition.
Dabei sollten die Arme einen gewissen Abstand zum Körper
haben, sodass eine Erweiterung des persönlichen Kraftfeldes
zu spüren ist. Geschieht dies, weckt die Haltung zugleich den
Geist der Schwertfrau in den Übenden.
Schwert- bzw. Entschlusskraft ist dem Luftelement zuzuordnen; frau sollte beim Tanzen durchatmen. Wird auf den
Atemfluss geachtet, wirken die steifen Schwerttanzbewegungen
nicht hölzern, sondern kraftvoll. Frau fühlt den Überblick.

Wenn sie nun die Armbewegungen dieses Tanzes lernt, kann
sie beim Öffnen der Arme die schneidende Kraft ihres Schwer-
tes spüren und die dabei entstehende Freiheit im Herzen. Diese
ruhig und klar öffnende Bewegung ist nicht einfach auszuführen und erfordert gesammelte Konzentration. Die Berührung
mit den Nachbarinnen bei der anschließenden T-Haltung muss
in den Körperabständen vorab geprobt werden, damit sie im
Tanz nicht zu viel Aufmerksamkeit beansprucht.
Bei der »Schwertfrau« wird jeder Schritt kraftvoll und bo-
denständig getanzt. Trotzdem sind gerade die Anstellschritte
keine Stampfer. Auf solche Feinheiten ist zu achten, da Stampf-
schritte in ein anderes Energieniveau führen würden. Bei dem
Anstellschritt geht der Körper jeweils aus einem leichten Plié in
die Streckung, während bei den dann folgenden Schritteinheiten die Knie durchgestreckt bleiben, als ob sie sich nicht mehr
erschüttern ließen.

»Ringelblumentanz«

Stellvertretend für die Gattung der Heilkräutertänze sei hier der
»Tanz der Ringelblume«, choreographiert von Anastasia Geng[17],
beschrieben. Die Ringelblume ist eine Pflanze, die mit ihren
leuchtend gelborangenen Blüten den vordrängenden Herbst-
kräften zu trotzen scheint; in manchen Jahren versteht sie bis

in den November hinein zu blühen. Solch eine Pflanze muss einen mächtigen Geist haben und so wurden der Ringelblume seit alten Tagen magische Kräfte zugeschrieben. Ihr im Volksmund überlieferter Name »Niewelkblume« bringt dies zum Ausdruck. Die Ringelblume wird in klassischen Liebeszaubern verwendet, um erblühte Liebe nicht welken zu lassen; sie spielt aber auch auf Friedhöfen eine große Rolle, da sie unerschöpfliche Lebenskraft widerspiegelt und den Menschen Trost gibt.[18]

Ihre sonnenradförmige Blüte zeigt deutlich, dass sie eine Freundin und Schwester der Sonne ist. Sie kostet jeden Sonnenstrahl aus und streckt ihm ihre Blüten entgegen. An diese Qualität erinnert die erste Passage der Choreographie; die Tänzerinnen verwandeln ihre Arme in das goldene Blütenblatt der Ringelblume und öffnen und schließen es mit dem Licht. Nach dieser romantischen Guten-Morgen-Gymnastik der »Ringelblume« steigert sich das Tempo des Tanzes in zwei Schritten. Die Ringelblume hat aus diesem morgendlichen Sonnenbad offensichtlich Kraft gewonnen.

Die Gruppe der Tanzenden setzt sich in Bewegung, rollt sich ein und wieder aus, bis sich das Gebilde zu einem immer schneller drehenden Ringelblumenrad verändert. Nun aber kann die Form nicht mehr gehalten werden und platzt auf. Die Ringelblumenfrauen fliegen mit Tempo aus dem Kreis heraus in alle vier Himmelsrichtungen und verstreuen ihre Samen in die Welt.

Die »Ringelblume« ist sehr gut zum Spätsommer und den ganzen Herbst über zu tanzen, wenn Frauen sich mit deren Ausdauer und Kraft als »Niewelkblume« verbinden wollen. Die Schlussphase der Choreographie bietet jeder Frau zudem eine tänzerisch-rituelle Möglichkeit, auch persönliche Samen, die in diesem Jahr gereift sind, in die Welt zu streuen und zu verbreiten.

Tanzbeschreibung »Ringelblume«

Choreographie: Anastasia Geng
Teil B und C in einer Variante von Ziriah Voigt
Musik: Fraunhofer Saitenmusi »Bauerntanz 16. Jahrhundert und Salzburger Dreher« / CD 2, Stück Nr. 2

Aufstellung: ─⟩─ geschlossener Kreis; linke Hand ruht auf der linken Schulter der vorderen Tänzerin, der herabhängende rechte Arm konzentriert sich auf das Bild des Blütenblattes

Richtung	4/4-Takt	Zählzeit	Beschreibung
Teil A: langsam	1-2	1-8	re Arm öffnet sich seitwärts, streckt sich mit der Innenfläche der Sonne entgegen und wird langsam in einem Bogen nach oben geführt
	3-4	1-8	Arm wird langsam wieder abwärts geführt
	5-8		wie Takt 1-4
	9-12		wie Takt 1-4
Teil B: Tempo steigert sich	1-2	1-8	re-li-re-li :‖ die Arme re bewegen sich dabei leicht in der Blütenblattbewegung wie in Teil A
	3-4		wie Takt 1 und 2
	5-6	1-8	re-li-re-li :‖ (sehr kleine Schritte) die Arme wechseln zur V-Haltung und werden zum Himmel geführt
	7	1-4	re-li-re-li (180°-Drehung am Platz). Dabei werden die Arme – ohne loszulassen – über die Köpfe geführt und mit eingedreht
	8	1-4	re-li-re-li; die Eindrehung wird gegenläufig wieder aufgelöst
Teil C: Tempo steigert sich noch einmal	1-2	1-8	re-li-re-li :‖ Arme senken sich zur V-Haltung
	3-4	1-8	re-li-re-li :‖ (Laufschritte)
	5-6		wie Takt 3+4 (schneller werdend)
	7-8		wie Takt 3+4
frei im ganzen Raum	9-16		die Hände lösen sich, jede Frau tanzt frei weiter und bläst von ihrer Hand die Ringelblumensamen in die Welt

Die Musik gibt ein kurzes Zwischenspiel, bevor sie wieder mit Teil A einsetzt und ein zweites Mal die Folge A bis C spielt. Mit den letzten Tönen von Teil C kommen die Tänzerinnen wieder im Kreis zur Ausgangsstellung zusammen.

Didaktische Hinweise

Der »Tanz der Ringelblume« weckt – gestützt von der heiteren Volksmusik – die Fröhlichkeit längst vergangener Kindertage. Es werden sich Kindergruppen an diesem Tanz erfreuen, aber

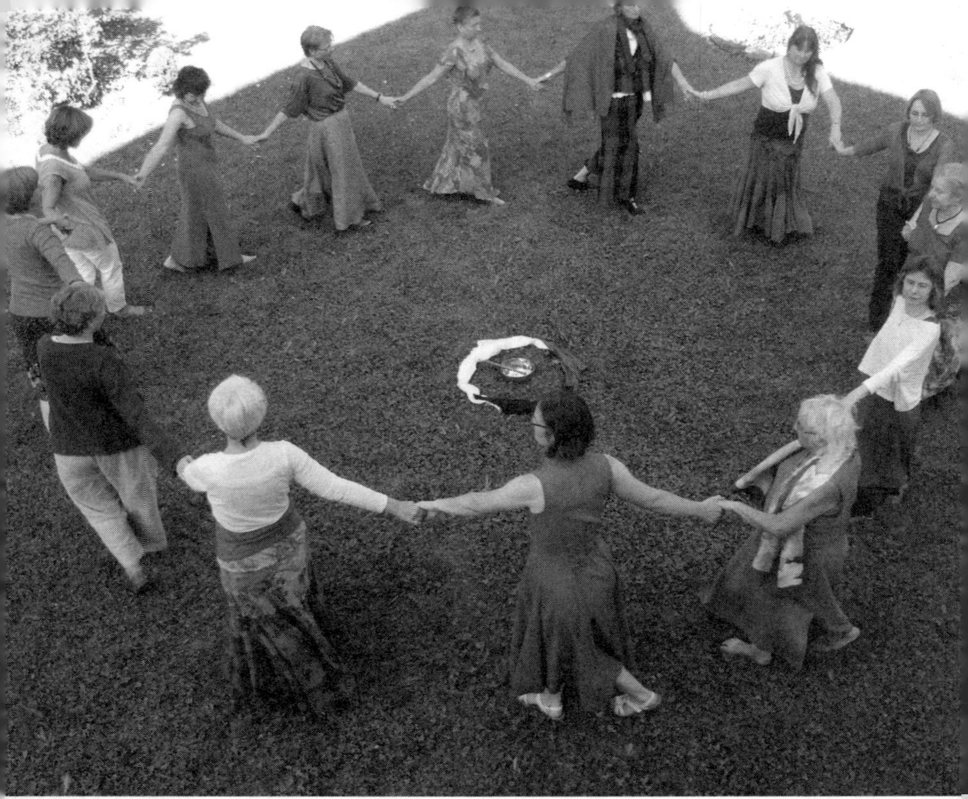

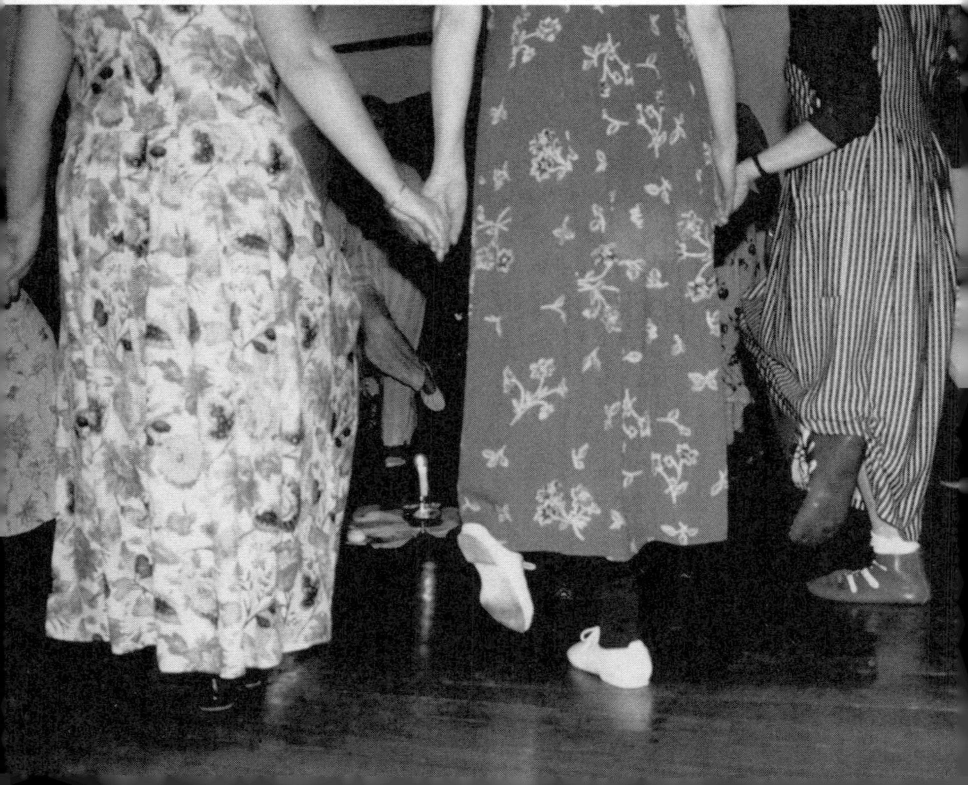

ebenso Erwachsene, die diese Qualität lange nicht mehr ausgetobt haben. Ein wenig muss darauf geachtet werden, dass das Tempo im dritten Teil nicht von Einzelnen überzogen wird und langsamere Frauen zum Stolpern bringt. Jedenfalls braucht es rutschfeste Schuhe für diesen Tanz, um das Tempo auch genießen zu können.

Der lyrische Teil zu Beginn kann von der Gruppe synchron getanzt werden wie eine einzige Blüte. Die Choreographie gestattet aber ebenso die Möglichkeit, Art und Tempo der Bewegung in diesem Anfangsteil individuell auszugestalten. Für die letztere Variante spricht, dass sich dabei jede Tänzerin besser auf das persönliche Aufnehmen von Sonnenenergie konzentrieren kann. Um das »Niewelken« dieser beständigen Pflanze anzudeuten, achte ich darauf, dass sich zum Ende des Tanzes noch einmal alle Tänzerinnen im Kreis zu einer einzigen Blüte zusammenfinden.

Herbsttagundnachtgleiche – Geschenk an die Erde

Mit dem Ritual der Herbsttagundnachtgleiche treten wir in die dunkle Hälfte des Jahres ein; die Tagkräfte ziehen sich mehr und mehr zurück, sodass unsere Aufmerksamkeit auf die inneren Vorgänge der Verwandlung gelenkt wird. Nach der Vorstellung der matriarchalen Mythologie befinden wir uns nun im Erdkessel der Göttin, in dem sich die Lebenskräfte zur Winterzeit sammeln und erneuern. Die Natur wandelt sich in diesen Wochen in den goldenen Herbst und lässt noch wenig von den Geheimnissen der unteren Welt spüren.

Meist geschieht dieser herbstliche Wandel allmählich über einen längeren Zeitraum[1] und nicht abrupt wie der erste Ernteschnitt der roten Schnitterin. Das Gleichgewicht von Tag und Nacht, von Wachstums- und Todeskräften lässt Zeit, sich in den Wandlungsprozess einzufügen und den Weg in die dunkle Zeit zu beginnen. Von allen Jahreskreisritualen weisen die Tagundnachtgleichen die ruhigste Energie auf. Diese wirkt nicht nur am astronomisch korrekten Gleichgewichtspunkt von Tag und Nacht (meist am 21. September), sondern strahlt weit über das rituelle Datum hinaus. So hat unsere Seele die harmonische

Unterstützung des Kosmos, mit diesem nicht leichten Übergang umzugehen. Denn trotz aller herbstlichen Schönheit sind einige Menschen in diesen Wochen vom Schwermut des Abschieds geplagt und kämpfen gegen die sich vordrängenden Todeskräfte an. In den Industriekulturen hat die Entwurzelung vom Naturzyklus solch typische Herbstdepressionen noch verstärkt. Abgeschnitten vom Zusammenhang des Jahreskreises wird das herbstliche Sterben nicht mehr als notwendiger Prozess verstanden, sondern als brutaler Tod, gegen den man sich wehren möchte und dem man doch machtlos zusehen muss.

Anna Dinkelmann[2] stellt die These auf, dass vor der Gartenund Ackerbaukultur eine Begegnung mit der dunklen Kraft im Zentrum des Herbsttagundnachtgleicherituals gestanden habe. Erst die immer größer werdende Bedeutung der Landwirtschaft in unseren Breitengraden habe den Charakter dieses Festes zu den heute im Mittelpunkt stehenden Erntedankriten gewandelt. Für die rechtsrheinischen germanischen Gebiete ist bekannt, dass noch bis zum Jahr 14 u.Z. die ansässigen Stämme jährlich ein großes Herbstritual begingen.[3] Es wurde zu Ehren der germanischen Erdgöttin Tanfana (manchmal auch Tamfana genannt) gefeiert und zelebrierte beide Aspekte – Ernte wie Ehrung der Totenwelt. Leider sind keine Einzelheiten dieses Tanfanaritauls erhalten geblieben, wir wissen nur, dass der Göttin von der eingebrachten Ernte Opfer dargebracht wurden.

Opfergaben aller Art werden immer wieder als rituelle Tradition zum Herbstäquinoktium genannt. Fast selbstverständlich erscheint es, der Göttin von den geernteten Feldfrüchten ein entsprechendes Opfer darzubieten. Auch das Trankopfer vom frisch gebrauten Bier oder ersten Wein gehört dazu. Schwieriger wirkt auf uns das ebenfalls überlieferte Blutopfer eines Tieres, das mancherorts heute noch in Form eines Hahnenopfers vollzogen wird.[4]

Blut gehört jedoch als konzentrierte Lebenskraft zu den ältesten rituellen Elementen und ist als Opfer wie als magisches Mittel in vielen kultischen Traditionen eingesetzt worden. Feministische Forscherinnen haben seit langem darauf aufmerksam gemacht, dass das ursprüngliche Blutopfer das Menstruationsblut der Frauen gewesen ist. Dieses beinhaltete das weibliche Geheimnis, Leben zu geben. Es konnte in den kosmischen

Kreislauf geschenkt werden, ohne dass jemand verletzt oder gar getötet werden musste; als Zeichen der Fruchtbarkeit wurde es in matriarchal geprägten Kulturen bei Aussaat und Ernte in die Ackererde gemischt. Im Verlauf der Patriarchalisierung der Jahreskreisriten ist leider das Wissen um dieses natürliche Blutopfer verloren gegangen – das Tieropfer trat an seine Stelle. Ich nehme jedenfalls an, dass auch das zum Herbstäquinoktium überlieferte Tieropfer ursprünglich ein Menstruationsblutgeschenk war.

In der antiken Mythologie finden wir für den Herbst noch andere Motive, die kultische Traditionen dieser Jahreszeit geprägt haben. Die sich zurückziehenden Naturkräfte wurden häufig als Tod geliebter Vegetationsgottheiten erlebt, andere Schilderungen sind gewaltsamer und beschreiben in Mythen die herbstliche Veränderung als Raub einer häufig weiblichen Gottheit. Am bekanntesten sind die eleusinischen Mysterien (siehe auch den Tanz »Weg nach Eleusis«, S. 185), die in Griechenland alljährlich bis zum Jahr 381 im September gefeiert worden sind. Nach der homerischen Fassung des Mythos blieb die mächtige Korngöttin Demeter im Herbst als trauernde Mutter zurück, die überall weinend ihre geraubte Tochter sucht. Das Herbstritual wurde zum Klageritus anlässlich der Gewalt des Totengottes, der die junge Persephone alljährlich in sein dunkles Reich zwingt.

Nun ist das männliche Geschlecht von Totengottheiten in der Mythologie relativ jung. Ursprünglich gehörte zum Bild einer Göttin, die das Leben hervorbrachte[5], auch die Vorstellung, dass sie die Macht hatte, Leben zu nehmen. Dieser Doppelaspekt im matriarchalen Göttinnenbild ist vermutlich die Basis für den Mythos von den eleusinischen Göttinnen Demeter und Persephone. Gabriele Meixner[6] deutet das in der Ikonographie teilweise völlig gleich gestaltete Mutter-Tochter-Paar (siehe Abbildung S. 76) als Göttinnendualität, die in ihrer Tradition bis in die Jungsteinzeit zurückreicht. Aus dieser Zeit sind zwillingshafte Frauenpaare in auffällig vielen Beispielen erhalten. Einige dieser Figuren stellen offensichtlich eine Dualität von Vegetationsgöttinnen dar, von denen eine die Zeit des Wachstums und die andere die Zeit der Saatruhe repräsentiert. Für diese Deutung spricht auch die Tatsache, dass die meisten dieser Doppelfiguren an einer Stelle wie zusammengewachsen erscheinen, sodass die eine nicht getrennt von der anderen existieren kann.

Übertragen wir dies auf den antiken Mythos von Demeter und Persephone, lässt sich hinter der bekannten Fassung eine ältere Schicht vermuten, in der Persephone nicht die der Mutter geraubte Tochter war, sondern eine ihr ebenbürtige Göttin, die das Wissen und die Gesetzmäßigkeiten der winterlichen Hälfte des Naturzyklus repräsentierte.

An zwei Stellen im Jahr wechselt die Macht von der Hand der einen Göttin in die der anderen, und doch machen die paarigen Abbildungen deutlich, dass immer beide für den Zyklus verantwortlich sind. So ist die Herbsttagundnachtgleiche im matriarchalen Sinn ein Ritual der Machtübergabe von einer der beiden dualen Vegetationsgöttinnen zur anderen. Wir sind an dieser rituellen Schwelle aufgefordert, uns dem alten Wissen um die mythischen Frauenpaare zu stellen und mit ihrer Hilfe den Naturzyklus als Ganzes zu begreifen. Für das Ritual müssen wir folglich nach einer Möglichkeit suchen, diese Dualität auszudrücken. Luisa Francia schlägt beispielsweise für die Herbsttagundnachtgleiche – nach ihrer Zeitzählung der zwölfte Mond – ein Lilithritual mit Hilfe einer selbstgestalteten Fetischpuppe vor.[7] Das kommt für mich dem Thema schon recht nahe, allerdings liegt der Schwerpunkt bei Francias Ritual mehr auf der Konfrontation mit unterdrückten gewalttätigen Emotionen als auf der Feier einer schwesterlichen Göttinnendualität; das Ritual könnte aber in diesem Sinne abgewandelt werden. Andere Möglichkeiten sind, mit natürlichen (zum Beispiel Gewässern) oder künstlichen Spiegeln zu arbeiten.

Egal welcher Weg für das Ritual gewählt wird, für den kosmischen Platz der Herbsttagundnachtgleiche ist es wichtig, den Wechsel der Perspektive bewusst zu begehen. Es gilt, dasselbe Phänomen erst aus der Sicht der einen Gestalt und dann aus der Sicht der anderen zu betrachten. Es gilt zu erkennen, dass immer beide anwesend sind, auch wenn du nur eine zu hören glaubst. Wenn es dir im Ritual gelingt, wirklich beiden zu lauschen, gewinnt jede – bei aller zwillingshaften Ähnlichkeit – ein eigenes Profil und du wirst beide schätzen lernen. Die anfangs unbekannte, etwas düster erscheinende Schwester wird zur wissenden Gefährtin, der du nun leichteren Herzens in die noch unbekannte dunkle Hälfte des Jahres folgen magst.

Ein anderer Weg für das Herbstritual ist, es im Sinne von Erntedankriten zu feiern. Diese gehören ursächlich in den bäuerlichen Zusammenhang[8] und stellen im landwirtschaftlichen Jahr den Abschluss der Erntearbeiten dar. In den meisten Landstrichen standen zur Herbsttagundnachtgleiche die Riten um die letzte Garbe im Zentrum dieser Erntefeiern. Aus magischen Gründen erntete man ein Feld früher nie völlig ab, sondern ließ an den vier Ecken oder in der Mitte eine zentrale Garbe stehen. In diese zogen sich nach dem alten Glauben die Wachstumskräfte der Göttin zurück. Deshalb gab man der Garbe mancherorts ein weibliches Aussehen oder fütterte sie im Herbstritual mit Speisen und Getränken.[9] Bei der Aussaat im neuen Jahr wurde diese letzte Garbe dann als Trägerin weiblicher Fruchtbarkeitskräfte in den Acker mit eingepflügt. Zu den Riten um die letzte Garbe gehörten zentral die kultischen Erntetänze. Im Spessart mähte man zunächst eine sonnenradförmige Scheibe frei, die dann von Schnitterinnen im sogenannten »Waultanz« umtanzt wurde.[10]

Gestalten wir heute ein Herbstritual für Frauen, die ohne Zusammenhang zur landwirtschaftlichen Arbeit leben, müssen die Riten der Erde im übertragenen Sinn gedeutet und gefeiert werden. In meinen Gruppen gehe ich von den zu Lichtmess und Frühlingstagundnachtgleiche begonnenen Prozessen aus; mit Hilfe einer Meditation hält jede Frau zu Herbsttagundnachtgleiche Rückschau auf ihr Jahr, auf die Ernte, die sie einbringen durfte, und auf den Überfluss, für den sie danken will. Wir haben dann ein Tanzritual des Schenkens entwickelt, in dem jede von dem Überfluss, den sie in diesem Jahr erfahren hat, etwas an die Erde zurückgibt. Das Schenken geschieht über ein symbolisches Schrittmuster, das in komprimierter Form die Energie von Reichtum und Fülle enthält, die die Einzelne in diesem Jahr spüren konnte.[11]

Im Ritual gibt jede Frau das Muster mit ihren Füßen ganz konkret in den Erdboden. Dreimal tanzt sie es auf die Erde, während die übrigen Frauen diese geschenkte Energie der Fülle mit einem Rührtanz (siehe »Ritueller Rührtanz« S. 157) in den Erdkessel hineinrühren. Frau für Frau gibt auf diese Weise ihren Reichtum in die Erde, sodass der Kreislauf von Geben und Nehmen wieder geschlossen ist. Dieses Ritual ist Dank und Geschenk zugleich und tritt als moderne Form an den Platz alter Opferriten. Es führt über die ökologischen Zusammenhänge in die spirituelle Verantwortung und zur inneren Erkenntnis, dass auch das scheinbar magerste Jahr in irgendeiner Weise Reichtum und Überfluss geschenkt hat. Als Ritual für die Erde gefeiert, stehen zu Herbsttagundnachtgleiche alle erdigen Farbnuancen wie Ocker oder Braun im Blickfeld des rituellen Geschehens. Getreide und andere Früchte des Feldes schmücken den Ritualplatz, der beispielsweise ein abgeerntetes Feld sein kann. Zusätzlich zum spirituellen Geschenk unseres inneren Reichtums bringen wir Speisen und Getränke mit, die wir an die Wesen des Ortes verteilen.

Im Kreiszentrum kann als Symbol für die untere Hälfte des Jahres auch ein großer Kessel stehen, dessen dunkle Tiefe etwas von den Geheimnissen der winterlichen Ruhezeit erahnen lässt. Steht der Abschluss der Erntearbeiten im Vordergrund, könnten um die Ritualmitte Sicheln und andere Erntegeräte gelegt werden.

Neben den schon genannten Ernte- und Arbeitstänzen[12] gehören in die Zeit der Herbsttagundnachtgleiche kultische Tänze, die das kosmische Gleichgewicht zwischen Hell und Dunkel[13] betanzen. Die Grundform für diese Tänze der Ausgewogenheit ist die Achterschleife, die wir als Muster auch zum anderen Gleichgewichtspunkt im Jahreskreis, dem Frühlingsäquinoktium, tanzen. Überhaupt ist es stimmig, viele Tänze des Frühlingsrituals zum Fest der Herbsttagundnachtgleiche wieder aufzunehmen, um die verbindende Achse zwischen diesen beiden Ritualen zu betonen. Im Sinne der matriarchalen Göttinnendualität ist eine integrierende Beziehung zwischen den Ritualen wichtig. Zudem erfährt das Bewusstsein einer Tänzerin den Perspektivwechsel am deutlichsten, wenn sie dieselben Tänze noch einmal tanzt und nun ihre Wirkung aus der entgegengesetzten kosmischen Position spürt.

Meditation »Mein innerer Reichtum«

Die Meditation »Mein innerer Reichtum« ist die Basis für das Tanzritual des Schenkens, das ich zu Herbsttagundnachtgleiche vorgeschlagen habe.[14] Sie kann aber auch unabhängig davon als persönliche Übung zu anderen Zeiten im Jahr durchgeführt werden. Du brauchst für die Meditation einen Platz, an dem du eine Weile ungestört liegen kannst und der dir auch etwas Bewegungsspielraum für den späteren Energietanz deines Reichtums bietet.

Lege dich an dem vorbereiteten Platz auf den Rücken, decke dich zu und schließe die Augen. Konzentriere dich auf dein Ausatmen und gib dich dabei mehr und mehr der Entspannung hin. Fühle das Gewicht deines Körpers, wie es in die Unterlage einsinkt ...

Visualisiere nun den Innenraum deines rechten Fußes, schicke deinen Atem dorthin und spüre die Räume und Nischen, die dein Fuß enthält ... Nimm dein Fußgelenk wahr ... und wandere dann mit deiner Aufmerksamkeit höher in deine rechte Wade hinein und versuche wieder, sie von innen als Raum zu fühlen ... Nimm dein Kniegelenk wahr ... den Raum deines Oberschenkels ... den Übergang ins Becken ... nimm deine rechte Hüfte wahr. Lass dir Zeit, sie in ihren unterschiedlichen Räumen zu erspüren ... Nimm deine rechte Taille wahr ... und wandere nun mit deinem Bewusstsein höher in den Rippenraum. Lass dir Zeit, deinen rechten Rippenraum zu erspüren ... Nimm dein rechtes Schultergelenk wahr, spüre den Raum deines Oberarms ... des Ellbogengelenks ... des Unterarms ... des rechten Handgelenks ... die Räume und Nischen deiner Hand ... Nimm dann den Übergang von der rechten Nackenseite in den Hals wahr ... und den Raum der rechten Halshälfte ... Spüre den Übergang in den Kopf und nimm dir Zeit, den Raum deiner rechten Kopfhälfte zu erspüren ...

Versuche abschließend, deine ganze rechte Körperhälfte in ihren unterschiedlichen Räumen wahrzunehmen ... Anschließend wiederhole diese Wahrnehmungsübung mit der linken Körperhälfte ...

Horche danach in deinen Körper mit seinen verschiedenen Räumen hinein ... Suche, wo du ein Gefühl von Fülle und Glück verspürst. Folge dabei ganz deinen inneren körperlichen Signalen, ohne sie intellektuell auszudeuten. Vielleicht hast du zuerst nur ein ganz schwaches Gefühl. Gehe trotzdem an diesen Ort in deinem Körper, der auf die Aufforderung reagiert hat, und prüfe, ob dort ein Gefühl von Reichtum und Fülle wohnt. Vielleicht verstärkt sich das erste Signal, wenn du mit deiner Aufmerksamkeit genauer hinspürst. Wenn nicht, horche noch einmal in deinen Körper hinein, ob eine andere Stelle reagiert, wenn du in deinen inneren Räumen nach Reichtum und Glück suchst.

Wenn du deinen körperlichen Ort des Reichtums gefunden hast, konzentriere deine ganze Wahrnehmung auf diesen Platz. Versuche, dort ein inneres Bild von dieser Energie des Reichtums zu bekommen. Welche Farbe hat sie? Wie strahlt die Energie aus? Wie zirkuliert sie genau

an dieser Stelle? Versuche, dein Bild immer exakter werden zu lassen
... bis du zuletzt ein gleichbleibendes, bewegliches Energiemuster an
diesem Körperort erkennen kannst. Sieh diesem Muster in dir eine
Weile zu und spüre, wie seine Energie in dir wirkt ...
Lass die Lust in dir zu, dieses Energiemuster deines Reichtums in
konkrete Bewegung umzusetzen.
Steh von deiner Unterlage auf, ohne die meditative Konzentration zu
verlieren. Öffne die Augen nur so weit, wie du es zu deiner Raum-
orientierung brauchst und bleibe ganz in der Verbindung mit deinem
Energiemuster. Lass nun deine Füße dieses Muster auf den Boden
zeichnen. Schritt für Schritt folgen sie der Energieform, die du in dei-
nem Körper gesehen hast. Wiederhole diese Schritte immer wieder und
lass die Dynamik, die sie ausströmen, in deinen Körper fließen. So wird
ein kleiner Tanz aus diesem Muster deines Reichtums. Genieße diesen
Tanz, der von der Fülle deines Jahres inspiriert und genährt ist.

Nach einiger Zeit grenzt du diesen Tanz wieder auf das konkrete Ener-
giemuster ein, das dir dein Körper gezeigt hat. Finde eine kurze Bewe-
gungsabfolge, in der du dieses Muster deines Reichtums ausdrücken
willst. Wiederhole diesen Bewegungsablauf mehrmals, sodass eine kla-
re ritualisierte Form entsteht, die du später im »Rituellen Rührtanz« im
Kreiszentrum tanzen kannst.

Choreographien

»Ritueller Rührtanz«

Der »Rituelle Rührtanz« ist eine kultische Handlung zwischen
den Welten: Menschliche Erfahrungen von Glück und Fülle werden in den kosmischen Kreislauf hineingerührt, um die Elemente – zu Herbsttagundnachtgleiche speziell die Erde – mit diesen
Kräften zu beschenken und zu stärken. Im »Rührtanz« ist diese
Energie in einem Kraftmuster feinstofflich codiert. Schritt für
Schritt zeichnen wir das in der oben beschriebenen Meditation
»Mein innerer Reichtum« entwickelte Muster auf den Erdkörper
und geben ihm die Fülle unserer Energie, die wir in diesem Jahr
erlebt haben.

Zwei kultische Handlungen zugleich finden in diesem Tanz
statt: Während eine Frau im Zentrum des Kreises das Muster

ihrer Kraft tanzt, bilden die anderen Frauen mit ihren Körpern einen mächtigen Kessel und rühren mit einer monotonen Bewegung diese Energie in die Tiefen der Erde hinein. Die Vibration der Schritte lässt die Erde unsere Geschenke unmittelbar spüren. Sie kann sie in ihre Poren aufnehmen und sich nach den vielen Monaten von Wachstum und Blüte daran stärken. Der kosmische Kreislauf von Geben und Nehmen wird geschlossen.

Der »Rituelle Rührtanz« ist – vermutlich sowohl für die tanzenden Frauen als auch für die Erde – eine mächtige energetische Erfahrung. Die enge Haltung über die Kreuzbeinfassung lässt die Frauen im Tanz zu einem gemeinsamen Energiekörper verschmelzen. Die gleichmäßige Rührbewegung führt in einen leichten Trancezustand und lässt das Bewusstsein in den rituellen Raum hinübergleiten. Mehr und mehr werden die Frauen zum Erdkessel selbst. So spürt nicht nur die Erde die mächtigen Schritte der Kraftmuster, die in der Mitte getanzt werden, sondern auch der rührende Ritualkreis. Kraftschenken, Rühren und Aufnehmen dieser Energie werden zu einem einzigen Vorgang. Eine Zirkulation zwischen Menschen- und Elementekräften entsteht.

Tanzbeschreibung »Ritueller Rührtanz«

Choreographie: Ziriah Voigt
Musik: monotone Trommelmusik, eigene Töne oder ohne musikalische Begleitung

Aufstellung: ⌢ eng stehend im offenen Halbkreis; linke Hand ruht auf dem Kreuzbein der linken Nachbarin, rechte Hand hält vor dem Körper einen imaginären Rührstab

Richtung	Takt	Zählzeit	Beschreibung
⌢	frei		re Hand macht vor dem Körper eine mächtige Rührbewegung (ca. 360°-Kreis gegen den Uhrzeigersinn); Körper und Becken schwingen dabei entsprechend mit
⌢→			li kreuzt vor re-re seit; mit dem Kreuzschritt setzt die rechte Hand zu einer neuen Rührbewegung an und führt sie mit einem vollen 360°-Kreis zurück vor den Körper, der kreisend mitschwingt

Diese Bewegungssequenzen abwechselnd wiederholen, sodass die rechte Hand zweimal einen vollen Kreis vor dem Körper rührt. Wenn im Zentrum des Kreises zusätzlich ein persönliches Kraftmuster getanzt werden soll, löst sich nach einiger Zeit des Rührens die anführende Frau aus dem Kreis und tritt in die Mitte. Dort tanzt sie dreimal die »Schritte ihres Reichtums«, die sie in der vorbereitenden Meditation geformt hat. Dann reiht sie sich am Ende des Kreises wieder in die Gruppe der rührenden Frauen ein, und die jetzt anführende Frau tanzt in die Mitte, um ihr Kraftmuster der Erde zu schenken.

Didaktische Hinweise

Der »Rituelle Rührtanz« ist in Alltagszusammenhängen unstimmig; er braucht einen rituellen Platz. Er kann die zentrale Handlung eines Herbsttagundnachtgleicherituals bilden oder den Kern eines rituellen Tanztreffens. Die stärkste Wirkung entfaltet er, wenn er in der beschriebenen Weise als Verknüpfung von zwei kultischen Tanzhandlungen getanzt wird. Dies erfordert allerdings eine angemessene spirituelle wie tanztechnische Vorbereitungszeit und eine Gruppe, die – entsprechend dem gemeinsamen Rührvorgang – zu einem gleichschwingenden Ritualkreis zusammengewachsen ist.

Der »Rituelle Rührtanz« kann aber auch in einer vereinfachten Form eingesetzt werden, in der nur der äußere Kreis der rührenden Frauen getanzt wird. Jede der Frauen hat dann zuvor ein inneres Bild entwickelt, das sie in den kosmischen Kessel hineinrühren will. Während des Tanzes visualisiert sie dieses Bild und verrührt es in den Kessel. Ich verwende diese Form häufig in den Rauhnächten, um Bilder des Jahres in den Schöpfungskessel hineinzurühren (siehe auch die Choreographie »Nana« S. 198).

Von den Schritten und Bewegungen her bietet der »Rituelle Rührtanz« keine Schwierigkeiten. Die Handhaltung auf dem Kreuzbein ist anfangs ungewohnt, doch lässt sie dem kreisenden Becken und der rührenden Hand die beste Bewegungsfreiheit. Ersatzweise kann die Hand auch um die Hüfte der linken Tanznachbarin gelegt werden. In beiden Fällen ist es hilfreich, wenn die nebeneinander stehenden Frauen in der Körpergröße nicht zu unterschiedlich sind. Die Knie sind während des ganzen Tanzes leicht gebeugt, sodass das Becken locker hängt und bei den Rührbewegungen mitkreisen kann. Das Übersetzen des linken Fußes und der anschließende rechte Seitwärtsschritt werden fließend in die Rührbewegungen integriert, sodass möglichst keine Unterbrechung des gleichmäßigen Rührens geschieht.

Die Gruppe lässt sich Zeit, bis sich die erste Frau aus dem rührenden Kreis löst und ins Zentrum tritt, um ihr Kraftmuster als Geschenk in die Erde zu tanzen. Die anderen rühren weiter, bis die Frau in der Mitte ihr Geschenk gegeben hat und sich wieder in den rührenden Kreis einfügt. Auch diese Übergänge sind möglichst fließend zu tanzen, was gar nicht so leicht ist. Frau für Frau löst sich auf diese Weise aus dem Kreis, bis die erste wieder am Anfang steht. Der Kreis wird geschlossen und der Tanz klingt mit langsamer werdenden Rührbewegungen aus. Die Tänzerinnen bleiben noch eine Weile stehen, bis sich die rührende Energie im Becken beruhigt hat und die Sinne allmählich wieder in Zeit und Raum zurückkehren.

Der »Rituelle Rührtanz« kann auf jede monotone Trommelmusik oder auch auf dem Ritualplatz ganz ohne musikalische Unterstützung getanzt werden. Mit den ersten Bewegungen entwickelt die Gruppe einen gemeinsamen Rhythmus, der sich im Prozess des Tanzrituals verlangsamen oder beschleunigen kann. In der ausführlichen rituellen Form erfordert der Rührtanz viel Konzentration, um den – je nach Gruppengröße – langen energetischen Prozess zu halten. Manchen erscheint das Rühren endlos und sie glauben, nicht bis zum Ende durchhalten zu können. Erfahrungsgemäß aber verlieren sich diese Zweifel und Schwächephasen bald, denn jede bekommt in der gemeinsamen Energiezirkulation immer wieder Kraft zurück.

»Harsaneek«

»Harsaneek« ist ein Tanz des Gleichgewichts, der nach den feurigen Wochen der roten Zeit den Energiehaushalt in die notwendige Erdung führt. Mit den ruhigen Schritten dieses Tanzes entspannt sich nach und nach der Geist und schaut auf das Geschaffene zurück. Die enge Verbindung mit der Erde gibt das Gefühl, Boden gewonnen zu haben und mit Ruhe dem Winter entgegensehen zu können. Die eigenartige Bewegung des rechten Beines, das in einem vorgeschriebenen Muster sanft über den Boden streicht, leitet die Energie der Tanzenden in die Erde weiter. Die innere Aufmerksamkeit konzentriert sich mehr und mehr auf die Fußsohlen und aus dem zunächst sehr wackelig erscheinenden einbeinigen Stand wird nach einiger Zeit des Tanzens eine intensive erdige Verbindung.

Das Muster der die Erde streichelnden Bewegung zeigt eine auffällige Symbolik: Durch das gleitende Überkreuzen der Beine entsteht das Bild einer Vier. Die Vier aber gilt in der Esoterik als Zahl der Materie; sie stellt einen wichtigen Übergang von der schöpferischen Idee in die konkrete Verwirklichung dar. Dies drückt auch die Form der arabischen Ziffer 4 aus, die – neben dem die Materie symbolisierenden Kreuz – ein deutliches Dreieck enthält. Das Dreieck findet sich in matriarchal geprägten Kulturen als Hinweis auf die Lebenskraft der Göttin, aber es spielt auch in patriarchalen Religionen als Symbol des Göttlichen eine große Rolle. So widmet sich die Vier einerseits mit all ihrer Energie der Konkretion und Gestaltwerdung, weist aber andererseits in der Symbolik ihrer Form auf die sie ernährende transzendente Quelle hin.

Wenn wir im »Harsaneek« die Vier als Energiemuster tanzen, spüren wir ihre bodenständige Kraft, die uns nach den turbulenten roten Wochen in die Ruhe führt. Die Energie der Vier wird oft wie ein Heimkehren nach einer Phase der spirituellen Suche empfunden. An der Herbstschwelle getanzt, kann uns »Harsaneek« ein ähnliches Gefühl vermitteln.

Tanzbeschreibung »Harsaneek«

Choreographie: in Anlehnung an traditionelle Schritte
Musik: Harsaneek (armenisch) / CD 2, Stück Nr. 3

Aufstellung: ⌒ geschlossener Kreis; Hände in V-Haltung

Richtung	12/8-Takt	Zählzeit	Beschreibung
	Vorspiel		Stand auf dem li Fuß, re Fußspitze ist über li gekreuzt
	1	1-3	re-li-re alle Schritte sind weich in den Knien
		4	li macht kleinen Schritt zur Mitte
	2	1	brush mit re von hinten nach vorne, li geht leicht ins plié
		2	re kreuzt mit brush vor li, li plié
		3	brush mit re nach vorne, li plié
		4 und Pause	re rück, li anstellen

Takt 1 und 2 im Wechsel wiederholen.

Didaktische Hinweise

»Harsaneek« wird hier primär als Herbsttanz vorgestellt, um der Erde nach Abschluss der Feld- und Gartenarbeiten Kraft zu schenken. Er kann aber auch im Frühjahr getanzt werden, um die Erde mit sanftem Streicheln aus der winterlichen Ruhe zu wecken. In beiden Fällen sollte der »Harsaneek« direkt auf der Erde getanzt werden; allerdings ist das Klima zu den Tagundnachtgleichen in unseren Breitengraden oft noch kühl, sodass viele Gruppen auf einen Innenraum ausweichen. Dann ist es wichtig, bei den Tänzerinnen die Visualisierungskraft anzuregen und eine energetische Verbindung zum Erdboden zu schaffen, sodass der Tanz wirklich zum rituellen Kräfteausgleich wird.

Gerade in Innenräumen sollte die Beinbewegung nicht zum Bodenwischen werden, sondern wie ein zärtliches Streicheln getanzt werden. Das linke Knie gibt in einem leichten Plié nach, sodass die Energie der Erde in der Tänzerin aufsteigen kann. Auch die fortlaufenden Schritte im Kreis werden mit weichen nachgebenden Knien ausgeführt, sodass der ganze Tanz eine sanfte Erdberührung ist.

Die lange Balance auf dem linken Bein ist ungewohnt und für einige Frauen technisch nicht einfach. Häufig ist es aber gar kein technisches Manko, sondern es geht eher um ein spirituelles Ungleichgewicht, denn bei diesem Tanz macht sich fehlende Erdung sofort in Wackeln bemerkbar. Da hilft nur Weitertanzen, bis die Streichelschritte mehr Erdung hergestellt haben und ein sichereres Stehen möglich ist. Bleibt der Kreis eng, unterstützen die hängenden Arme der V-Haltung das Gleichgewicht. Der Blick sollte nicht kontrollierend die Beinbewegung verfolgen (dies führt ebenfalls zum Wackeln), sondern ist ruhig nach vorn gerichtet. Auf diese Weise konzentriert sich der innere Geist auf die Fußsohlen und lässt sich mehr und mehr auf die Energieverbindung mit der Erde ein.

Die hier vorgeschlagene Musik ist relativ lang, manchmal ist deshalb das linke Bein nach dem Tanz verkrampft. Hier hilft nur eine kleine Pause oder ein entspannendes Ausklopfen der Beinmuskulatur.

Dunkelheitsritual – Begegnung mit der Anderswelt

In der Nacht zum 1. November feierten die KeltInnen ihr Totenfest, Samhain genannt. Die dunkelsten Wochen des Jahreskreises beginnen. Die Sonnenkraft hat sich weitgehend zurückgezogen und überlässt das Regiment Herbststürmen, Novembernebeln und vordrängenden Frostgeistern. Das feuchtkalte Klima treibt Mensch und Tier in Stuben, Höhlen und andere Nester zurück; die Winterarbeiten beginnen. Der Übergang von den golden schimmernden Oktobertagen in den grauen November ist immer wieder krass und schmerzhaft. Dem eben noch so farbenprächtigen Herbstwald wird vom ersten harten Sturm das bunte Kleid geraubt, und plötzlich schauen wir dem dürren Gerippe der Totengöttin in die Augen.

Das Dunkelheitsritual konfrontiert uns in penetranter jährlicher Regelmäßigkeit mit der Kraft und Gewalt des Sterbens – egal, ob wir zwanzig oder siebzig Jahre alt sind. Jedes Jahr zu dieser Zeit sehen wir die Pflanzen vergehen, die wir in vielen Ritualen gefeiert haben. Wir müssen lernen, Lebendiges wieder gehen zu lassen und den Tod als Teil des Naturzyklus zu begreifen. Die dunkle Phase im Jahreskreis – repräsentiert im schwarzen Aspekt der Göttin – haben wir als ebenso wichtige Zeit wie die weiße und die rote in den entsprechenden

Jahreskreisritualen zu durchwandern. Die knochige Gestalt der dunklen Göttin fordert auf, sie ungeschminkt anzuschauen und diesem Bild standzuhalten. Wir erkennen unsere Aufgabe, die eigene Sterblichkeit nicht zu vergessen und uns dem Prozess des Alterns zu stellen, ohne ihn zu beschönigen.

Das matriarchale Weltbild sieht den Tod nicht als Schlusspunkt eines langen Lebens, kennt allerdings auch kein belohnendes Paradies nach einem religiös korrekt geführten Leben wie das Christentum. Das zyklische Verständnis der matriarchalen Philosophie integriert das Sterben als Qualität in den kosmischen Zyklus, der sich unzählig in mikrokosmischen Prozessen widerspiegelt. Der Jahreskreiszyklus ist einer davon. Im Feiern der acht Rituale erleben wir das Aufblühen und Vergehen in der Natur. Am Ende dieser Monate des Vergehens geschieht die Wiedergeburt von Licht und Leben; doch das gleichmäßige Drehen des Jahresrades zeigt, dass es hier nichts abzukürzen oder zu überspringen gibt. Jede Zeit will in ihrer eigenen Qualität gesehen und gefeiert werden. Was also können wir von der Göttin in ihrer schwarzen Kraft lernen?

Sicherlich geht es nicht nur darum, jährlich der eigenen Sterblichkeit ins Gesicht zu sehen. Schauen wir die Alte doch selber an, wenn wir etwas von ihr verstehen wollen. Alt und hässlich wird sie beschrieben, großzahnig und von erschreckender Dürre[1]; sie lässt sich selten in die Karten schauen, zeigt sich mal freundlich, mal mit pikantem schwarzen Humor. Sie scheint eine ungewöhnliche Vorliebe für schöne junge Mädchen gehabt zu haben, was leicht übersehen wird, obgleich zahlreiche Mythen und Märchen davon berichten.[2] Überhaupt zeigt sie oft gar nicht so tödliche, sondern ebenso ausladend sexuelle Züge, als würde sie keine Tabus mehr kennen. Schamlos scheint sie ihre alternden Körperformen auszuspielen, als wäre ihr faltiges Fleisch von unwiderstehlicher Kraft.[3]

Die Göttin in ihrem schwarzen Aspekt ist diejenige, die keine Tabus kennt. Sie lacht über unsere menschliche Moral von Gut und Böse, die angesichts des Todes nicht gilt. Sie zeigt dir Grenzüberschreitungen, die du nicht einmal zu denken wagst, lässt dich dein eigenes Ungeheuer blicken und bleibt noch ganz ungerührt dabei. Von ihr kannst du viel lernen über Ungeheuerlichkeiten in deinem Leben, die sich nicht einmal zum Guten wenden wollen, wie es immer so hübsch versprochen wird. Sie geschehen dir einfach ohne Sinn, ohne karmischen Zusammenhang. Wüst und feist zerstören sie dein schönes Leben, und die Göttin tanzt auf dir, statt dich zu trösten. Ja, von der Alten kannst du viel lernen. Schaffst du es, ihr standzuhalten, lehrt sie dich die Magie der Knochen, der Unerschütterlichkeit des Skeletts, das allein solchen Angriffen zu trotzen vermag. Sie wird dir auch das Skelett der Erde zeigen, die Kraft der Gesteinsadern und Felsen.

Die Nacht zum 1. November wird in den meisten Traditionen als Übergangsritual zwischen den Welten gefeiert, zu dem Orakelbefragungen und Kontakte mit der Geisterwelt auch weniger medial begabten Personen möglich sind. Es heißt, dass sich in dieser Ritualnacht Risse im Raum-Zeit-Gefüge bilden und dass uns die Wesen der Anderswelt ein Stück entgegenkommen, da sie selbst den rituellen Kontakt wünschen.

Die Vorstellung einer Anderswelt, die von Geistern und anderen schillernden Wesen bevölkert ist, gibt es in allen schamanischen Kulturen. Häufig wird sie einfach die nichtalltägliche Wirklichkeit genannt. Damit soll der Bereich der Anderswelt von der Wirklichkeit unterschieden werden, die wir üblicherweise wahrnehmen und in der wir uns in unserem Alltag bewegen. Der Fehler unserer heutigen westeuropäischen Kultur liegt darin, diese im Alltag wahrgenommene Wirklichkeit absolut zu setzen und für eine vollständige Wahrnehmung der Welt zu halten. Dieser Fehlschluss entspricht der menschlichen Hybris, die eigene Wahrnehmungsweise als Maßstab für die Wirklichkeit zu nehmen. Es gibt jedoch zahlreiche andere Möglichkeiten, wahrzunehmen. Die Perspektive eines Tieres oder einer Pflanze beispielsweise ist eine andere als unsere. Wir brauchen uns nur die Ergebnisse der naturwissenschaftlichen Forschung zu vergegenwärtigen, die die differierenden Frequenzbereiche von tierischen und menschlichen Ohren aufgezeigt hat oder das unterschiedliche Spektrum, das die Augen jeweils erfassen. Die Anderswelt können wir uns wie diese anderen Frequenzbereiche vorstellen, die – ähnlich elektromagnetischen Wellen – in unseren Räumen und an Naturplätzen immer vorhanden sind, aber mangels ausgebildeter Sinne selten von Menschen erfasst werden. Doch zu allen Zeiten sind Menschen auf rituellen Wegen in diese Andersweltbereiche gereist und haben dort Antworten auf seelische Fragen geholt oder Wünsche der Anderswelt an uns mitgebracht.[4]

Vergleichbares geschieht im Dunkelheitsritual, das – neben

dem im Jahresrad gegenüberliegenden Walpurgis – eines der Haupttore ist, durch das wir Menschen ohne größere Schwierigkeiten in die Anderswelt gelangen und wieder zurückkehren können. Der Rückweg ist spirituell genauso wichtig wie der Hinweg. Wen wir dort treffen werden, ist unterschiedlich und hängt wesentlich vom kultischen Hintergrund der feiernden Ritualgruppe ab. Denn ebenso wie wir Tore brauchen, um in die Anderswelt zu gelangen, brauchen die dortigen Geistwesen in uns Tore, durch die sie schlüpfen können. Solche Geistertore im menschlichen Bewusstsein können zum Beispiel religiöse Bilder sein, in deren Gewand uns die Geister erscheinen. Im matriarchalen Zusammenhang werden wir Wesen in der Anderswelt suchen, die die alte weibliche Tradition bewahren und uns etwas über Frauenspiritualität mitteilen können. In manchen Dunkelheitsritualen erscheint die Göttin in einer ihrer vielen Gestalten, von denen die Mythen erzählen. In rauer Weise kannst du – wie schon beschrieben – einiges von ihr erfahren und lernen. Häufiger aber sind in der Ritualnacht die alten Mütter des Matriarchats zu treffen, mittlerweile alte Weiblein mit krummem Rücken und zahnlosen Mündern, doch von ungebremster Lebenslust und voll wildem Humor. Die meisten Frauen nennen sie die Ahninnen, und manchmal triffst du tatsächlich auch eine erst jüngst Verstorbene aus deiner Familie darunter.

Überhaupt spielen die Verstorbenen in dieser Nacht eine große Rolle. Ihre umherstreifenden Seelen sollen mit den Novembernebeln aus den Tälern aufsteigen und in dieser graudunklen Zeit an unsere Türen klopfen, um abgebrochene Gespräche weiterzuführen. Totengeister gehören zu den bekanntesten und anerkanntesten Geistwesen der Anderswelt; allerdings sind sie nicht die einzige Bevölkerung dort. Die Begegnung mit Toten sollte im allgemeinen speziell ausgebildeten Fachpersonen überlassen werden, doch auch hier bildet das Dunkelheitsritual die kultische Ausnahme.

Dies lässt sich aus der keltischen Jahreskreistradition ableiten. Das dort Samhain genannte Ritual war das Neujahrsfest, und die Menschen feierten darin Abschluss wie Neuanfang. Das Hauptritual galt den Verstorbenen des alten Jahres, die sich nach keltischer Vorstellung auch nach dem Tod noch eine Weile in der Nähe der Lebenden aufhalten. Das Samhainritual gestaltete den endgültigen Abschied von den Toten und gab ihnen das Geleit ins Totenreich. Den Verstorbenen wurde der Weg mit Feuern oder geschnitzten Kürbisleuchtern erhellt, damit sie sich nicht verirrten. Man gab ihnen Speis' und Trank mit auf die Reise und auch kleine Geschenke fehlten nicht. Dies alles geschah nicht nur aus mitleidsvoller Sorge um die Toten, sondern auch, um ungutem Geisterspuk vorzubeugen. Die, die ihren Platz im Totenreich gefunden haben, belästigen die Lebenden nicht, und so war die Sorge um das Wohl der Toten zugleich ein Vorsorgen für das eigene seelische Wohl. Die Fürsorge für die Toten reichte meist weit über diese erste Novembernacht hinaus. Viele andere Kulturen hatten und haben ebenfalls einen ausgeprägten AhnInnenkult; für die Verstorbenen gibt es in der Nähe der Häuser oder manchmal auch direkt darinnen geschmückte Schreine, in denen regelmäßig Speisen und andere Opfergaben dargeboten werden. Die Menschen hoffen, dass sie auf diese Weise mit den AhnInnen in guter, gegenseitig ehrender Verbindung bleiben und in schwierigen Zeiten von ihnen Unterstützung bekommen.

Die keltische Tradition des Dunkelheitsfestes als Totenritual ist offensichtlich im religiösen Bewusstsein tief verwurzelt und hat sich bis heute in ausladende Halloweenbräuche hinüberretten können. Deutlich ist der alte Charakter des Rituals zum Beispiel in Mexiko bewahrt, wo die Familien zu Halloween auf die Friedhöfe gehen und auf den Gräbern im Clan zusammen mit den Verstorbenen speisen. Solche Halloweenbräuche bieten den Menschen Platz für ihr Weinen wie für ihr Lachen, sie bieten Zeit zum Erinnern und Raum, um sich in Ruhe von den geliebten Verstorbenen zu verabschieden. Der Tod wird rituell gehüteter Bestandteil des Lebens.

Feiern wir heute das Dunkelheitsritual, braucht es einen angemessenen Ort dafür, einen Platz, der möglichst seit alters her eine Brücke zur Geister- und Totenwelt bildet. Friedhöfe wären sicherlich auch in Europa geeignet, doch aufgrund der christlich-kirchlichen Besetzung dieser Orte wird es nur selten möglich sein, dort in Abgeschiedenheit zu feiern und ein eigenes matriarchal-weibliches Kraftfeld zu errichten. So legen sich eher alte Hügelgräber nahe, dunkle Höhlen oder verträumte Täler mit Spalten und Schlitzen, aus denen die Geister emporsteigen können.

Die Zeit des Rituals ist der späte Abend oder auch die tiefe Nacht, wenn sich Licht, Lärm und Tagwesen zurückgezogen haben und die Kräfte der Dunkelheit nach und nach aus ihren Verstecken herauskommen. Der Gang zum gewählten Ritualplatz kann spiralförmig erfolgen, um die lineare Orientierung der Alltagswelt zu verlieren und die Sinne allmählich an die Sprache der Nacht zu gewöhnen.

Das Ritual beginnt mit dem Rufen der Geister und der Einladung an die Ahninnen; dies kann in tänzerischer, poetischer oder anderen rituell-dramaturgischen Formen geschehen. Die Gestaltung sollte aus den Begabungen, die die Gruppe mitbringt, erwachsen und für die – meist nicht aus einer Geistertradition kommenden – Frauen stimmig sein. Meiner rituellen Konzeption gemäß, die auf keiner dogmatisch fixierten Religion beruht, halte ich wenig von festgelegten Formeln, Fetischen und ähnlichen Fertigbräuchen, mit denen der Kontakt und Geisterbesuch angeblich zielsicher herzustellen ist. Dies mag Stammesreligionen und vergleichbaren religiösen Traditionen entsprechen, aber wohl kaum den offenen religiösen Vorstellungen in spirituellen Frauenkreisen. Hier sind eigene Zugangswege immer wieder neu zu erproben und brauchen auch nach dem Ritual in Bezug auf das Erlebte eine kritische Reflektion.

In den letzten Jahren hat sich in meinen Ritualgruppen ein Dunkelheitsritual mit zwei Schwerpunkten herausgebildet. Zum einen begehen wir ein Frageorakel an die Ahninnen und die anderen gerufenen Wesen dieser Nacht. In dieser Phase des Rituals ist jede Frau allein an einem Platz, an dem ihr die gewünschte Begegnung möglich erscheint. Es gilt nun, vorher Geübtes anzuwenden und sich den Dunkelheitskräften zu stellen. Die Angst, die bei einigen Frauen in dieser Phase entstehen mag, entspricht dem Thema des Rituals, und so sollten die Betreffenden versuchen, diesem Gefühl standzuhalten. Denn das Ritual will ja in eine – eventuell konfrontative – Begegnung mit der schwarzen Göttin führen.

Die Frage, die jede einzelne Frau stellen wird, ist zuvor in der rituellen Vorbereitungsphase mit spirituellen Medien erarbeitet worden. Sie sollte mit dem Thema Alter, Tod und Sterben zu tun haben; kurz gesagt, die Frage soll dir in die Knochen gehen. Wie die Antwort erfolgt? Das kann dir niemand sagen, aber du wirst sie erkennen. Sie zu verstehen und zu deuten, ist allerdings – wie bei jedem Orakel – nicht immer leicht. Manchmal sind die Antworten verschlüsselt, manchmal sind sie drastisch, fast wie Ohrfeigen. Dann weißt du jedenfalls, dass du die Ahninnen und nicht deine innere Stimme gehört hast. Denn solche Wesen nehmen kein Blatt vor den Mund und sprechen nicht höflich-blumig wie das in der New-Age-Literatur angepriesene »Höhere Selbst«.

Der zweite Schwerpunkt des Rituals nimmt die keltische Tradition des Totengeleits auf. Im Sinne der rituellen Regel von Geben und Nehmen schenken wir diesen Dienst in das kosmische Gefüge und natürlich speziell den Verstorbenen des letzten Jahres, damit sie den Weg in die Totenruhe finden können. Diese Phase des Rituals dient auch dem eigenen Abschiednehmen von Verstorbenen, die wir geliebt oder auch gehasst haben oder die uns schlicht gleichgültig waren. In diesem Moment begegnen wir ihnen noch einmal, um bindende emotionale Stricke zu lösen. Wir rufen sie mit den unheimlich klappernden Tönen der Knochenrassel von nah und fern, sammeln sie in einem großen Zug, angeführt von der altnordischen Totengöttin Hel, die ihnen den Weg in ihr Reich weisen wird. Wir schweigen, und manchmal überwältigt uns ein Weinen.

Die Farben des Rituals sind das Schwarz der alten Göttin und alle anderen dunklen Töne. Der Kargheit der Zeit und der knochig-essentiellen Art des Themas entsprechend gibt es außer Knochen, schlichten Steinen und Baumgerippe wenig passenden Festschmuck. Traditionellerweise wird in das Zentrum des Ritualkreises eine Kürbisleuchte gestellt, in die ein Gesicht geschnitzt ist. Ihr flackerndes Licht erhellt den Toten den Weg und weckt in den Lebenden das Zweite Gesicht.

Charakteristisch ist ein besonderes Mahl zu diesem Ritual, das wir mit den Ahninnen, Geistern und Verstorbenen zusammen einnehmen. Neben den Speisen bieten wir ihnen Tänze, Gesänge und alles, was uns einfällt. Bewährt hat sich die Sitte kleiner Geschenke als Dank für diese Möglichkeit der Begegnung, aber auch um die ungehobelt-derbe Art dieser Begegnungen in freundlichere Bahnen zu lenken. Im Übrigen sollte gerade bei diesem Ritual die rituelle Grundregel »Alle Wesen, die du in den Ritualkreis rufst, musst du auch sorgfältig wieder verabschieden« keinesfalls vergessen werden. Andernfalls sind geisterhafte Belästigungen nach dem Ritual nicht auszuschließen.

Der Vielfalt des Themas entsprechen die vielen unterschiedlichen Aspekte, die in den Tänzen der dunklen Zeit zu finden sind. Dazu gehören zum einen all die Tänze, die sich mit Totenklage, Trauer und Abschied befassen.[5] Zu den bekanntesten zählt der griechische Menoussis[6] mit dem charakteristischen Schritt des »Sich auf die Zehen Erhebens«. Dieses Erheben lässt die Trauernden jenseits des Grabes schauen und erweitert so auf behutsame Weise das Blickfeld über die eigene Trauer hinaus. Im Ritual selbst spielen anrufende Tänze eine große Rolle, um Geister und Wesen der Anderswelt in den Kreis zu locken. Die Choreographien zur Göttin in ihrer dunklen Gestalt, die in ihrem charakteristischen Hinkeschritt erstaunlich flott daherkommt, nehmen dabei einen besonderen Platz ein. Außerdem brauchen wir Tanzformen, die dem Bewusstsein helfen, den Weg aus der alltäglichen Wirklichkeit in die Anderswelt zu finden. Oft führen solche, das Bewusstsein transformierenden Tänze spiralförmig ins dunkle Zentrum des Kreises und verwirren den Blickwinkel der Frauen, bis deren sachlich-kontrollierender Geist weichen

muss und Platz für instinktive Energien ist. Entsprechend geschieht eine langsame Veränderung der Bewegungen von der anfänglich klaren tänzerischen Ausführung in die urtümliche Authentizität der eigenen Körpersprache. Die Bewegungen nähern sich Trancetanzbewegungen an wie Schwanken, Zucken oder Schütteln. Solche Tänze führen zurück in das vergessene Bewusstsein unserer Vorfahrinnen[7], denen das Wandern zwischen den Wirklichkeitswelten noch vertraut war.

Meditation von Tod und Sterben »Skelettmeditation«

Am siebten Tor bleibt Inanna nichts denn ihre Nacktheit;
nackt muss sie vor Ereshkigal treten,
nackt und ohne jedes Zeichen ihrer königlichen Macht.
Da richtet sich auf sie der Blick ihrer Schwester,
die Augen des Todes,
die Augen ohne Regung,
die jedes Leben gefrieren lassen.

Von diesen Augen wurde Inanna getötet,
und ihr Leichnam an einen Pfahl gehängt.
Inanna sah sich mit diesen Augen,
sah sich selber mit den Augen der Unterwelt.
Der Blick ihres Selbst war ihr tödlich,
der Blick, der den Schein uns'rer Wirklichkeit nicht kennt.

Das, was unter diesen Augen blieb,
wurde an den Pfahl gehängt.
Dort wurde ihr Fleisch grün und faul,
dort hing es, bis es schließlich verrottet war.[8]

Der sumerisch-babylonische Mythos vom Gang der Göttin Inanna in die Unterwelt führt in eindringlichen Bildern in das Reich der mächtigen Ereshkigal, einer Göttin der unteren Welt und der Toten. Für eine matriarchale Spiritualität ist diese Überlieferung einer alten Hochkultur vor allem deshalb von Bedeutung, weil die Charakterisierung der beiden rivalisierenden Göttinnen keine übliche Gut-Böse- bzw. Hell-Dunkel-Aufteilung zulässt. Auch greifen psychologische Deutungen des sperrigen Mythos zu kurz, die Inannas Weg in die Unterwelt als Weg der Akzeptanz ihres ungeliebten Schattenanteils interpretieren wollen.[9]

Eine matriarchale Deutung wird den Mythos nicht dualistisch verstehen, sondern im Zusammenhang eines zyklischen Weltbildes sehen. Inanna muss sich – wie der ganze Kosmos – der Macht der Totengöttin stellen. In der Begegnung mit ihr schaut sie ihrer eigenen Sterblichkeit in die Augen:»Nackt stirbt sie an den Augen des Todes, die jedes Leben gefrieren lassen.« Diese Worte erinnern an Todesmeditationen, wie sie heute noch im tantrischen Buddhismus praktiziert werden. Das Betrachten tödlicher Prozesse in natürlichen Lebenszyklen wie die langsame Verwesung oder die Opferung des eigenen Körpers als Nahrung für andere Lebewesen wird für notwendig gehalten, um einen freien unabhängigen Geist zu gewinnen.[10] Es geht darum, vor todesnahen Situationen nicht mehr fliehen zu müssen. Deshalb werden solche Übungen häufig nachts auf Friedhöfen und ähnlichen Orten durchgeführt. Unseren westlichen Sinnen, die in einer sterilen Krankenhauskultur selten mit dem Sterben konfrontiert werden, klingen derartige Übungen fremd und rücken schnell in Parallele zum oberflächlichen Schauder mancher Gruselfilme. Doch ist mit Todesmeditationen dieser Art etwas völlig anderes gemeint, und sie werden auch nur ernsthaft Suchenden gezeigt. Solche spirituellen Praktiken wollen ohne Verschleierung in die Realität aller Lebensvorgänge führen und machen darum auch vor dem Tod nicht halt, so wie sich das Rad der Jahreskreisfeste in jedem Jahr nach dem Aufblühen des Lebens in Richtung der vergehenden Vorgänge weiter bewegt.

Im zyklischen Denken einer matriarchalen Spiritualität sind wir immer wieder aufgefordert, auch dunkle Wandlungsprozesse im Jahr rituell zu begehen und uns eigener Trauer, befreiendem Loslassen, aber auch der Unerbittlichkeit des Sterbens zu stellen. Ich hege große Skepsis gegenüber Todesinterpretationen, die uns angenehm entgegenkommen wollen. Dazu zählt für mich unter anderem die in New-Age-Kreisen häufig zu hörende Aussage, dass der Tod nur eine Weiterführung der zahlreichen täglichen Momente des Loslassens sei. Ich meine, die Meditation der täglichen kleinen Tode hilft wenig weiter, wenn dabei der stinkend-verwesenden und brutalen Seite des Todes ausgewichen wird und dann eines Tages der »große Tod« vor der Tür steht. Auch der Glaube an die Reinkarnation kann in diesem Zusammenhang eine Flucht vor dem körperlichen Tod des momentan geführten Lebens sein. Wir müssen immerhin bedenken, dass derart drastische Praktiken wie die oben beschriebene aus Religionen kommen, in denen die Vorstellung der Reinkarnation selbstverständlicher Bestandteil des Glaubens ist. Demnach scheinen Reinkarnationsglaube und körperlich-realistische Todesmeditation gerade zusammenzugehören.

Trotz allem werden bis auf wenige Ausnahmen derart extreme Todesmeditationen für rituell interessierte Frauen von heute kaum in Betracht kommen. Doch ist es Aufgabe einer matriarchalen Spiritualität, die Kraft und Gewalt des Sterbens anzuschauen und dem durchdringenden Blick der schwarzen Göttin standzuhalten. Wir werden uns also im Einklang mit dem Jahresrad auf die Macht der dunklen Zeit vorbereiten und Wege der Meditation suchen, die in unserem heutigen europäischen Alltag praktizierbar sind. Die schlichteste – aber nicht zu unterschätzende – Form ist, den Blick auf Vergänglichkeiten in der eigenen Umgebung zu richten. Dies kann das aufmerksame Wahrnehmen der Gesichter und Körper alter Menschen sein oder das Betrachten verwelkender Pflanzen in der Natur. Es kann sich fortsetzen im Besuch einer Krebsstation im Krankenhaus oder in einem Gang über einen Friedhof. Unabhängig davon, worauf der Blick gerichtet wird, geht es immer wieder darum, das in unserer Kultur herrschende, zwanghaft lebensorientierte Blickfeld zu verändern und die Wucht des Todes in spiritueller Klarheit anzuschauen.

Die nachfolgend geschilderte »Skelettmeditation« kann eine

Hinführung in diese Geisteshaltung sein und schließt an klassische Todesmeditationen an. Sie kann regelmäßig über einen längeren Zeitraum, zum Beispiel in der dunklen Phase des Jahresrades, geübt werden. Diese Meditation kann aber auch in chaotischen Situationen helfen, wenn dich zahllose Ereignisse zu überrollen drohen und in einen Strudel stürzen wollen. Die Übung sollte allerdings nicht praktiziert werden, wenn eine Person, etwa aus dem Schock eines Verlustes heraus, schon in eine innere tödliche Erstarrung gefallen ist. In solchen Fällen besteht die Gefahr, dass die »Skelettmeditation« einen derartigen Zustand noch verstärkt und nicht, wie eigentlich beabsichtigt, in die Wahrnehmung der eigenen schwarzen Kraft führt.

Bei der »Skelettmeditation« sitzt du mit gekreuzten Beinen auf der Erde oder auf einem Meditationskissen und streckst die Wirbelsäule. Sollte dir diese Haltung nicht möglich sein, suche dir eine möglichst ähnliche. Die Hände liegen entspannt auf den Oberschenkeln, und du schließt die Augen. Du konzentrierst dich auf alle Stellen deines Körpers, die Bodenkontakt haben und schickst dein Ausatmen dorthin. Allmählich spürst du, wie du ruhiger wirst und dich vom Alltag lösen kannst ...

Stell dir nun deinen Körper als einen Strauch oder ein ähnliches Gewächs vor. Du spürst, wie der Hauptstamm sich zum Himmel streckt und von der Vulva her mit den Säften der Erde Verbindung hat. Dann spürst du die Verzweigungen deines Hauptstammes in die Breite, nach rechts und links und zu allen Seiten. Du stellst dir die Blätter an diesen Ästen vor, ihr saftiges Grün, in dem sich die Sonne spiegelt.

... Pause ...

Nach und nach fühlst du, wie das Licht weniger wird und die Tage kühler werden. Du spürst den Ruf der Erde unter dir, die ihre Säfte und Nährstoffe zu sich in die Winterruhe zurückziehen möchte. So gibst du dich dem Abwärtsfließen der Lebenskraft hin, spürst, wie sich das saftig Grüne der Blätter in die Adern und Zweige zurückzieht, fühlst deine Blätter bleich und kraftlos werden, bis sie sich dem nächsten Windstoß ergeben müssen. Nach und nach wirst du so kahl und knöchern, und auch aus den zurückbleibenden Ästen und Zweigen weicht schließlich der Lebenssaft und fließt über deine Vulva in die Erde zurück. Du wirst noch hölzerner und starrer – ein kahles Skelett.

... Pause ...

Verlasse nun das Bild des herbstlichen Strauches und wende dich dei-

nem eigenen Körper zu. Spüre das Fleisch auf deinen Knochen und gib dessen Vergänglichkeit nach. Fühle dein Skelett in seiner knochigen Beschaffenheit: deinen Schädel mit den Augenhöhlen, den Schultergürtel, die Armknochen und ihre Gelenke, deinen Brustkorb mit seinen Rippen und die Wirbelsäule in ihrer Senkrechten, fühle deine Beckenschale und die Beinknochen. Fühle dein ganzes Skelett auf einmal, wie es da sitzt als Rest deiner Person. Von oben schaust du herab auf die Erde, in die dein Fleisch mit seinen Säften geflossen ist ...

Du bist voller Ruhe, als wärest du daran nicht mehr beteiligt. Du bist nur noch Skelett, nicht unvergänglich, aber doch von großer Beständigkeit. Die Zeit mit ihren Ereignissen geht an dir vorbei. Du bist nicht mehr in ihnen. Du bist nur noch knochiges Skelett.

... Pause ...

Löse nun die Vorstellung wieder auf und kehre in deinen fleischigen Körper zurück. Versuche, deinen Körper wieder in seinen natürlichen Konturen zu fühlen, so wie du heute hier in diesem Raum sitzt. Dehne deinen Atem aus in das Fleisch deines Körpers, fühle das Blut pochen und nimm wahr, wie die feinen Lebensströme in deinen Zellen zirkulieren. Nimm mit deinen Händen nun vorsichtig Kontakt zu deinem Körper auf, befühle dein Fleisch an verschiedenen Stellen und nimm es wieder in Besitz ...

Öffne die Augen erst dann, wenn du ein realistisches Gefühl zu deinem jetzigen Körper in seiner leiblichen Ausdehnung hast. Schließe, wenn du soweit bist, die Meditation mit vorsichtigen Bewegungen deiner Glieder ab.

Zum Einüben ist die »Skelettmeditation« am besten in einer Gruppe durchzuführen, wenn die Anleitung von einer erfahrenen Frau gesprochen wird. Sonst schweifen die Gedanken allzu leicht in gewohntere und angenehmere Bilder ab. Übst du allein, könntest du dir die einzelnen Schritte der Meditation vorher gut einprägen und dann die Ausführung ohne gesprochene Anleitung versuchen. Zur kritischen Selbstbeobachtung ist es ratsam, im Anschluss an die Meditation den Anleitungstext noch einmal zu lesen und zu überprüfen, ob du an einigen Passagen ausgewichen bist. Wichtig ist vor allem, dass du zum Abschluss sorgfältig in deinen fleischigen Körper zurückkehrst. Anschließend solltest du dir noch etwas Zeit nehmen, bevor du dich wieder deinem Alltag widmest.

Choreographien

»Spirale ins Ungewisse«

Die »Spirale ins Ungewisse« bewirkt im Verlauf des Tanzens eine Veränderung der Wahrnehmung hin zu einer feinstofflichen Sicht. Wenn der Tanz durch einen ausführlichen rituellen Rahmen erweitert wird, kann er Frauen in die Begegnung mit der Anderswelt führen. Die bewusstseinsverändernde Wirkung der »Spirale ins Ungewisse« ist aber auch außerhalb eines Rituals für fast alle Tanzenden spürbar. Viele nehmen in der Energie des Raumes eine deutliche Veränderung wahr, was auf der angeregten feinstofflichen Sicht beruht. Das heißt natürlich auch, dass die Leiterin gut überlegen muss, an welcher Stelle sie den Tanz einsetzt.

Die »Spirale ins Ungewisse« kann die teilnehmenden Frauen für eine tiefergehende spirituelle Arbeit vorbereiten – zum Beispiel für Trancereisen, für Wahrnehmungsübungen der feinstofflichen Wirklichkeit (siehe auch die Ausführungen zum »Espentanz« S. 46) oder direkt für eine rituelle Handlung. Die Choreographie kann aber auch den vertiefenden Abschluss einer Tanzeinheit zur dunklen Zeit bilden; dann leuchtet in der Umkehrspirale und den tastenden Bewegungen eine Wende zum noch ungeformten Neuen auf. In diesem Sinne kann der Tanz ebenfalls in den Tagen der Wintersonnenwende eingesetzt werden.

Die bewusstseinsverändernde Wirkung dieses Spiraltanzes beruht auf der intensiven Stimulierung der Rückenseite des Körpers, mit der zugleich vorwärts gegangen wird. Dies hat eine gewisse Verkehrung der Wahrnehmung zur Folge, wie es der geisterhaften Natur der dunklen Zeit entspricht. Auf diese Verkehrung der Sichtweise weisen auch überlieferte Samhainbräuche hin, etwa die Tradition, zu diesem Fest die Kleidung verkehrt herum zu tragen.[11]

Der zweite Teil der »Spirale ins Ungewisse« deutet nach der Berührung des dunkelsten Punkts im Kreisinnern eine Transformation an. Doch bleibt diese vage und gibt sich kaum zu erkennen, wie es dunklen Phasen im Leben entspricht. Tastend, fast geisterhaft sind auch die Tanzbewegungen, wobei die ätherische Qualität durch die eigenartigen Klanggewebe der Musik unterstützt wird. Zuletzt scheint die Struktur der Choreographie nahezu verloren gegangen; alle tasten herum und es ist kein deutlicher Tanzweg mehr zu erkennen.

Doch gerade diese Verwirrung im Tanz charakterisiert ein wesentliches Moment der dunklen Zeit. Trancetanz wie Meditationswege kennen die heilsame Verwirrung als wichtiges Durchgangsstadium. Da die gewohnten Formen nicht mehr sinnvoll strukturieren, sondern eher verwirren, schafft das Bewusstsein es endlich, sie aufzugeben. Das ängstigende Vakuum danach, wenn noch nichts neues Tragfähiges zu spüren ist, scheint spirituell notwendig zu sein und entspricht leider auch vielen Alltagssituationen. Aufgelöst wird diese Unsicherheit mit der Achterschleife am Ende des Tanzes, die die ätherische Spannung hält, aber gleichzeitig in ein kosmisches Symbol[12] bündelt.

Tanzbeschreibung »Spirale ins Ungewisse«

Choreographie: Ziriah Voigt
Musik: Brian Keane »Song of the Pharaos« / CD 2, Stück Nr. 4

Aufstellung: ‾⌐‾ dicht stehend im Halbkreis, aber ohne Körper- und Handkontakt; die Augen fast geschlossen
Vorspiel: Die Anführerin macht nach den ersten Takten ¼-Drehung 𝒫 und ergreift mit der linken Hand die rechte ihrer Nachbarin (umgekehrte Handhaltung wie üblich). Dies wird kettenartig weitergegeben, bis eine geschlossene Schlange entstanden ist ─⤚→. Alle konzentrieren sich auf ihre Rückenseite.

Richtung	4/4-Takt	Zählzeit	Beschreibung
Teil A: ─⤚→	1	1-2	li Fuß hebt mit gestreckter Fußsohle minimal vom Boden ab und wird in der Luft einen Schritt rückwärts geführt
		3-4	li Fuß setzt auf und re Fußsohle hebt ab und bewegt sich rückwärts
	2 ff.		fortlaufend wdh. Dabei neigt sich im Verlauf des Schreitens der Rücken leicht nach hinten und die Knie geben etwas nach. Die Anführerin führt mit diesem Schritt eine Rückwärtsspirale bis zum Kreismittelpunkt, der etwa mit dem Vibrieren in der Melodiestimme erreicht sein sollte

Richtung	4/4-Takt	Zählzeit	Beschreibung
Teil B:		1-2	am Mittelpunkt löst die Anführerin die Handverbindung, wendet sich zur Mitte und berührt dort kurz den Boden
		3-4	mit re-li eine ca. 180°-Drehung. Die Tänzerin richtet sich auf und ihre Hände tasten suchend den neuen Raum ab. Auch diese Bewegung wird kettenartig von jeder Frau in der Schlange aufgenommen
			die Anführerin führt dabei einen Spiralweg nach außen an (einfacher re-li-Schritt), der abschließend mit 1/4-Drehung wieder in den Kreis geführt wird. Dort werden die tastenden Bewegungen größer und beziehen den ganzen Körper mit ein
Teil C:			1/4-Drehung zur Mitte
			der Körper macht eine leichte Gewichtsverlagerung von re nach li (Knie gebeugt), dabei führen die Arme eine fließende Bewegung in Form einer Achterschleife aus. Jede Hand formt eine Hälfte der Acht und im Schnittpunkt werden die Energien über die Handflächen verbunden. Diese Bewegung wird bis zum Ende der Musik ausgeführt

Didaktische Hinweise

Dieser Tanz braucht einen gut gewählten Platz, da die Choreographie für die meisten Kreistanzgruppen ungewohnt ist. Bei den Teilnehmenden muss eine wache innere Aufmerksamkeit da sein, damit der Tanz gelingt und in die angestrebte Bewusstseinsveränderung führt. Erfahrungsgemäß fasziniert die »Spirale ins Ungewisse« aber trotz der Anfangsschwierigkeiten, da sie gerade jenen Frauen einen Einstieg in die Wahrnehmung der nichtalltäglichen Wirklichkeit bietet, denen der Kontakt mit dieser Wirklichkeitsebene bisher fremd geblieben ist.

Zum Einüben des Tanzes sollte der Spiralweg mit seiner Umkehrung einmal abgegangen werden, da viele Frauen bei der Wende im Spiralzentrum die Orientierung verlieren. Diese Unsicherheit drückt einen wesentlichen Inhalt des Tanzes aus und sollte darum nicht zu sehr weggeübt werden. Wie bei jeder Spirale muss die Leiterin den vorhandenen Raum und die Anzahl der Tanzenden zur Länge der Musik in Beziehung setzen. Sonst gewinnt ein einzelner Tanzteil am Ende drastische Überlänge.[13] Die Umkehr im Spiralzentrum ist durch eine Änderung in der Melodiestimme »Song of the Pharaos« deutlich angezeigt; am Tanzende aber gibt es in der Musik kein Signal für den Wechsel zur Achterschleife. Hier muss sich die Leiterin gut in die Musik eingehört haben, um die Schlusspassage entsprechend einteilen zu können.

Zu achten ist darauf, dass die Füße im ersten Teil nicht einfach nur Rückwärtsschritte machen, sondern im Rhythmus der Musik erst mit der langen Betonung aufsetzen. In der Zwischenphase wird die Fußsohle wie suchend knapp über den Boden geführt, sodass das Aufsetzen jedes Mal eine Erleichterung ist. Die genaue Ausführung dieses Schritts intensiviert das persönliche Tanzerleben und wirkt wie verdichtend auf die Zwischenraumenergie des Spiralweges.

»Perchtentanz«

Das Dunkelheitsritual eröffnet die Zeit der Percht, die in nebligen Novembernächten mit ihrem wilden Gefolge durch die Lüfte und über das Land braust. Perchtenbräuche[14] sind zahlreich überliefert und werden bis heute in Süddeutschland und in den Alpen gepflegt. Ihr Höhepunkt liegt in der Zeit der Rauhnächte, wenn in den Dörfern und Städten wilde Perchtenumzüge – der sogenannte Perchtenlauf oder das Perchtenspringen – veranstaltet werden.

Die Percht ist eine Verkörperung der dunklen Göttin, die bis heute ihre mächtigen Züge bewahrt hat. Die patriarchale Entmachtung der Göttinnen hat der rauen Percht wenig anhaben können; im Gegenteil, noch heute lehrt sie in der dunklen Zeit den Männern das Fürchten. Ihnen wird geraten, in den Rauhnächten das Haus möglichst nicht zu verlassen, denn die Percht soll schon manch einen mit ihrer Hässlichkeit und Dreistigkeit zu Tode erschreckt haben. Zottig sieht sie aus, ungekämmt und schmutzig und vor allem ist sie wild.[15] So liebt sie den Sturm, mit dem sie den Menschen nicht nur die Mützen, sondern auch die Gedanken vom Kopf reißen kann. Überhaupt mag sie derbe Scherze, kräftige Speisen und freut sich über ein aufgetischtes Bier.

Frau scheint sie übrigens mit Speisen und Getränken am besten bei Laune halten zu können, und so ist die bekannteste Perchtensitte, ihr in der dunklen Zeit täglich etwas Speis' und Trank herauszustellen. Der beliebteste Platz dafür ist das Dach, denn die Percht fährt gerne durch die Luft. Ist die Speise am nächsten Morgen fort, gilt dies als günstiges Omen für das kommende Jahr.

Nicht nur hierin, sondern auch in vielen anderen Perchtenüberlieferungen wird ihr gar nicht so wilder Wesenszug als Wohltäterin deutlich. Sie belohnt großzügig und überraschend, gibt Hilfe in vertrackten Situationen und zeigt neue, ungewöhnliche Wege auf. Die Percht ist beides: wild und zerstörerisch sowie hilfreich eingreifend und verwandelnd. Mit dieser gleichzeitigen Verkörperung von scheinbaren Gegensätzen wirft sie unsere Vorstellungen von Gut und Böse durcheinander. Genau dies zeichnet sie als dunkle Göttin im alten matriarchalen Sinn aus – als schwarze Alte, die Tabus und Einordnungen nicht kennt.

Im Dunkelheitsritual rufen wir die Percht mit ihrem wilden Gefolge.[16] Wir laden diese Wesen ein, unser Ritual mit ihrer ungezähmten Art und Weise zu bereichern, auf dass wir selber Mut zu unseren ungezähmten Zügen bekommen. Hat die Percht ein Auge auf dich geworfen, tanzt sie gerne auch bis in deine vertrockneten Bürozusammenhänge hinein, bringt dort die langjährige Ordnung durcheinander und lacht sich eins ins Fäustchen, wenn der von dir in langweiliger Büroarbeit vollgespickte Computer ohne Erklärung einfach abstürzt. Dann lädt sie dich zum Perchtentanz, mal rechts herum, mal links herum, um dich aus der Stube in die viel aufregendere dunkle Nacht zu locken.

Mit den ersten Tanzschritten gehen wir der Percht aufrecht und klar entgegen. Du weißt, wie mächtig die schwarze Göttin ist. Also spannst du die Wirbelsäule und verbindest dich mit deiner eigenen Macht. Die Percht sieht dich tanzen, lacht listig in sich hinein und testet deine Schrecksekunde ebenso wie deinen Humor; statt dass sie dir entgegenkommt, hinkt sie dir hinterher – gerad' da, wo du nicht hinguckst. Doch du bestehst den kleinen Perchtentest, schwingst dein Bein herum zur Mitte und lädst gleich noch die anderen ungestümen Alten ein. Und da du nun weißt, dass die Percht ständig die Richtung wechselt, wiederholst du das ganze sicherheitshalber noch einmal zur anderen Seite.

Tanzbeschreibung »Perchtentanz«

Choreographie: Ziriah Voigt
Musik: Tri sewerniye chorowodi (russisch) / CD 2, Stück Nr. 5

Aufstellung: —⟩— geschlossener Kreis; Hände in V-Haltung

Richtung	2/4-Takt	Zählzeit	Beschreibung
—⟩→	1+2	1-4	li-re :‖ (russische Schritte); die Haltung ist stark und aufrecht
—⟩→	3	1	1/4-Drehung zur Mitte und li kreuzt vor re im plié
		und	re zieht gestreckt nach (Hinkeschritt).
		2 und	li-re (Hinkeschritt)
	4	3 und	wdh.
		4	li kreuzt vor re mit plié
		und	re macht etwas über dem Boden ein rond de jambe nach vorne, dabei streckt sich das Standbein und die Hände werden gelöst
↑	5+6	1-4	li-re :‖ re Hand ist einladend zur Mitte gestreckt, li ruht eingestützt in der Hüfte
↓	7	1	re rück mit plié und kleiner Verneigung. Dabei lädt die re Hand mit einer Gebärde die Percht und ihr Gefolge ein
		2	li der Körper richtet sich wieder auf
	8	3-4	re-li
←⟨	9-16	1 usw.	die Hände schließen zur V-Haltung und 1/4-Drehung nach li. Spiegelbildliche Wiederholung von Takt 1-8, re beginnend

Takt 1-16 fortlaufend wiederholen. Die drei Reigen werden hintereinander durchgetanzt und enden mit einer Verneigung.

Didaktische Hinweise

Der »Perchtentanz« ist relativ einfach zu lehren und zu lernen. Die einzige Schwierigkeit ist zu wissen, wann das rechte und wann das linke Bein eine Schritteinheit beginnt. Dies liegt daran, dass der Beinwechsel nicht bei der spiegelbildlichen Wiederholung geschieht, sondern schon vorher über das Rond de Jambe. Wie ein Auftakt leitet dieser schwungvolle Halbkreis des rechten bzw. linken Beines die Schritte zur Mitte ein.

Vorher wird der letzte Hinkeschritt nicht mehr voll ausgetanzt, sondern die Tänzerinnen bleiben mit dem Gewicht auf dem vorderen Hinkebein. Diese Abweichung im vierten Hinkeschritt muss bei der Einübung betont werden, da sie im Tanzeifer schnell verloren geht und dann für die Wiederholung in Gegentanzrichtung das passende Anfangsbein fehlt. Hilfsregel kann sein, dass in Tanzrichtung mit dem linken Fuß begonnen wird und in Gegentanzrichtung mit dem rechten, was den meisten Gruppen weniger geläufig ist.

Entsprechend der russischen Musik tanzen wir die langsamen Schritte im Stil russischer Reigentänze, das heißt, die Füße gleiten rollschuhähnlich über den Boden und der Körper ist stolz und aufrecht. Diese tänzerische Qualität sollte – auch im Kontrast zum hinkenden Perchtenschritt – möglichst deutlich erhalten bleiben und nicht durch eigene tänzerische Schnörkel wie Schwingen oder Federn verwischt werden. Die klare Haltung im Anfangsschritt entspricht der Kraft, die die Frauen in der dunklen Zeit und in der Begegnung mit der schwarzen Göttin brauchen. So erfolgt auch die einladende Geste in der Mitte nicht demütig und tief gebückt, sondern behält immer den Stolz der rituellen Tänzerin.

Der »Perchtentanz« ist prädestiniert, in einem Ritual getanzt zu werden. Er ist eine wirksame Anrufung an die Percht und schafft eine starke energetische Verdichtung im Ritualkreis. Der Tanz lässt sich aber auch gut an dunklen Winterabenden tanzen, wenn Frauen die Verbindung mit der Percht und ihrem Gefolge suchen. Um unliebsamen Perchtenwitzen vorzubeugen, sollte jedoch die rituelle Erfahrung beachtet werden, dass eingeladene Andersweltwesen gerne etwas geboten bekommen. Dies können weitere Tänze sein, Gedichte oder ein reihum erzähltes Märchen. Wir können auch unser Kichern und Lachen schenken oder einfach Speisen und wilde Getränke, die wir den geladenen Wesen nach alter Tradition anbieten. Demzufolge sollte der »Perchtentanz« nicht am Schluss eines Tanztreffens stehen, es sei denn als Dank- und Abschiedstanz mit für alle sichtbar veränderter Bedeutung.

»Geisterwalzer«

Nanni Kloke hat mit dieser Choreographie einen ätherischen Walzer geschaffen, der mich schon beim ersten Tanzen mit den Geistern durch die Lüfte schweben ließ. Seitdem habe ich diesen Tanz als »Geisterwalzer« in meinen Gruppen eingeführt, wobei ich an dieser Stelle ausdrücklich darauf hinweisen möchte, dass diese Interpretation meine persönliche spirituelle Deutung von Nanni Klokes Choreographie ist. Wir tanzen den »Geisterwalzer« zur Zeit der Novembernebel, wenn die Geister die Begegnung mit der Menschenwelt suchen.

Die Choreographie schafft in der Kombination des wehmütigen Gesangs von Zhanna Bichevskaya[17] und den schwebenden, kaum den Boden berührenden Walzerschritten eine die Sinne betörende Atmosphäre, der sich fast keine Tänzerin entziehen kann. Wir meinen fast die flüchtige, nebelkalte Berührung der Geistwesen auf unseren bleichen Novemberwangen zu spüren, den Hauch zu sehen, mit dem sie die Lüfte im Tanzkreis bewegen und möchten mit ihnen ins Land der Nebel davonschweben.

Der Tanz mit den Geistern ist seit den Tagen des romantischen Balletts im 19. Jahrhundert ein aus den Librettos nicht mehr wegzudenkendes Thema. Die verführerische Schönheit der bleichen Luftwesen, der Sylphiden und Wilis und wie sie noch genannt werden, soll mit ihren Tänzen schon manch eine(n) verzaubert und auf ewig ins Reich der Elfen entführt haben. Dort sollen hundert Jahre wie ein Tag sein, die Stunden angenehm und voller Genuss, sodass das Erdenleben schnell vergessen ist.

Doch gelten Geister als flüchtige Wesen, die kommen und gehen, wie sie wollen, und die Festigkeit menschlicher Bindungen nicht kennen. Es ist schwer, sie zu halten – schwerer scheint's, als mit ihnen davonzuschweben. Dies drückt der Tanz in seiner Schlusspassage aus, wenn die Musik wirr wird und aus dem Rhythmus weichen will. Es ist zu spüren, dass die Geister aus dem Tanzgeschehen fortdrängen und auch, dass ihre Laune kippt.

Das Launische gilt neben dem Flüchtigen als Charakteristikum von Geistwesen. In traditionsreichen Geisterkulturen heißt es sogar direkt: Geister müssen erzogen werden.[18] Sonst toben sie ihre Launen zu sehr an den Menschen aus.

So versuchen auch wir im Tanz trotz der chaotisierenden
Geister den Walzerrhythmus zu halten. Es scheint fast zu gelingen; für einige Takte kommen sie noch einmal in den schwebenden Rhythmus zurück. Doch dann entschwinden sie endgültig,
und wir können nur noch sehnsüchtig hinterher schauen. War
es Wirklichkeit, war es Traum? Eines gibt es bei Geistern nie
Gewissheit.

Tanzbeschreibung »Geisterwalzer«

Choreographie: Nanni Kloke unter dem Titel »Jeanne Bichevskaya Walzer« (© *Natural Dance Productions 1997 mit Genehmigung von Nanni Kloke*)
Musik: Zhanna Bichevskaya »U tserkvi stojala kareta« (russisch)
/ CD 2, Stück Nr. 6

Aufstellung: ⟶ geschlossener Kreis; Hände in V-Haltung

Richtung	3/4-Takt	Zählzeit	Beschreibung
⟶	1	1-3	li-re-li (als Walzerschritt tief-hoch-hoch zu tanzen)
	2	1-3	re-li-re (Walzerschritt)
	3	1-3	wie Takt 1
⟶	4	1-3	re seit (tiefer Wiegeschritt)
⟵	5	1-3	li seit (tiefer Wiegeschritt)
⟶	6	1-3	re-li-re (Walzerschritt) die Arme werden gestreckt vom Herzen her zur Mitte geführt
↓	7	1-3	li-re-li (Walzerschritt) mit dem ersten Rückwärtsschritt 1/4-Dre- hung nach rechts, die Arme sinken dann mit den nächsten Walzerschritten wieder in die V-Haltung zurück
⟶	8	1 2+3	re ran relevé und Arme streben leicht zur Mitte

Takt 1-8 fortlaufend wiederholen. Den Rhythmus bis zum
Schluss durchhalten und am Ende mit der Musik langsamer
werden. Zu den letzten Tönen im Relevé bleiben und die Arme
bis in Herzhöhe – gen Mitte strebend – führen.

Didaktische Hinweise

Dieser Tanz ist nicht einfach und muss in Ruhe eingeübt werden. Erfahrungsgemäß gibt es in jeder Gruppe ohnehin einige Frauen, die mit dem Walzerrhythmus Schwierigkeiten haben und gerade der hier vorliegende ist für ungeübte Ohren schwer zu hören. Erst nach einigen Tanzeinheiten klingt der Dreierrhythmus deutlich durch und das Tanzen wird leichter.

Neben dem technischen Erlernen ist es notwendig, in das Thema »Geister« einzuführen, sodass den Tänzerinnen die Bedeutung des Tanzgeschehens verständlich und nachvollziehbar wird. In rituellen Kreisen wird dies nicht weiter schwierig sein. Doch auch in anderen Gruppen halte ich es für wichtig, den Frauen ein positives Verständnis von Geistern nahe zu bringen. Sonst bleiben sie auf die lächerlichen Spukgeschichten von Kino und Fernsehen oder auf die Verteufelung von Geistern im Christentum angewiesen. Also tanze ich diesen Tanz auch in weniger rituell geprägten Gruppen, um das Thema »Geister« im matriarchalen Sinn unter die Frauen zu tragen.

Der Zauber und die Luftigkeit der Geisterwelt sollten sich im schwebenden Tanzstil niederschlagen. Dies ist kein Walzer, der am Boden kleben darf. Der Halbkreis zur Mitte wird vom Herzen her geführt aus der dort gefühlten Sehnsucht heraus, den Geistern ein Stück näher kommen zu wollen – eben mit ihnen diesen Walzer zu tanzen. Dasselbe gilt für den kleinen Geisterseufzer danach, wie ich diesen Tanzmoment einmal genannt habe. Wie ein sehnsüchtiges Ächzen greifen Herz, Hände und Blick noch einmal nach diesen betörenden Wesen, um dann doch enttäuscht wieder zur Erde zu sinken.

Ist der Tanz einmal geübt, bereitet die rhythmisch schwierige Passage am Ende meist keine Probleme mehr. In der Regel hat sich bis dahin längst ein feiner Energiefluss in der Gruppe eingestellt, der einen Gleichklang in den Schritten auch ohne Musikunterstützung ermöglicht. Der »Geisterwalzer« ist kein direkter Anrufungstanz an die Geister, da diese am Ende wieder fortziehen. Im Gegensatz zum »Perchtentanz« (siehe S. 178) löst sich hier die Begegnung mit der Anderswelt von selber auf, sodass keine besonderen rituellen Verabschiedungen nötig sind. Auch deshalb kann der »Geisterwalzer« ebenfalls in nicht-rituellen Zusammenhängen eingesetzt werden, zum Beispiel um eine Gruppe den Kontakt und die Eigenheiten dieser ätherischen Wesen fühlen zu lassen. Meist sind die Tänzerinnen von der fremden Welt, die sich ihnen in diesem Tanz eröffnet, sehr bewegt.

Energetisch ist darauf zu achten, dass die Choreographie stark in das Luftelement und die Ätherqualität führt. Vor der Rückkehr auf die Straße und in die Alltagszusammenhänge sollten deshalb eine Schließung der Chakren und eine anschließende Erdung erfolgen. Hierzu können Visualisierungen und Energieübungen gemacht werden; die Leiterin kann aber auch entsprechende Tänze auswählen, mit denen die Teilnehmerinnen behutsam in eine alltäglichere Energie zurückgeführt werden.

»Weg nach Eleusis«

In dem Tanz »Weg nach Eleusis« steht der alte Ritualplatz Eleusis in Griechenland als Symbol für den dunklen Schoß der Göttin. Es ist ein Ort von Ursprung und Tod zugleich. Niemals weißt du genau, was dich in Eleusis erwartet. Dieser mythologische Ort fordert von dir die Auflösung lieb gewonnener Strukturen – alte Muster, die scheinbar Sicherheit bieten und doch nicht halten. Die schwarze Göttin rührt sie in ihren großen Kessel, bis sie im dunklen Lebenssaft des Kosmos verschwinden, im feurigen Erdmagma, aus dem alles Lebendige entstanden ist. Viel Zeit vergeht über diesem Rühren der schwarzen Göttin (siehe auch Tanz »Nana« S. 198), Zeit der Transformation in der Dunkelheit der Erde. Irgendwann gebierst du aus der Tiefe heraus neues Leben.

Die eleusinischen Mysterienriten wurden fast 2.000 Jahre lang gefeiert und es galt als große Ehre und Freude, an ihnen teilnehmen zu dürfen.[19] Trotzdem ist es der Forschung bis heute nicht gelungen, detaillierte Informationen über die Gestaltung dieser Riten aufzudecken. Ein Grund dafür mag sein, dass auf den Verrat der Erlebnisse im Heiligtum von Eleusis die Todesstrafe stand (wie es auch in anderen Mysterienkulten üblich war[20]). Obwohl Tausende von Menschen damals an den eleusinischen Mysterien teilgenommen haben, scheint tatsächlich niemand das Geheimnis gebrochen zu haben. Überliefert sind nur rituelle Bruchstücke und Teile der vorbereitenden Handlungen. Das Mysterium selbst hüllt sich nach wie vor in Schweigen. So musst du selbst nach Eleusis tanzen und sehen, was dir die Göttin zeigt von ihrem Kessel, von dem Ort, in dem Tod und Leben zu einer Substanz verschmelzen.

Der Tanz »Weg nach Eleusis« kann helfen, dich an diesen Ort der Göttin zu führen. Er zeigt dir eine Struktur der Bewegung auf diesem Weg, auf dem sich nach und nach alles Bekannte und Sichere auflösen wird. Der Tanzschritt hält dich und erschüttert zugleich deinen Widerstand, der den vertrauten Boden nicht verlassen will. Wieso weitergehen, wenn ich nicht weiß, was dort zu gewinnen ist? Die Göttin Chaos lädt dich ein, die, die in der Auflösung Neues gebiert. Der Schritt lässt den Körper um deine Wirbelsäule pendeln, bis du an deiner starken Achse nicht mehr festzuhalten brauchst. Zwei Schritte gehst du mutig dem ungewissen Ort entgegen, um sofort wieder zwei Schritte zurück zu weichen. Ja, ja – nein, nein. Doch. Unerwartet entschieden schreitet der Körper plötzlich vorwärts und erhebt sich fast ein bisschen vor Erleichterung über den inneren Entschluss, um sich bald darauf aufs Neue dem Pendeln des Körpers zu ergeben. Allmählich wird so der Weg nach Eleusis zum eigenen Impuls. Das Labyrinth im Herzen der Erde ruft dich und deine Bewegungen passen sich den schlangenartigen Bewegungen der Erdenergien an. Trotz aller Angst erfasst dich ein Sog der Faszination, sodass du nicht mehr umkehren willst. Du bist bereit, das Geheimnis des Kessels[21] zu ergründen.

Tanzbeschreibung »Weg nach Eleusis«

Choreographie: Ziriah Voigt
Musik: Weg nach Eleusis / CD 2, Stück Nr. 7

Aufstellung: ⟶ offener Kreis; Hände in V-Haltung.

Richtung	4/4-Takt	Zählzeit	Beschreibung
↕	1	1	re kreuzt vor li (demi-plié); Körper und re Arm schwingen mit
		2	Gewicht auf li zurück, der Körper richtet sich wieder auf
		3	re seit (der Körper schwingt mit)
		4	Gewicht auf li zurück
	2		wie Takt 1

Richtung	4/4-Takt	Zählzeit	Beschreibung
⭢	3	1+2	re-li; die Schritte werden mit leicht gebeugten Knien gesetzt, sodass das Becken einen tieferen Schwerpunkt erhält. Die Arme gehen in die W-Haltung
⭠⭢		3+4	re-li
⭢	4	1	re (leichter Stampfer)
		2-4	li-re-li; der Körper richtet sich von innen her auf und die Schritte werden auf den Ballen gesetzt

In der Wiederholung geschieht der erste Schritt in Takt 1 direkt aus dem Relevé von Takt 4, sodass sich der Spielraum des Pendelschritts in den folgenden Sequenzen vergrößert. Der Tanz wird bis zum Ausklingen der Musik durchgetanzt und endet zu den letzten Tönen mit einem schwächer werdenden Pendeln des Körpers.

Didaktische Hinweise

Der »Weg nach Eleusis« ist als kultischer Tanz choreographiert und braucht in einer Tanzveranstaltung einen angemessenen, spirituellen Platz. Ich erlebe immer wieder, dass diese Choreographie starke Energien wie auch Emotionen weckt, die in einem spirituellen Prozess gehalten und geleitet werden müssen. Der einführende Text macht deutlich, dass der »Weg nach Eleusis« energetisch auf eine Auflösung von Struktur hinarbeitet. Im Zusammenhang eines Rituals kann der Tanz die Seele auf die Konfrontation mit dem schwarzen Gesicht der Göttin vorbereiten. Dies erfordert allerdings die Leitung durch eine oder mehrere erfahrene Frauen, die um die Gefahren solcher auflösenden Prozesse wissen und rituelle Grenzen setzen können. In diesem Sinn sei also vor Eigen- und vor allem vor Gruppenexperimenten mit diesem Tanz gewarnt.

Warum aber erscheint der »Weg nach Eleusis« trotzdem hier in diesem Buch, wenn der Tanz sich doch nicht im angelegten, auflösenden Sinn entfalten darf? Der »Weg nach Eleusis« lässt uns erahnen, welchen Platz und welche Wirkung kultischer Tanz im ursprünglichen Zusammenhang einmal gehabt haben mag. Tanzend erspüren wir, dass die Begegnung mit der schwarzen

Göttin weit über ein psychologisches Loslassen hinausgeht. Vielleicht begreifen wir etwas von der tiefen Weisheit matriarchaler Spiritualität, die sich in Bildern und nicht in Worten äußert. Mit dieser spirituellen Intention trage ich den »Weg nach Eleusis« heute in Frauengruppen. Dann tanzen wir diesen Tanz nicht gewaltsam bis zur Selbstauflösung viele Male hintereinander, sondern benutzen ihn sorgsam als kostbares Instrument und beobachten unsere inneren Reaktionen darauf. Die aufgewühlten Energien können gegebenenfalls später in einer rituellen Form ihren angestammten Platz finden. Ist dies nicht möglich, kann die Leiterin andere Wege wie Malen oder Formen in Tonerde[22] anbieten oder auch den Austausch in einer Gesprächsrunde.

Energetisch betrachtet hat der Tanz »Weg nach Eleusis« labyrinthische Kraft, auch wenn er in einfacher Kreisform getanzt wird. Im Pendeln des Körpers um die strukturgebende Achse der Wirbelsäule gibt der Geist nach und nach die festhaltende Kontrolle auf und vertraut den organischen, aber wirren Windungen der Erdenergie. Der Geist wird an eine urtümliche kosmische Weisheit – lange vor der Zeit der Menschwerdung existierend – angeschlossen und richtet sich im Kontakt mit dieser spirituellen Ebene wieder zum Leben auf. Das ist matriarchal-labyrinthische Erfahrung lange vor architektonisch angelegten Irrgärten.[23] Rein technisch gesehen könnte der Tanz sogar in labyrinthischer Choreographie getanzt werden, doch halte ich genau dies für eine der oben angesprochenen, gewaltsamen Übertreibungen. Auch hat sich gezeigt, dass die Schlangenhaltung der Gruppe (offener Kreis mit durchgefassten Händen) im Spüren des gemeinsamen »Wegs nach Eleusis« ein Stück Sicherheit in der Unsicherheit gibt.

Beim Lehren der Choreographie betone ich diese Qualität der durchgefassten Hände, da sie im gefühlsbetonten Austanzen die individuelle Pendelbewegung beschränkt. In den Tanzgruppen wird manchmal der Ruf nach freien Händen laut, um die Arme stärker schwingen lassen zu können. Doch ist eine solch großräumige Armbewegung in der Choreographie gar nicht beabsichtigt, da sie in einen anderen, eher aufladenden Prozess führt. Der hier getanzte Schritt meint dagegen ein nach und nach den Willen aufgebendes Pendeln des Körpers, das sich lediglich bis in die Arme fortsetzt. Es ist ein Ergeben des Geistes, ein Fallenlassen aus der Höhe des bewussten Entschlusses. Dies gilt vor allem für die fortsetzende Wiederholung des Schrittmusters, wenn die Pendelbewegung nicht in der Ebene, sondern aus dem Relevé erfolgt. Hier ist die Versuchung besonders groß, den Körper aktiv bis in Gegentanzrichtung zu drehen, statt sich ihm im loslassenden Pendeln zu überlassen. Falls diese Bewegung bei einigen gar nicht gelingen will, liegt es in der Regel an festgehaltenen Schultergelenken. Eine kleine Energiemassage unter den Tanznachbarinnen kann hier Abhilfe schaffen.

Tanztechnisch gesehen bietet der »Weg nach Eleusis« wenig Schwierigkeiten, auch wenn der Tanz anfangs für die meisten Körper ungewohnt ist. Er braucht eine gute Anführerin, die eine Balance zwischen wegsuchender Struktur und heilsamer labyrinthischer Verwirrung zu halten vermag.

Wintersonnenwende – Geburt in der Dunkelheit

Die lichtkargen Dezemberwochen vor der Wintersonnenwende führen die mit dem Novemberritual begonnene Dunkelheitsthematik in eine Steigerung, die fast unzumutbar erscheint und der sich tatsächlich viele Menschen verweigern.[1] Wie kann Dunkelheit noch dunkler werden oder Totes noch weitersterben? Eine spirituelle Absurdität entsteht, die sich in diversen Riten Luft gemacht hat. Von wilden Maskenspielen wird berichtet[2] oder von merkwürdigen, in Felle gekleideten Wesen, die durch die Straßen ziehen und mit viel Geschrei an den Türen Geschenke verlangen. Erstaunlicherweise fügten sich die Menschen meist freudig dieser dreisten Aufforderung.

Die Zuspitzung der spirituellen Kräfte in dieser Zeit führt zu rituellen Szenen, die Gewohntes umdrehen wollen, ja sogar festgefügte Gesetze aufheben können. Dies wird am deutlichsten in den römischen Saturnalien, die bis in das 3. Jahrhundert hinein vom 13. bis 21. Dezember als großes römisches Volksfest, unserem Karneval ähnlich, gefeiert wurden. Eine Besonderheit dieser Riten war die Umkehrung der sonst strikt festgelegten hierarchischen Verhältnisse: Für fünf rituelle Tage wurde zum Beispiel den Sklaven alle Freiheit gegeben, die sie haben wollten; sie durften sogar verlangen, von ihren Besitzern bedient zu werden.[3]

Sind traditionelle Rituale zu den anderen Jahreskreisfesten eher sparsam überliefert, so ist die Situation für die Wochen um die Wintersonnenwende umgekehrt. In Deutschland hat nahezu jede Gegend für diese Zeit besondere Riten und Bräuche bewahrt, allerdings fast immer überlagert von der christlichen Tradition. Indes bietet diese Vielfalt heutigen Ritualgruppen für ihre Suche nach einem stimmigen Wintersonnenwendritual wenig Hilfe. Wie inhaltlich überzeugend Lichterkranz, immergrüner Tannenbaum, goldene Sonnenkugeln oder silberne Mondfäden zum Wintersonnenwendritual auch sein mögen, so sind sie doch im Unterbewusstsein der meisten Frauen mit christlichen Assoziationen und mit nicht immer angenehmen Familienerinnerungen besetzt. Es wird Jahre brauchen, bis die Seele wieder ungebrochen auf die Ausdruckskraft dieser alten Symbole reagieren kann. So ist bei aller Freude über die Fülle überlieferter Traditionen große Vorsicht bei ihrem Gebrauch geboten.

Aus diesem Grund folge ich bei der Gestaltung des Wintersonnenwendrituals weniger den überlieferten Hinweisen, sondern gehe eher den umgekehrten Weg: Ich suche nach neuen Symbolen und Formen, die im Bewusstsein noch frei von rein patriarchalen Zuordnungen sind. Diese Haltung hat auch dazu geführt, dass die Feier des Wintersonnenwendrituals in meinen Gruppen im Vergleich zu anderen Jahreskreisritualen eher klein ist, was vermutlich von der ursprünglichen Bedeutung dieses Festes abweicht. Doch habe ich immer wieder erlebt, dass die meisten Frauen eine solch schlichte Feier als angenehmen Kontrapunkt zur enormen Überladung des christlichen Weihnachtsfestes empfinden. Zudem spricht bei einem matriarchalen Blick auf den Jahreskreis gar nicht so viel dafür, diesem Ritualtermin eine derartig herausgehobene Bedeutung zuzumessen. Denn das Bild des Rades stellt alle Rituale des Jahreskreises gleichgewichtig nebeneinander.

In diesem Zyklus stellen die Wintersonnenwendwochen so etwas wie ein inneres Geheimnis der dunklen Zeit dar und Geheimnisse entfalten sich nicht in lauten prachtvollen Festen. Diese dunkelste Zeit des Jahres ist in ihrem Charakter eine tiefere Oktave der rituellen Begegnung, die im Dunkelheitsritual begonnen hat.[4] Im Novemberritual werden wir mit dem Sterben konfrontiert. Im Dezember sind diese Vorgänge nahezu abgeschlossen, und Sterben und Vergehen ist – zumindest vom

Naturzyklus her gesehen – nicht mehr das Hauptthema. Jetzt scheint gar nichts mehr zu passieren. In der Natur breitet sich eine Energie von extremer Langsamkeit aus, die in den menschlichen Alltag schwer zu integrieren ist. Auf manche Frauen wirkt sie einschläfernd; denn die Dunkelheit hängt wie eine schwere Decke in den Räumen, sodass das Aufstehen jeden Morgen mühsamer wird. Wir fangen an, die Bärinnen und andere Tiere zu beneiden, die jetzt Winterschlaf halten, ohne sich um die spirituelle Qualität dieser Zeit zu kümmern.

In diese winterliche Intensität von Dunkelheit zu gehen und dabei wach zu bleiben, ist tatsächlich eine schwierige Aufgabe. Manche der überlieferten wilden Riten zur Wintersonnenwende sind vielleicht damit zu erklären, dass sie dieser einschläfernden Energie entgegenwirken wollen.[5] Das ist eine rituelle Möglichkeit, mit der schwierigen jahreszeitlichen Kraft umzugehen. Da wir aber bei der Gestaltung von Jahreskreisritualen eher mit dem natürlichen Energiefluss gehen und nicht gegen ihn wirken wollen, möchte ich auch bei der Wintersonnenwende diesen Weg versuchen. Also heißt die rituelle Aufgabe, in den Stillstand zu gehen, ohne einzuschlafen.

Stillstand ist eine andere Qualität als Stille. Sie ist nicht mit einem meditativen Bewusstseinszustand gleichzusetzen, wie ihn zum Beispiel buddhistische Meditationstechniken anstreben. Die Stille in einer Meditation ist durchaus bewegt und erfüllt von innerer Spannung; der Stillstand der Wintersonnenwendzeit aber ist voll dösiger Schwere wie schwarze Tonerde, die sich von Tag zu Tag weniger bewegen lässt. Jedes Jahr habe ich in den letzten Tagen vor der Wintersonnenwende den intensiven Wunsch, mich dieser Schwere einfach zu ergeben und für immer im Nichts dieser Zeit zu versinken. Doch irgendwann fange ich an, in dieser Dunkelheit einen Zustand zu fühlen, der über die Alltagserfahrung hinausgeht und der mehr wert ist als alle drängenden Fragen dieser Welt. Es ist ein Zustand vor aller Zeit, es ist ein Gefühl, als ob ich die Welt vor ihrer Entstehung kennenlernen würde. Tag und Nacht, Anfang und Ende, Weg und Ziel verschwinden in dieser riesigen Schwärze, die offensichtlich alles enthält, aber frei ist vom menschlichen Drang, sich in sichtbaren Formen zu gestalten. Ich war darauf vorbereitet, in dieser schwarzen Dunkelheit dem Sterben zu begegnen, und doch wohnt hier Leben in jeder Möglichkeit. Ich begreife die matriarchale Lehre, dass die Dunkelheit lange vor allem war und dass aus ihr alles hervor gegangen ist.

Wird Wintersonnenwende primär als Lichtritual gestaltet, verformt sich das rituelle Geheimnis dieses Festes leicht zum triumphalen Sieg des Lichts über die Finsternis, wie es in patriarchalen Traditionen nur allzu oft geschehen ist. Die Wintersonnenwende wird zur Kehrtwende, die von ihrem Ursprung im Schoß der Dunkelheit nichts mehr wissen will. Die christlichen Weihnachtsriten mit ihrem Fokus auf die Geburt Jesu zeigen dies überdeutlich: Die zähen, dunklen Wochen vor der Wintersonnenwende sind zur freudig-erwartungsvollen Adventszeit geworden. Die Wahrnehmung für die spirituelle Besonderheit der Dunkelheit ist verloren gegangen; sie ist nur noch Düsternis, die möglichst schnell vorübergehen soll.

Doch auch heidnische Riten sind schon lange vor dem Christentum einer ähnlichen Tendenz gefolgt. In nordischen Ländern werden zur Wintersonnenwendzeit oder zu Jul, wie der nordische Name des Festes lautet, bis heute ausschweifende Feuerriten gefeiert; von großen Trinkgelagen mit rituell zubereitetem Julbier und wilden Tanzttraditionen etwa auf den Färöer-Inseln wird berichtet.[6] Vielleicht hat der große Sonnenmangel im winterlichen Norden zu diesen offensichtlich lichthungrigen Riten geführt und auch zur auffälligen Terminvorlagerung des Festes. Speziell im skandinavischen Raum wird der Hauptfesttag der Julzeit am 13. Dezember gefeiert, dem sogenannten Lucientag.[7]

Lucia wird in der katholischen Kirche noch heute als Heilige verehrt. Feministische Forscherinnen sehen in ihr eine christianisierte Form der sabinischen Geburtsgöttin Lucina[8], die an der Wintersonnenwendschwelle ihren angestammten rituellen Platz behaupten konnte. Von der später heiliggesprochenen Lucia wird eine rätselhafte grausame Legende zu ihren Augen berichtet. Lucia schnitt sich diese angeblich heraus, um sie einem aufdringlichen Bewerber als drastische Antwort auf einem Tablett zuzuschicken. Versuchen wir, die matriarchalen Wurzeln hinter dieser Lucialegende zu erkennen, so könnte der Hinweis auf die fehlenden Augen der Lucia mit der gewaltigen Dunkelheit der Wintersonnenwendzeit in Zusammenhang gebracht werden. Wie die Dunkelheit trotz erschwerter Sehmöglichkeiten doch in sich das Potenzial hat, Licht zu gebären, so hat auch die heilige Lucia die Kraft – ohne die üblichen Augensinne –, das neue Licht von Haus zu Haus zu tragen. Denn sie ist mit der Kraft der alten Geburtsgöttin Lucina verbunden.

In dieser Göttinnenverbindung zeigt sie noch einen weiteren auffälligen Wesenszug, der mit der matriarchal gedeuteten, spirituellen Besonderheit dieser Zeit in Zusammenhang steht. Lucia hat die Fähigkeit zur steinernen Erstarrung. In einer Legende wird berichtet, dass Lucia in den Tempel flüchtete, um einer drohenden Hinrichtung zu entgehen.[9] Dort aber sei sie starr und schwer geworden, sodass sie mit allen Kräften nicht von ihrem Platz bewegt werden konnte. Selten wird in Mythen Vergleichbares berichtet. Heute kennen wir Bewegungslosigkeit als Mittel zum Überleben, etwa wenn Frauen versuchen, schwerer Gewalt zu entkommen. Die Bibel dagegen beschreibt Erstarrung nur als Bestrafung[10], und auch Märchen erzählen häufig mit ähnlicher Tendenz. Die matriarchale Spiritualität hingegen begreift Bewegungslosigkeit und Versteinerung als Attribut der Göttin in ihrer schwarzen Kraft. Betrachten wir also die beiden wichtigsten Legenden um Lucia, zeigt sie bei aller jugendlichen Schönheit deutliche Züge der Macht alter, matriarchaler Frauengestalten. Vieles deutet darauf hin, dass die schöne Lichterbraut Lucia, die in Schweden bis heute am Mittwintertag von Haus zu Haus geht, ursprünglich eine wandlungsfähige dreifarbige Göttin gewesen ist.

Versuchen wir also, das Wintersonnenwendritual im Sinne einer matriarchalen Lucia zu gestalten, die ein altes Gesicht hat, das sich in ein junges verwandeln kann. Es gilt, sich an Orte der Dunkelheit, an Plätze der schwarzen Göttin zurückzuziehen, um dort von ihrer archaischen Kraft des Ursprungs zu erfahren. Viele Megalithkulturen wiesen zum Beispiel unterirdische Kulträume auf, die vermutlich genau dieser Funktion dienten. An einigen Orten, etwa den Grabkammern von Newgrange in Irland, ist nachzuweisen, dass an einer bestimmten Stelle der erste Strahl der Wintersonnenwende in den Raum hineinfiel. Offensichtlich gehörte damals zum Mittwinterritual eine lange, stille Phase der Dunkelheit[11] – die dann mit dem plötzlich in das Dunkle hineinscheinenden Licht einen überwältigenden Abschluss fand.

Solche Erkenntnisse aus der Astroarchäologie können einen matriarchalen Weg für die Gestaltung heutiger Wintersonnenwendrituale aufzeigen. Auch wenn die meisten Frauen vermutlich weder astronomisch ausgerichtete Steinkreise noch unterirdische Kultanlagen in erreichbarer Nähe haben, ist es möglich, sich in Höhlen zurückzuziehen, Wohnräume entsprechend abzudunkeln oder schlicht dunkle Plätze im Wald aufzusuchen. Dabei ist gerade bei dem Aufsuchen eines Waldes zu beobachten, wie schwierig es heute ist, im Freien wirkliche Dunkelheit zu erleben. Störungen durch künstliche Lichtquellen sind selbst in ländlichen Gegenden fast nicht zu verhindern.

Darüber hinaus sind noch viele andere Möglichkeiten vorstellbar, dieses Ritual zu begehen.[12] Beispielsweise habe ich in manchen Jahren mit meinen Gruppen Wintersonnenwende als Wunschritual gefeiert. Dabei formt jede Frau in der stillen Phase des Rituals einen Wunsch für das kommende Jahr, den sie in den Kessel der Göttin geben will. In der zentralen Ritualhandlung bilden wir einen Kreis um einen in der Mitte ausgegrabenen Erdkessel. Darüber spinnen wir ein Netz von Frau zu Frau und jede Teilnehmerin knüpft ihren Wunsch in dieses Netz hinein. Wenn auf diese Weise alle Wünsche mit dem Netz verbunden sind, legen wir es in die Erdkuhle. Mit rituellen Tänzen rufen wir die Wesen der Anderswelt herbei, denen wir unsere Wünsche übergeben wollen.[13] Tänze der vier Elemente können diesen Teil abschließen, sodass unsere Wünsche alle notwendigen Kräfte zur Verfügung haben, um mit dem neuen Jahr ins Leben zu gehen. Zuletzt decken wir die Kuhle wieder mit Erde zu und bedanken uns bei allen Wesen, die wir gerufen haben. Als Zeichen der Wintersonnenwende und als Symbol der Verwirklichung unserer noch unsichtbaren Wünsche zünden wir ein Licht auf diesem rituellen Ort an. Wir genießen die neue, in der Dunkelheit hell leuchtende Kraft und stärken sie mit einem Tanz (zum Beispiel mit dem von Bernhard Wosien choreographierten »Sonnentanz«). Wintersonnenwende als Wunschritual entspricht dem dunklen Geheimnischarakter dieses Festes, auch wenn sich außer den heute üblichen weihnachtlichen Wunschzetteln wenig Hinweise auf traditionelle Wurzeln eines Wunschrituals finden lassen.

Die Art der Energiearbeit hebt sich von den anderen Jahreskreisritualen ab und macht den besonderen Charakter dieses Festes deutlich. Während bei den bisher beschriebenen Ritualen der Einsatz der eigenen spirituellen Kraft gefordert wird, macht uns das Wintersonnenwendritual mit seiner eigenartig trägen Energie das Geschenk, das wir nicht selber zu wirken brauchen, sondern unseren Wunsch den Kräften der Anderswelt übergeben dürfen.

Entsprechend den unterschiedlichen Auffassungen zum Wintersonnenwendritual setzt auch ein rituelles Tanzen – je nach religiöser Einbettung – unterschiedliche Schwerpunkte. In meditativen Tanztraditionen, die von patriarchalen Religionen beeinflusst sind, werden an dieser Stelle im Jahreskreis bevorzugt Licht- und Sonnentänze getanzt; sie sollen der Freude über den Sieg der Sonnenkraft Ausdruck geben. Schauen wir aber in den Himmel statt in unsere vorgedruckten Kalender, kann von einem solchen Triumph wohl kaum gesprochen werden. Hätten wir keine astronomischen Messgeräte oder hätten nicht früher Steinkreise diesen besonderen Sonnenstrahl angezeigt, würden wir von der Sonnenwende kaum etwas spüren. Dieser kosmische Wendepunkt ist so zart und geschieht kaum sichtbar im Verborgenen, dass er im Sinne des alten Ritualverständnisses nicht als Faktum zu befeiern ist, sondern erst im rituellen Prozess geformt wird. Er braucht Tänze und Gesänge, damit er sich festigen und entfalten kann.

Zu diesem rituellen Zweck gibt es besondere Sonnentänze, in denen die kosmische Wende der Sonne mit Choreographien der Kreisumstülpung oder mit Torfiguren energetisch unterstützt wird. Die winterlichen Kettentänze, die zur Julzeit auf den Färöer-Inseln getanzt werden, zeigen beispielsweise eine interessante Labyrinthstruktur, die offensichtlich den dunklen Schoß am tiefsten Punkt des Jahres betonte. Sie verbanden diesen labyrinthischen Weg in die Dunkelheit allerdings mit einem starken Rhythmus, der alle Tänzerinnen in heftige Bewegung versetzte. Die erhaltene Schilderung[14] erinnert an die wilden Umzüge, die mancherorts zu dieser Jahreszeit üblich sind. Die färöischen Kettentänze könnten wie diese die spirituelle Aufgabe gehabt haben, die Menschen aus ihren Winterschlafneigungen wach zu rütteln, wobei mit der labyrinthischen Choreographie gleichzeitig der Bezug zum Dunkelheitsthema gehalten würde.

Tänze wie die weiter unten beschriebene Choreographie »Nana« (siehe S. 198) bleiben stärker im Thema der Langsamkeit und Zähigkeit dieser Zeit. Die Gesten und Schritte sind in Anlehnung an die alte mythische Gestalt der Nana Burukú gestaltet, die in Brasilien immer noch als Großmutter von allen Wesen und Dingen angesehen wird; sie ist die Göttin, die vor allem anderen war und den Platz am dunkelsten Punkt des Jahres würdig ausfüllen kann.

Im Sinne des Wachbleibens oder gar Aufweckens wären noch die Baumtänze zu nennen, die laut und fröhlich stampfend im Freien um ausgewählte Bäume getanzt werden. Besonders liebten die Menschen die immergrünen Bäume, die auch im Winter die grüne Landschaft der Göttin zeigen. Die Stechpalme ist eine wichtige Symbolpflanze der Wintersonnenwendwochen geworden, da sie neben dem Grün zusätzlich in ihren Beeren das Rot des Sommers zeigt. Wie sehr wir uns im Ritualschmuck auf die traditionellen Farben[15] und Bräuche beziehen, hängt von der zentralen Symbolhandlung des Rituals ab. Wenn wir im Sinne einer matriarchalen Spiritualität den Schwerpunkt auf ein langes Verweilen in völliger Dunkelheit legen, erledigt sich die Frage nach Farben und Festschmuck fast von selbst. Eine weiße oder goldene Kerze kann die Dunkelheit beeindruckend erhellen, wenn die Gruppe nicht bis zum ersten natürlichen Licht, dem Wintersonnenwendaufgang, warten will.

»Naturmeditation im Gestein«

Die »Naturmeditation im Gestein« ist eine Vorbereitung auf das Wintersonnenwendritual; sie kann aber auch zum Wintersonnenwendritual selbst umgestaltet werden, wobei dann neben den rituellen Rahmenhandlungen ein anderer Abschluss gewählt werden muss. Wenn du dich tiefer auf diese Naturmeditation einlassen willst, musst du etwa zwei bis drei Stunden einplanen. Du musst dich warm anziehen, damit dein Körper nicht zu sehr auskühlt, und hast am besten ein warmes Getränk dabei, um dich nach Abschluss der Meditation innerlich wieder aufzuwärmen.

Zunächst brauchst du einen geeigneten Platz in der Natur. Suche dir einen Ort, an dem sich mehrere Felsen befinden oder – noch besser – eine Höhle. Beginne die »Naturmeditation im Gestein« in der Dämmerung.
Zunächst erforsche an deinem gewählten Platz das Gestein, bis du

eine geeignete Vertiefung gefunden hast, in die du dich mit deinem ganzen Körper hineinschmiegen kannst. Finde eine Körperhaltung, in der du möglichst nahtlos mit dem Gestein verschmelzen kannst. Dann schließe die Augen und überlass deinen Körper mehr und mehr den Steinen. Fühle die Macht und das Eigenleben dieses Gesteins. Spüre die riesige Masse des Felsenkörpers um dich herum und fange an, mit dieser Masse zu atmen.

Nach und nach versuchst du, deinen menschlichen Atemrhythmus dem Atem des Felsens anzupassen. Natürlich sind eure Tempi um Welten auseinander, aber wenn du dir genügend Zeit lässt, wird dein Körper etwas von der Langsamkeit des Gesteins übernehmen. Warte einfach, bis das Gestein selbst anfängt, die Regie bei dieser Übung zu führen und stärker wird als dein ungeduldiger Menschenkörper. Irgendwann wird dir auffallen, dass du dein Zeitgefühl verlierst und nicht mehr auf etwas wartest.

Bleibe einfach so und lass die Energie der Felsen noch weiter in dich hineinkriechen. Spüre die Trägheit und Gleichgültigkeit dieser Energie, die unseren Drang nach Gestaltung nicht kennt. Lass diese Kraft in dein Gehirn eindringen, sodass du dich mehr und mehr von deinen menschlichen Denkmustern entfernst ...

Wenn du spürst, dass ein wirklicher Prozess der Verschmelzung mit dem Gestein begonnen hat, kannst du die Augen öffnen und in die Dunkelheit schauen. Fühle die Dunkelheit ebenfalls wie eine große Masse – ähnlich dem Felsgestein – und versuche nicht, Einzelheiten zu erkennen. Lass noch mehr Zeit vergehen ...

Bleibe dann möglichst lange in dieser felsigen Qualität und spüre, wie du überall von Dunkelheit umgeben bist. Sie hört nirgendwo auf und kennt auch keinen Anfang. Du bist ein Teil von ihr. Sie umschließt dich und hält dich in ihr geborgen wie ein noch nicht geborenes Kind. Sie wird dich freigeben, wenn du dich bewegen willst, um in dein Menschsein zurückzukehren.

...

Löse die Meditation nun behutsam auf, denn es kann mittlerweile viel Zeit vergangen sein. Vielleicht hast du das Gefühl, dass du auf deinem Steinplatz angewachsen bist, aber sei gewiss, du kannst dich bewegen. So leicht ist es nicht, dem menschlichen Dasein zu entschlüpfen und zum Fels zu werden. Reibe dir die Glieder, bis sie wieder warm und gut durchblutet sind, und mache ein paar einfache Körperübungen, damit dein Bewusstsein wieder in die Zellen zurückkehrt. Bedanke dich bei deinem Felsenplatz und lasse ein Geschenk für die Wesen des Ortes da.

*Schließe deine Meditation mit einem Gang durch den Wald ab und
gehe jeden Schritt bewusst als Schritt zurück in dein Menschenfrau-
ensein. Bereite dabei deine Sinne darauf vor, dass sie bald wieder von
den unzähligen Einflüssen der Alltagswelt überflutet werden.*

Choreographien

»Nana«

> *»Sie schlurft daher, wie mit der Erde verwachsen.
> Klumpen werfen sich auf vor ihr, Lehmspuren folgen,
> tief durch alle Schichten der Zeit.*
>
> *Seit es Leben gibt, rührt sie den Brei an,
> formt den Kloß, rührt um.*
>
> *Sie ist sehr träge. Nach einiger Zeit
> gibt es nichts außer ihr.
> Uralt ist sie.«*[16]

Wenn du »Nana« tanzt, gleitest du aus der Zeit, die du kennst,
hinaus. Drei tiefe Trommelschläge ziehen dich zurück auf den
Grund deines Beckens; die dumpfen Töne weiten diesen Raum
des Ursprungs, aus dem heraus alles geboren wird und in den
alles zurückkehrt, was einmal gewesen ist. Dies ist der Ort, an
dem Nana rührt. Sie rührt mit einer Zähigkeit den schweren Brei
im Innern der Erde, die niemand ihren alten Knochen zugetraut
hätte. In diesen dunklen Brei der Nana sind viele Erlebnisse
und Erfahrungen deines Lebens hineingeflossen: manches, was
du nicht verstanden hast, anderes, was du nicht verkraftet hast.
Nanas Rühren verwandelt das Alte, löst es auf und setzt es zu
Neuem zusammen.

Im Tanz »Nana« bewegst du mit der kosmischen Rührerin
den Schöpfungsbrei. Mit schweren, erdigen Bewegungen rührst
du in Nanas Kessel[17], bis du an diesen Ort des Ursprungs hinüber gewandert bist. Dieser Ort kennt dein menschliches Zeit-
maß nicht; Nanas Rühren geschieht ohne Zeit. Sie bewegt den
Rührlöffel im Kessel mit einem Gleichmut, der die Frage nach

dem Ergebnis nicht zu kennen scheint. Auf diese Weise hat sie die ganze Welt zusammengerührt, mit ihren Händen jedes Lebewesen aus dem schweren Brei geformt und aus der Zeitlosigkeit in die Zeit geschickt.

In diesem Tanz schlüpfst du in Nanas Wesen hinein. Bedächtigkeit und Langsamkeit erfüllen dich mit jeder Wiederholung der monotonen Bewegung mehr und mehr. Irgendwann holst du aus der Tiefe des Kessels einen Klumpen Brei, formst ihn in deiner Hand, hältst ihn behutsam der Welt entgegen und gibst ihn frei. Ein Blick hinterher, und dann wendest du dich schlurfend ab. Nur dieser Gleichmut am Ort des Ursprungs gibt dir die Möglichkeit zu erschaffen. Du formst und trittst noch nicht in Beziehung; du hältst das Geschaffene nicht fest mit deinen Gefühlen und Überlegungen, was wohl aus ihm werden wird. Wenn du diesen Gleichmut spürst, bist du Nana sehr nahe. Mit diesem Tanz kannst du in ihren Raum des Ursprungs treten und ihre mächtige Energie spüren.

Nana ist eine ursprünglich afrikanische Göttin, die mit den SklavInnen nach Brasilien gebracht wurde und bis heute im Candomblé wie im Umbanda, den beiden afrobrasilianischen Religionen, verehrt wird. Für die BrasilianerInnen ist die Göttin Nana die Großmutter der Zeit. Niemand weiß genau, was vor Nana war, ob es überhaupt etwas gab, was vor ihr war. Sie ist so alt und so ursprünglich, dass die Menschen von ihr nicht – wie bei den anderen Gottheiten ihrer Religionen – in Mythen und Trommelliedern zu erzählen wissen.

In Westafrika ist eine Göttin Nana-Buluku[18] bekannt, von der die Mythen berichten, dass sie das erste Menschenpaar erschaffen habe. Auch als später in der Kolonialzeit unter dem Druck der Missionare die afrobrasilianischen Religionen mit christlichen Heiligengestalten verschmolzen, blieb Nanas Charakter als Mutter aller Lebewesen erhalten. Sie wurde von den SklavInnen mit der biblischen Anna, der Großmutter Jesu, gleichgesetzt.

Die Choreographie »Nana« basiert auf der matriarchalen Vorstellung, dass die schwarze Göttin in der dunklen Zeit des Jahres – genau dann, wenn von draußen nichts zu sehen ist – im Innern der Erde das neue Jahr zusammenrührt. So ist »Nana« ein typischer Tanz der Wintersonnenwende und der Rauhnächte. Er bringt Frauen mit der schöpferischen Energie am dunkelsten Punkt des Jahres in Kontakt. »Nana« führt in eine zeitlose, transzendente Qualität und wirkt wie ein eigenes Ritual. So ist »Nana« ein kostbarer Tanz und verschafft sich schnell ehrfürchtiges Schweigen.

Im brasilianischen Umbanda-Kult werden Nanas langsame Bewegungen als Trancetanz ausgeführt in der Hoffnung, dass sie im Verlauf der Zeremonie in irgendeinen der tanzenden Körper hineinschlüpfen möge, um sich den Anwesenden zu zeigen und mitzuteilen.[19] Im rituellen Kreistanz streben wir ein solch mediales Ereignis, das gewöhnlich für persönliche Fragestellungen genutzt wird, nicht an. Unsere Intention ist eher ein überpersönliches kosmisches Interesse im Zusammenhang des Jahreskreiszyklus.

Trotz allem, auch wenn »Nana« kein Trancetanz im Stil des brasilianischen Umbanda ist, haben wir im Tanz doch manchmal das Gefühl, als ob Nana beim Rühren, Kneten und Formen mitten unter uns ist. Nach einiger Zeit des Tanzens weiß keine Frau mehr so genau, ob sie es ist, die den Brei bewegt und über die lehmige Erde schlurft oder ob Nana die Regie übernommen hat. Unter stetigem Rühren löst Nana alle Gestalt auf, auch deine. Da sie alles ist, nimmt sie dich auf in ihrem mächtigen Kessel. Sie kümmert es nicht, ob du rührst oder sie. Hauptsache – der Brei bleibt in Bewegung.

Tanzbeschreibung »Nana«

Choreographie: Ziriah Voigt
Musik: Töm Klöwer/Rolf Exler/Nadja Ollig »Großmutter der Zeit - Nana« / CD 2, Stück Nr. 8

Aufstellung: ―A― einzeln im Kreis

Richtung	4/4-Takt	Zählzeit	Beschreibung
	1-4	1-16	Füße sind eine reichliche Hüftbreite geöffnet, die Knie sind leicht gebeugt mit der Vorstellung eines Kessels zwischen den Beinen, die Hände ruhen auf einem imaginären Rührstab in der Mitte des Kessels
	5	1-4	Hände rühren mit einer großräumigen Bewegung gegen den Uhrzeigersinn, dabei ist der ganze Körper in die Bewegung mit einbezogen
	6	1-4	wie Takt 5, aber die Rührbewegung wird kleiner
	7	1-4	wie Takt 6, die Rührbewegung wird noch kleiner, sodass sie etwa in der Mitte des Kessels endet
	8	1-4	warten
	9	1-4	beide Hände greifen in die Tiefe des Kessels und holen etwas von dem Brei heraus
	10	1-4	re greift um, sodass beide Hände ein kugelartiges Gebilde vor dem Bauch formen
	11	1-4	beide Hände heben das Geformte nach schräg li oben und halten es der Welt entgegen
	12	1-4	die Hände öffnen sich leicht und entlassen das Geformte in die Welt
	13	1-2	der Blick folgt noch dem Entlassenen, während sich die Arme öffnen und abwärts geführt werden; am Ende setzt der li Fuß schon zur anschließenden Drehung an
		3	1/4-Drehung nach re, li Fuß setzt auf und der Blick wendet sich ab; die Hände fassen sich auf dem Rücken
		4	Warten
	14	1-3	re-li-re; schlurfende Schritte einer alten Frau, die Knie bleiben gebeugt und auch der Rücken ist krumm
		4	li Ferse hebt leicht ab und der Schultergürtel dreht sich etwas nach links, sodass der Blick noch einmal verstohlen zurückschaut
	15	1-3	li-re-li (Schrittqualität wie Takt 14)
		4	re Ferse hebt ab und der Schultergürtel dreht sich nach re, der Blick folgt
	16	1-4	wie Takt 14
	17	1-4	wie Takt 15
	18	1-3	die Arme öffnen sich und gehen über die Tiefe (leichtes plié) nach schräg oben
		4	stumme Anrufung der Himmelsrichtung
	19	1-4	re Fuß hebt ab und führt 1/4-Drehung nach re, li Fuß dreht am Platz, Armgebärde wie in Takt 18
	20	1-4	wie Takt 19

Richtung	2/2-Takt	Zählzeit	Beschreibung
⌒	21	1-4	wie Takt 19
	22	1-3	re Hand gießt von den angerufenen Kräften in den Kessel und wandert nach außen an den Kesselrand
		4	Warten
	23	1-4	wie Takt 22 aber mit der li Hand
	24	1-4	beide Hände wandern zusammen auf den Rührstab (Anfangsposition)
	25	1-4	das Kinn reckt sich etwas nach li

Takt 1-25 fortlaufend wiederholen. Der Tanz endet mit dem Entlassen des Geformten und dem hinterherschauenden Blick.

Didaktische Hinweise

Obwohl »Nana« von den technischen Anforderungen her gar nicht so viel Übung erfordert, braucht der Tanz aufgrund seiner besonderen energetischen Ausrichtung eine behutsame spirituell-didaktische Hinführung, sodass sich alle Teilnehmenden auf die Bewegungen der Nana einlassen können. Die Gruppe muss mit dem Bild der alten Göttin vertraut gemacht werden, die vor aller Zeit die Welt zusammengerührt hat und der wir zwischen den Jahren besonders nahe sind. Denn zu dieser Zeit wird in der Anderswelt das neue Jahr geformt.

Es empfiehlt sich, die Frauen zunächst frei zur Musik improvisieren zu lassen und nur das Bild des Rührens und des schwerfälligen Schlurfens als Grundmuster vorzugeben. Die meisten Tänzerinnen sind bald von den dunklen Tönen der Musik ergriffen und überlassen sich der Verlangsamung der Zeit. Der erste Kontakt mit einer uralten Göttin, die ihre Füße nicht mehr heben mag und die den Weltenbrei rührt, beginnt. Einige macht dies überglücklich, andere müssen vor Rührung weinen. Es ist gut, das Erlebnis dieser Einführungsphase mit einer verbalen Austauschrunde abzuschließen.

Da die Musik und die Grundbewegungen des Tanzes nun vertraut sind, können die meisten die choreographierte Fassung von »Nana« recht schnell aufnehmen. Beim Rühren soll die Energie in den Unterbauch sinken, sodass das eigene Becken zum Rührkessel wird. Die Bewegungen des Formens, Entlassens und Hinterherschauens geben jeder Tänzerin die Freiheit einer feinen, individuellen Ausgestaltung der Choreographie.

Je mehr eine Frau mit der Nana-Gestalt verschmilzt, desto authentischer wird sie die Einzelheiten der beschriebenen Bewegung gestalten. Der Rücken wird krummer bei den schlurfenden Schritten und das Heben der Arme bei den Anrufungen noch langsamer. Die Augen blicken gleichmütig über das Geschehen und das Kinn reckt sich, sodass die Würde der alten Nana sichtbar wird.

Hat dieser spirituelle Prozess eingesetzt, ist auf den Tanz in der Ausführung kaum noch korrigierend einzuwirken. Wenn Nana im Kreis ist, welche Tanzleiterin wollte da noch verbessern? So ist vor allem zu bedenken, dass »Nana« nicht wie jede andere Choreographie zu tanzen und einzuüben ist. Die Choreographie entfaltet schnell ihre eigene Dynamik, der dann nur noch gefolgt werden kann. Die dabei entstehende Stimmung ist schwer mit einem anderen Kreistanz aufzufangen und in eine neue Richtung zu leiten. Nahezu jeder Tanz erscheint hinter dem der Nana fehl am Platz. Besser ist es, die geschaffene Energie in einer rituellen Handlung weiterzuführen, beispielsweise in dem Ziehen eines Jahresorakels, das dem Rühren im Zwischenraum zwischen den Jahren am besten entsprechen würde. Auch eine Meditation oder ein schweigender Gang durch die dunkle Nacht könnten die spirituelle Kraft des »Nana-Tanzes« aufnehmen und ihr einen wortlosen Raum geben. Zu späterer Zeit mag es gut sein, über das Erfahrene zu reden; direkt nach dem rituellen Erlebnis des Tanzes sollte jedoch die Wortlosigkeit, die zu Nanas Raum des Ursprungs gehört, gewahrt bleiben.

Am besten ist es, wenn »Nana« in einen rituellen Rahmen eingebettet wird, in dem am Ende alle gerufenen Kräfte ihren Dank bekommen und sorgfältig wieder verabschiedet werden. Andernfalls muss die Leiterin eine Form finden, um die enge Verbindung der Tanzenden zu Nana zu lösen und die Frauen aus der Zeitlosigkeit wieder zurück in die Struktur von Raum und Zeit zu führen. Zumindest sollte Nana ein kleines Geschenk bekommen, vielleicht ein Stück ihrer Lieblingsspeise, einer dicken, runden Melone.

»Sehnsucht nach dem Licht«

Der Tanz »Sehnsucht nach dem Licht« fängt die Stimmung kurz vor der Wintersonnenwende in den dunkelsten Tagen des Jahres ein. Die Energie steht beinahe still im Kreis, wenn wir die schlichten Schritte um das zarte Licht tanzen, das sich trotz unserer sehnsuchtsvollen Gebärden noch nicht ausbreiten mag. Fast jede im Tanzkreis kann das Wintersonnenwendthema in dieser einfachen Choreographie spüren. Das behutsame Umschreiten des Lichts zu den eindrücklichen Tönen der Oboe entfaltet seine Wirkung, ohne dass viele erklärende Worte zur rituellen Bedeutung des Tanzes nötig sind. Fast von allein streckt sich jede Tänzerin nach dem in dieser Zeit so kostbaren Kerzenlicht in der Mitte aus und kann es doch nicht erreichen. Die Enttäuschung lässt den Körper wieder zurücksinken, ohne dass der Geist – wo er dem Ziel doch schon so nahe gewesen war – aufgeben mag. Wir umschreiten weiter das Licht und lassen es nicht aus den Augen. Aufs Neue strecken wir uns aus; die Muskeln werden noch ein wenig länger, und das Herz will schon unsichtbare Fäden zur ersehnten Mitte weben.

Aber noch ist es nicht Zeit. So schließen wir den Kreis dichter, sodass das Licht sicher in unserer Mitte ist. Die Hände erheben sich und gestalten eine schützende Gebärde, die dem Blick eine winzige Öffnung lässt; wir wollen den Kontakt zum Licht nicht verlieren. In dieser Haltung klingt der Tanz aus. Es gilt zu warten und die letzten Tage bis zur Wintersonnenwende auszuharren.

Tanzbeschreibung »Sehnsucht nach dem Licht«

Choreographie: Ziriah Voigt (in Anlehnung an eine Choreographie von Maria-Gabriele Wosien)
Musik: Alessandro Marcello, Oboenkonzert d-moll, 2. Satz / CD 2, Stück Nr. 9

Aufstellung: ⟶ geschlossener Kreis; Hände in V- Haltung

Richtung	3/4-Takt	Zählzeit	Beschreibung
	1-3		Vorspiel
→→	4	1-6	re-li-re-li-re-li
↗↶	5	1-2	1/8-Drehung zur Kreismitte mit Schritt re, li angestellt
		3-6	die Arme strecken sich - vom Herzchakra geführt - dem Licht in der Kreismitte entgegen, am Ende heben die Fersen leicht vom Boden ab und verlängern die Bewegung
→→	6	1-6	wie Takt 4, aber der erste Schritt erfolgt aus dem vorherigen relevé und senkt auf den flachen Fuß ab wie eine leichte Enttäuschung, dass das Licht noch nicht zu erreichen ist. Die Arme werden fließend zurück in die V-Haltung geführt
↶↷	7	1-6	wie Takt 5
	8-35		Takt 6 und 7 fortlaufend wdh., bis die Musik nach unten moduliert (Takt 35)

Takt 6+7 fortlaufend wiederholen, bis die Musik nach unten moduliert (Takt 35). Dann den Abschluss wie folgt tanzen:

Richtung	3/4-Takt	Zählzeit	Beschreibung
→→	36	1-6	re-li-re-li-re-li
↶↷	37	1-6	1/4-Drehung zur Mitte mit Schritt re, li angestellt. Dann nur stehen (auf das Licht warten)
↑	38	1-6	re-li-re-li-re-li
↶↷	39	1-3	Warten
		4-6	die Arme langsam gestreckt in Schulterhöhe heben
	40	1-6	die Hände lösen und langsam aufeinander zuführen, zwischen den Händen bleibt eine kleine Öffnung, durch die auf das Licht geschaut werden kann
	41	1-6	die Hände in den Gelenken leicht nach oben abknicken, sodass eine schützende Gebärde entsteht. In dieser Haltung bleiben, bis die Musik ausklingt

Didaktische Hinweise

Am besten ist der Tanz »Sehnsucht nach dem Licht« in einem nur schwach oder gar nicht erleuchteten Raum zu tanzen, sodass eine einzelne Kerze in der Mitte ihre ganze Wirkung entfalten kann. Ich tanze »Sehnsucht nach dem Licht« nur in der dunkelsten Zeit kurz vor der Wintersonnenwende; dann sind Thema und äußere Gestaltung allen Teilnehmenden unmittelbar einsichtig. Die Choreographie erfordert eine genau geführte Spannung des Körpers, die mit der Musik fließend anwächst und auch gleitend wieder nachgibt. Tanztrainierten Körpern ist ein solches Spiel mit der Spannung vertraut, in rituellen Tanzkreisen gilt dies weniger. Gegebenenfalls muss also die Technik etwas geübt werden. Trotzdem ist das Bewegungsmuster dieses Tanzes so eingängig, dass die meisten nach wenigen Takten mit dem Körper das Grundmotiv erfasst haben und anfangen, es auszutanzen. Dann beginnt häufig ein Spiel mit dem Relevé im zweiten Schrittteil und ein Ausprobieren der eigenen Balancegrenze.

Ist eine solche Tendenz zu beobachten, ist darauf zu achten, dass über diesen Experimenten mit der Balance, die für die Einzelne reizvoll sein mögen, der Inhalt und die Konzentration des Tanzes nicht verloren gehen. Die Höhe des Relevés ist für die Qualität nicht ausschlaggebend, viel wichtiger ist das vom Herzen geführte, langsame Ausstrecken der Arme zum Licht. Die Füße geben eigentlich nur dem Streben der Arme nach und erheben sich dadurch vom Boden. Das nachfolgende Absenken zu den Gehschritten gerät jedes Mal ein wenig anders, je nachdem wie die vorherige Figur äußerlich und innerlich ausgeführt wurde. Auf alle Fälle geschieht das Absenken fließend, so wie auch die Spannung im Körper erst allmählich mit den nächsten Schritten nachlässt. Die Entspannung ist am stärksten im Herzen zu spüren, während Arme und Beine immer eine leichte Spannung behalten. Wichtig ist zudem, dass die Tanzenden im Umschreiten der Mitte kontinuierlich den Bezug zum Licht wahren.

»Lichtgeschenk«

Im »Lichtgeschenk« schließen wir einen ersten, behutsamen Kontakt mit dem zarten Keim des Neuen, der in der Wintersonnenwendnacht geboren wird. Dieser Tanz streckt sich Schritt für Schritt aus den runden, geborgenen Formen der Dunkelheit heraus in die noch kaum zu erkennende Kraft der Helligkeit. Die Choreographie lässt die Tänzerin immer wieder innehalten wie ein leises Nachhorchen, ob die Seele bei der Bewegung auch mitkommt. Der Tanz kennt keine übereilten Schritte, sondern lebt aus der Kraft der Behutsamkeit.

»Lichtgeschenk« schafft im Tanzkreis eine konzentrierte Atmosphäre, in der sich jede Frau einen intensiven Kontakt zu der neuen Kraft erarbeiten kann, die ihr in der Wintersonnenwendnacht geschenkt wird. Schritt für Schritt geht sie dem Neuen entgegen, aus der Tiefe heben sich ihre Arme bedächtig in die lichte Höhe. Anfangs scheint diese Passage viel zu lang zu sein. Warum die Arme nicht einfach freudig dem Licht entgegenstrecken wie in anderen Tänzen auch? Erst im Nachhinein spüren die meisten, wie wohltuend die behutsamen Schritte dieser Choreographie auf ihre, noch im Dunkeln steckenden Gemüter gewirkt haben.

Natürlicherweise sehnen die meisten Frauen in den lichtarmen Tagen die Sonnenkraft herbei; dabei unterschätzen sie jedoch häufig die Problematik dieses Übergangs zum Licht. Der Körper hat sich längst an die niedrige Energieschwingung der zurückliegenden Wochen gewöhnt, in der die Seele eingerollt im Schoß der Dunkelheit ruhen durfte. Ein stürmisch-feuriger Sonnentanz an dieser Stelle würde auf sie vermutlich wie ein schriller Wecker wirken. Deshalb strecken wir uns langsam aus dem schläfrigen Rückzug der Dunkelheit heraus, formen mit den Händen erst ein Gefäß, um uns auf das Wintersonnenwendgeschenk vorzubereiten. Am Ende des Tanzes wird aus der vorsichtigen Begegnung mit dem Licht eine integrierende Berührung, mit der die im tanzenden Ritualkreis erzeugte Energie dem Herzen zugeführt wird. Auf diese Weise macht »Lichtgeschenk« jeder Frau ein auch körperlich spürbares Geschenk.

Tanzbeschreibung »Lichtgeschenk«

Choreographie: Ziriah Voigt

Musik: Tommaso Albinoni, Concerto a cinque op. 9 Nr. 2 – Adagio / CD 2, Stück Nr. 10

Aufstellung: ⌒ geschlossener Kreis; Hände in V-Haltung

Richtung	3/4-Takt	Zählzeit	Beschreibung
⌒→	1	1-6	re seit-li ran :‖ 3x
←⌒	2	1-6	Takt 1 spiegelbildlich wdh.
↑	3	1-6	re-li tipp angestellt / li-re tipp / re-li tipp
⌒	4+5	1-6	li Fuß setzt auf und die Arme werden in sechs Akzenten stufenweise nach oben geführt, zuletzt ist auch der Blick nach oben gerichtet
	6	1-3	Die Hände lösen sich und werden in drei Akzenten mit den Handflächen zueinander geführt, bis sie ein Gefäß formen
↑	7	1-6	re-li :‖ 3x die Hände bleiben in der Gebärde des Gefäßes
↓	8	1-6	mit re seit 1/4-Drehung-li ran / re seit-li ran / re seit-li ran. Die Hände führen dabei das Gefäß etwas tiefer (etwa auf Herzhöhe)
↑	9	1-6	li seit-re ran :‖ 3x
↗	10	1 und 2 und 3 und	relevé mit leichter Drehung, Fersen ab noch zwei Mal wdh., sodass der Körper zuletzt wieder zur Mitte ausgerichtet ist
⌒	11+12	1-6	die Hände lösen sich aus der Gefäßgebärde und werden in sechs Akzenten abwärts zurück in die V-Haltung geführt

Takt 1-12 fortlaufend wiederholen. Wenn der Tanz ohne Vortakte direkt mit der Musik begonnen wird, endet er mit den Schritten zur Mitte von Takt 3. Mit den letzten Tönen der Musik werden dann die Hände nach oben zum Licht geführt.

Didaktische Hinweise

Beim ersten Kennenlernen wirkt die Choreographie von »Lichtgeschenk« umfangreich, da viele Kleinigkeiten zu merken sind. Zur Erleichterung kann die Leiterin die einzelnen Bewegungspassagen während des Tanzens zunächst ansagen, bis alle den Ablauf ohne Mühe erinnern können. In der Regel kommt dann die Bedächtigkeit der Bewegungen als Grundenergie durch, sodass sich die Tanzenden innerlich entspannen und sich der Ruhe des Tanzes gerne überlassen. Insgesamt bietet der Tanz wenig technische Schwierigkeiten. Für einige sind die Sechsersequenzen ungewohnt, vor allem da sie bei ungeschulten Ohren nicht immer leicht zu hören sind. Hier hilft nur gute Konzentration oder schlicht Zählen.

Bei der Einführung von »Lichtgeschenk« ist es ratsam, die Bedeutung der Schritt für Schritt gesetzten Bewegungen in ihrer rituellen Funktion zu erläutern. Dies gilt insbesondere für die stakkatoähnlich geführten Arme, denn diese Bewegung sollte sich nicht in eine fließende wandeln. Für ungeduldige Gemüter ist diese Passage eine gute Herausforderung, über die spirituelle Energie der Zeit nicht einfach hinwegzutanzen.

Ist der Tanz in einen rituellen Zusammenhang eingebettet, wird dieses Problem ohnehin nicht auftreten, da die Frauen noch viel zu sehr von der stillstehenden Qualität der dunklen Zeit durchdrungen sind. »Lichtgeschenk« wirkt dann eher wie ein hilfreiches Angebot, um den jahreszeitlichen Übergang gut bewältigen zu können.

Ich tanze »Lichtgeschenk« häufig in Folge mit dem »Wiegen des Winterkindes« (siehe S. 227), da beide Tänze thematisch und energetisch dicht zusammenhängen. Zwar wirken die weichen, wiegenden Schritte des »Winterkindes« auf den ersten Blick grundverschieden von den stakkatoartigen Bewegungen des »Lichtgeschenk«, doch schaffen beide Tänze dieselbe zarte Begegnung mit dem Keim der Wintersonnenwendnacht. Die klar-strukturierte Bewegungsführung im »Lichtgeschenk« bereitet die mütterliche Wärme des »Wiegen des Winterkindes« vor; beide Tänze halten das Neue der Wintersonnenwendnacht noch in bergend-umhüllender Gebärde, ohne es schon in Worte fassen zu können.

Rauhnächte – Zeit zwischen den Zeiten

Wenn das Jahr nach Mondmonaten gezählt wird, entsteht am Ende des Jahres als Differenz zum Sonnenjahr ein Überhang von etwa zwölf Nächten. Dieser Zeit wurde spirituell schon immer eine besondere Bedeutung zugemessen; es war eine Zeit, die zugleich keine war – weder dem alten noch dem neuen Jahr zugehörig. Sie galt als Zwischenzeit, als Raum für die Andersweltwesen, die in jenen Nächten die Erdenwelt besuchten und das Regiment übernahmen. Nur so konnte sich ein magisch denkender Verstand diese kalendermäßige Unebenheit erklären. Keine Phase im Jahr ist so von Sagen und rituellen Bräuchen umwoben wie die zwölf Rauhnächte. Speziell im süddeutschen Raum und in den Alpenländern rechnen die Menschen

bis heute mit allen möglichen Merkwürdigkeiten in Haus und Hof. Selbst die Tiere können in dieser Zeit sprechen, heißt es; sie sollen sich des Nachts über ihre Besitzerinnen unterhalten und sich erzählen, wie mit ihnen das Jahr über umgegangen wurde. Die Menschen scheinen in dieser Zwischenzeit am wenigsten zu sagen zu haben. Es ist deutlich, dass andere Regie führen und wir uns bestenfalls fügen können.

Diese Nächte zwischen den Jahren lassen sich nicht in ein Raster einordnen und sprengen auch alle Versuche, sie in einem klaren rituellen Rahmen kultisch zu gestalten. Die meisten Berichte über Rauhnachtbräuche wimmeln nur so von Schutz- und Abwehrriten, denn angeblich seien jetzt böse Geister aktiv. Doch ist anzunehmen, dass es bei diesen Riten ursprünglich um die gegenteilige Intention ging, nämlich dass die Menschen mit solchen Bräuchen den Kontakt zur anderen Welt lebendig halten wollten und ein Besuch dieser Wesen früher als segenbringend für Haus, Hof und die ganze Familie galt.

So diente auch das Ausräuchern des Hauses, auf das der Name Rauhnächte (vielerorts auch als Rauchnächte bezeichnet) in der Forschung meist zurückgeführt wird[1], zunächst sicher dazu, Geister anzulocken. Heute wird diese Sitte leider vielfach gegenteilig gedeutet; es gehe darum, die uneinschätzbaren Andersweltwesen mit reinigendem Rauch zu vertreiben. Doch Räucherungen gehören in vielen Religionen zu den klassischen Gaben an die feinstoffliche Welt, wie in zahlreichen Tempeln und Kultstätten zu sehen und zu riechen ist. Der feine, sich verflüchtigende Geruch entspricht der Leichtigkeit und Körperlosigkeit dieser Wesen, außerdem scheinen sie schöne Düfte zu lieben. Was also sollte besser geeignet sein, den Kontakt zur Anderswelt zu schaffen als edler Rauch?[2] Auch der zweite traditionelle Ritus dieser Zeit – das Bewirten und Beschenken der Andersweltwesen – will diese zwischenweltlichen Begegnungen fördern. Berichte über Lieblingsspeisen und gern gesehene Geschenke machten in der Volkstradition schon früh die Runde.[3] Aber diese Bräuche sind teilweise ebenfalls ins Gegenteil gekippt, sodass viele tradierte Speiseriten heute eher als Schutzzauber statt als Einladung angewendet werden. Vielleicht fürchteten sich die Menschen im Verlaufe der Zeit auch vor dem ungewohnten Besuch, denn es ist anzunehmen, dass die heutige Entfremdung von der Anderswelt schon früh ihren Anfang nahm. In vielen Märchen wird von zwischenweltlichen Besuchen zur Rauhnächtezeit berichtet, aber häufig enden diese Erzählungen mit Hinweisen auf die menschliche Ungeschicklichkeit im Umgang mit solch außergewöhnlichen Gästen, die sich nicht immer zu erkennen geben.[4]

Was geschieht nun eigentlich bei diesen Rauhnachtbegegnungen zwischen den Welten, die uns heute nur noch wie märchenhafte Geschichten anmuten? Von wundersamen, nie versiegenden Krügen wird da berichtet oder von Garnknäueln, die niemals alle wurden.[5] Auffällig ist, dass die angeblich bösen Geister, vor denen uns die Abwehrriten der Rauhnächte schützen wollen, offenbar Freude daran haben, kostbare Gaben in die Häuser der Menschen zu bringen. Immer wieder wird in Geschichten davon erzählt, wie sie, in meist menschlicher Gestalt, zu einzelnen Personen kommen, dort wie selbstverständlich anfallende Arbeiten übernehmen und fast enttäuscht zu sein scheinen, wenn die zwischenweltliche Begegnung mal wieder durch menschliche Dummheit kaputt gemacht worden ist. Trotz aller Zurückweisungen oder Verletzungen kommen sie immer wieder, als sei es ihnen ein Bedürfnis. Offensichtlich sind diese Besuche wichtig für kosmische Zusammenhänge, die bei den Menschen mehr und mehr in Vergessenheit geraten sind.

Nur in wenigen Geschichten wird noch das alte Wissen deutlich, wie sehr Menschen- und Geisterwelt aufeinander angewiesen sind. Im schweizerischen Aletschtal ist eine rührende Geschichte von einer alten Witwe erhalten, die Jahr für Jahr in kalten Winternächten ihre Hauspforte offen gelassen hat, damit die frierenden Seelen der Verstorbenen sich in ihrer eingeheizten Stube aufwärmen konnten. Als diese Frau irgendwann selbst im Sterben lag, zeigten die Seelen ihr mit zahlreichen Lichtern den Weg von ihrem Haus hinüber in die andere Welt. Auch in anderen Erzählungen erscheinen die Zwischenwesen nicht nur mit materiellen Gaben. Sie schenken Gesundheit und göttlichen Segen oder geben Rat in schwierigen Situationen. Sie scheinen den Menschen überhaupt gerne entgegenzukommen, allein dadurch, dass sie bei ihren Besuchen – so gut wie möglich – menschliche Gestalt annehmen. Offensichtlich wissen sie, wie schnell wir uns vor ihnen erschrecken und davonlaufen.

Doch auch die Zwischenwesen erweisen sich als leicht verschreckbar, und viele scheinen eine bestimmte Direktheit und Öffentlichkeit in der menschlichen Welt nicht zu ertragen. In den Märchen und überlieferten Geschichten tauchen immer wieder dieselben Regeln auf, die nicht verletzt werden dürfen. Zu den wichtigsten gehört das Gebot, über das Erlebte zu schweigen. Manchmal ist der direkte Blickkontakt nicht erlaubt, und vor allem verschwinden diese Wesen, wenn wir mit sichtbaren menschlichen Tricks deren Spuren sichern wollen, beispielsweise indem wir Mehl ausstreuen. Bei allem Interesse der Zwischenwesen, die Menschenwelt aufzusuchen, erwarten sie deutlich Respekt und eine gewisse Distanz. Auch das überliefern uns diese Geschichten. Die angenommene menschliche Gestalt sollte eine Gastgeberin deshalb nicht verleiten, ihrem unbekannten Gast in allzu menschlicher Weise gegenüberzutreten. Der Besuch will auch in seiner Besonderheit geachtet und erkannt werden.

Wenn wir nach Ritualen der Rauhnächtezeit fragen, dann geht es genau um das Zelebrieren dieser Begegnungen zwischen den Welten. Da aber Besuche aus der Anderswelt nicht planbar sind, können wir keine Ritualfeier entwickeln, die solche Kontakte in eine für uns handhabbare Form lenken würde und Hilfe böte, die in den Märchen beschriebenen Missgeschicke bei derlei Begegnungen zu vermeiden. Besuche von Zwischenwesen geschehen in dieser Zeit unerwartet und unangemeldet. Selten nur lässt sich ein Motiv ausmachen, warum der Weg in ein bestimmtes Haus gefunden wurde. Diese Wesen lassen sich nicht gerne in ihre Karten schauen. Auch Speis' und Trank und

Räucherwerk führen nicht unbedingt zum gewünschten Erfolg. Es mag ratsam sein, solch alte Regeln einzuhalten, doch beeinflussen sie das ersehnte spirituelle Geschehen nicht so, wie wir es von anderen Ritualen kennen.[6] Die Begegnungen in den Rauhnächten sind Geschenke aus der Anderswelt, die uns in kostbaren Momenten gemacht werden. Manchmal sind sie mit Aufträgen oder Botschaften verbunden; oft aber ist nur die Begegnung selbst gemeint, die uns in einem zauberhaften Moment zwischen zwei Jahren geschieht. Solche Begegnungen mit Zwischenwesen lassen sich nicht in Rituale einpassen. Sie geschehen in individuellen Formen – eher in der privaten Stube als in der Öffentlichkeit eines Ritualkreises. Auch darin unterscheidet sich die rituelle Qualität dieser Zeit von den anderen Jahreskreisfesten. Offensichtlich geht es vor allem darum, in diesen rauen Nächten zwischen den Jahren auf wunderlichen Besuch vorbereitet zu sein und das eigene Haus gastfreundlich offen zu halten.

Wenn sie dich besuchen, werden die Wesen aus der anderen Welt erfahrungsgemäß eine Gestalt annehmen, die dich nicht erschreckt und die eine Kommunikation möglich macht. Zugleich werden sie in irgendeiner auffälligen Kleinigkeit ihre Herkunft preisgeben. Nun bist du gefragt, mit Herz und Feingefühl deinem kostbaren Gast zu begegnen und die unsichtbare Botschaft zu erkennen, die sie (oder er) in dein Haus bringt. Du hast nun den gesamten Jahreskreiszyklus einmal durchwandert und bist reif, dieser Situation mit Witz und Weisheit zu begegnen.

Die Volkstradition kennt als kollektives Ritual der Rauhnächte vor allem das sogenannte Perchtenlaufen. Es wird heute noch in manchen bayerischen Gebieten und auch im Salzburger Raum durchgeführt – allerdings weniger zu religiösen Zwecken denn als touristische Attraktion. Darum ist es schwierig, hinter den heutigen Formen des Perchtenlaufens das ursprüngliche Ritual zu erkennen.

Auffallend ist, dass das heutige Perchtengefolge aus jungen Männern besteht, obwohl sie in den Mythen um die Percht keinen bedeutenden Platz einnehmen. Hier hat aus meiner Sicht im Prozess der Patriarchalisierung eine Verschiebung stattgefunden, mit der die alte, schwer zu bändigende Gestalt der Percht unter die Kontrolle eines Männerbundes gebracht werden sollte. Peitschenknallend ziehen die Männer, in Masken und Felle gehüllt, durch die Straßen und geben vor, das dämonische Perchtengefolge vertreiben zu wollen.

Die matriarchale Zuschauerin wundert sich, warum diese modernen Perchten ausgerechnet eine Verkleidung wählen, in der sie mit den zu vertreibenden Wesen nur allzu leicht verwechselt werden könnten. Auch der wilde, hüpfende und springende Schritt der jungen Männer erinnert eher an das ungezügelte Geistergefolge der Percht selbst als an strenge, autoritätsheischende Gestalten, die in diesen zwischenzeitlichen Nächten Ordnung schaffen wollen. Ähnlich wie beim Ausräuchern der Häuser scheint auch hier eine Umkehrung stattgefunden zu haben: Bräuche, die heute zur Abwehr und Vertreibung der Rauhnachtwesen durchgeführt werden, wollten sie ursprünglich gerade anlocken und in die Häuser einladen. In der Fremdheit der Maskierung mögen sich die Welten mehr und mehr vermischt haben. Wenn der Perchtenlauf nach einiger Zeit seine wilde Kraft entfaltet hatte, wusste niemand von den Teilnehmenden mehr genau, wer da mit ihr Seite an Seite peitschenknallend durch die Straßen zog. Jemand klopfte an die Fenster, verlangte Geschenke oder forderte gar Einlass. Die unheimliche Gestalt setzte sich an den Tisch und trank ihr Bier wie jeder andere Besuch. Ist Sie es nun, die dein Haus beehrt oder ist Sie es nicht? Sicher wirst du dir nie sein, aber manchmal kannst du es hinterher erkennen. Denn die Percht macht gerne den Krug, aus dem sie getrunken hat, unerschöpflich.[7]

Das in den Rauhnächten umherstreifende Perchtengefolge kennen wir schon aus den Wochen um das Dunkelheitsritual. Mit den Herbststürmen toben sie über das Land, fahren in die Bäume und rütteln ihnen die Blätter von den Ästen. Zarter und schwebender erscheinen sie in den Novembernebeln und werden in dieser Gestalt mit den Toten in Verbindung gebracht, die zur Zeit des Dunkelheitsrituals zurückkommen und den Kontakt zu den Lebenden suchen. In den Wochen vor der Wintersonnenwende wird es still um diese Wesen. Offensichtlich sind sie vor der zähen, so gar nicht wilden Energie dieser Zeit zurück in ihr eigenes Reich geflüchtet. Die Rauhnächte öffnen die Tore zur Anderswelt zum zweiten Mal im Jahreskreiszyklus: Das wilde Gefolge der Percht kehrt zurück, wilder und ungehobelter denn je. Trotz der Ähnlichkeit der Geschichten ist die völlig andere Qualität der Rauhnächte gegenüber dem Dunkelheitsritual nicht zu übersehen.

Suchen wir nach Hinweisen auf frühe matriarchale Spuren des zur Rauhnächtezeit aktiven Perchtengefolges, stoßen wir auf die Gestalt der Fru Gaur. Fru Gaur ist eine germanische Göttin, von der der Mythos der »Wilden Jagd« während der Julzeit überliefert ist.[8] Die spätere, patriarchale Variante erzählt dann zwar von einem ihr zugehörigen Heer von Totenkriegern, doch wird darüber hinaus auf 24 schwarze Hunde verwiesen, die Fru Gaur begleiten. Hunde oder ihre Stammesverwandten, die Wölfinnen, gehören wiederum zu den alten Begleittieren der Göttin und lassen folglich auch in Fru Gaur eine mächtige matriarchale Göttin vermuten. Der fast vollständige Verlust der ihr zugehörigen Mythen ist gleichfalls ein Hinweis auf ihr hohes Alter. Nur die Hunde, die so eng mit ihr verbunden waren, ließen sich offensichtlich nicht in die spätere, patriarchalisierte Form ihrer Gestalt einschmelzen. Sie verweisen unübersehbar auf den Wolfscharakter von Fru Gaur.

In den Mythen ist die Wölfin sowohl als Unterweltstier bekannt wie auch als mütterliche Ernährerin. In irdischer Gestalt ist sie ein Rudeltier mit deutlich matriarchaler Rangordnung. Vielleicht wurde sie auch deshalb in den früheren, weiblich geprägten Gesellschaften so stark verehrt. Fru Gaur, die Göttin mit Wolfscharakter, verweist unübersehbar auf den matriarchalen Ursprung heutiger Rauhnachtbräuche. In dieser Zeit kommt die schwarze Alte aus ihrem Reich. Sie ist wild und ungestüm und lässt sich keinesfalls in das Klischee einer senilen Greisin pressen. Sie liebt es, andere mit ihrer Gestalt zu erschrecken. Die 24 schwarzen Hunde der Fru Gaur repräsentieren diese Kraft des Gestaltwandels, die für die Rauhnächte so charakteristisch ist. Wenn sich die Menschen heute in den Perchtenumzügen in Tiergestalt kleiden, identifizieren sie sich mit den wölfischen Begleiterinnen der Göttin. Sie wollen wie diese zwischen den Welten hin- und hergehen in einer Zeit, die von den Menschen seit alters her als »Anderswelt-Zeit« angesehen worden ist.

Der Abschluss der Rauhnächte am 6. Januar erinnert an den traditionellen Segen der Göttin, den sie oder die zu ihr gehörenden Wesen bei ihren Besuchen in die Häuser brachten. In süddeutschen Gegenden gilt dieser Festtag als Perchtentag; auch in Italien geht an diesem Tag eine weibliche Gestalt, Befania genannt, umher und bringt Geschenke in die Familien.[9]

Die Percht zeigt nun ihren Charakter als Leuchtende, als Strahlende, wie auch der Name ihrer Schwester Berchta, die heute von ihr nicht mehr zu unterscheiden ist, meist übersetzt wird.[10] Mit dem Ende der Rauhnächte wandelt sich die Percht in die Weiße und zeigt darin ihren alten ganzheitlichen Charakter im matriarchalen Sinne; sie macht somit deutlich, dass sich ihre Gestalt nicht auf einen Aspekt, wie den der Totengöttin, beschränken lässt.

Wer sich mit dem Thema Rauhnächte beschäftigt, wird feststellen, dass es bei der Zählung der Rauhnächte starke Unterschiede gibt – was immer wieder Verwirrung stiftet. Die Zählweise reicht von den bekannten 12 über die matriarchale 13 bis zur 24, wobei letzteres von den 24 Hunden Fru Gaurs abgeleitet wird.[11] Die Zwölfzahl wird häufig mit den zwölf Tierkreiszeichen oder den zwölf Monaten eines Jahres gleichgesetzt und zwar im prognostischen Sinn. Das heißt, dass jede der Rauhnächte in komprimierter Form die Energie zeigt, die der jeweils entsprechende Monat im neuen Jahres entfalten wird.[12] Während diese Theorie recht weit verbreitet und anerkannt ist, werden die meisten Forscherinnen, wenn es um die genaue Zählung geht, recht vorsichtig. Was auch verständlich ist. Im heidnischen Kalender der acht Jahreskreisrituale müsste die Zählung sinnvollerweise mit der Wintersonnenwendnacht beginnen, die als kürzeste Nacht den Zwischenraum zwischen den Jahren spirituell eröffnet. Werden ab diesem Zeitpunkt zwölf Nächte gezählt, entsteht aber eine Lücke von etwa vier Nächten bis zur abschließenden Rauhnacht am 6. Januar, dem Perchtentag. Vermutlich deshalb schlägt die Matriarchatsforscherin Heide Göttner-Abendroth vor, die Anzahl der Rauhnächte nach dem Mond zu richten und sie mit dem ersten Vollmond im Januar abzuschließen.[13] Allerdings lässt sich diese These nicht durch Volkstraditionen oder andere Quellen belegen.

Mehr Einigkeit findet die Ritualforschung in der Definition der Mütternacht. »Modra niht« ist in Altengland als Bezeichnung für die Rauhnächte bezeugt, was mit »Nächte der Mütter« zu übersetzen ist. Das heißt, es ist eine größere Anzahl von Nächten gemeint und nicht eine einzelne wie etwa die Nacht zum 25. Dezember, wie es zum Teil in der Literatur behauptet wird.[14] Die südgermanische Bezeichnung »ze den wihen nachten« ist ebenfalls im Plural gehalten und hebt nicht eine einzelne Nacht hervor.[15] Wenn einer Nacht ein besonderer Stellenwert zugemessen wurde, dann sicherlich vorrangig der ersten eröffnenden, der Wintersonnenwendnacht und der letzten abschließenden, der Nacht zum 6. Januar, auf die der traditionelle Perchten- oder Berchtentag folgt.

Darüber hinaus ist die ganze Rauhnächtezeit von je her mit so viel Zauber umwoben gewesen, dass jede dieser Nächte für die Menschen zu einer wundersamen Weihenacht werden konnte. Dieses sehr persönliche Erleben mag ein weiterer Grund dafür sein, dass sich die Rauhnächte nur begrenzt in kollektiven Ritualen feiern lassen. Sie entfalten ihre Besonderheit vorrangig in individuellen, spirituellen Situationen, in denen sich für eine Einzelne das Tor zur Anderswelt öffnet.

Seit alters her wird diesen Nächten, wie erwähnt, zudem eine besondere Orakelkraft zugesprochen. Bis heute nutzen viele Frauen die Rauhnächte für persönliche Orakelbefragungen zum neuen Jahr, denn in dieser Zeit, in der die Wesen hin- und herschlüpfen und das wilde Gefolge der Percht mit großem Gestürm daherbraust, werden die Substanzen des alten Jahres neu gemischt. Die Durchlässigkeit der Welten lässt sich unter anderem auch damit erklären, dass zwischen zwei Jahreszyklen eine spirituelle Auflösung des Alten notwendig ist. Erst diese ermöglicht schöpferisches Neuerschaffen und damit das Entstehen des neuen Jahres. Die Wildheit und Grobheit des Perchtengefolges, die vor keiner althergebrachten Ordnung halt macht, ist für diesen Prozess eine wichtige Energie. Sie bildet den Gegenpol zur unendlich langsam rührenden Göttin (siehe auch »Nana« S. 198), die mit ihrer Kraft der Zähigkeit ebenfalls auf diese schöpferische Verwandlung in der Zwischenzeit der Rauhnächte einwirkt. Beide Vorstellungen kommen im zentralen Symbol dieser Zeit – dem Kessel – zusammen.

Auf den Jahreskreis bezogen stellt der Kessel die dunkle Hälfte des Jahres von der Herbsttagundnachtgleiche bis zur Frühlingstagundnachtgleiche dar. Symbolisch entspricht er dem Leib der Erde, in dem sich die kosmischen Kräfte nach der Ernte sammeln, um sich dem schwarzen Verwandlungsprozess zu überlassen. Im Schoß der Erde regieren eigene Gesetze: Zerstörung und Neuwerdung sind nicht zu trennen[16], die alten Substanzen werden zu Bausteinen des Neuen. In dieser Doppelfunktion ist der Kessel der Göttin das ganze Jahr über wirksam; doch spüren wir seine Energie in der dunklen Zeit stärker, wenn unser Blick auf die inneren Prozesse gerichtet ist.

Zwischen den Jahren heben sich die Schleier, die sonst das Geheimnis des Kessels verhüllen. Viele Wesen wirken beim Mischen, Kochen und Rühren des massigen Kesselbreis mit[17] – Schicksalsspinnerinnen werden sie genannt, Nana oder einfach die Alte mit ihrem Gefolge. Dies ist die einzige Zeit im Jahr, in der du mit diesen Wesen den Rührstab bewegen darfst. Sonst lieferst du mit deinem Lebensalltag immer nur die Zutaten, musst aber das Kochen dieser besonderen Suppe anderen Kräften überlassen. In den Zaubernächten der Zwischenzeit hast du jedoch Zugang zum sonst verborgenen Reich im Innern der Erde und bist eingeladen, am Faden deines Lebens mitzuspinnen oder beim köchelnden Topf des neuen Jahres auch deine persönliche Würze hinein zu geben.

Wenn ich in der Rauhnächtezeit kollektive Rituale mit Frauen feiere, ranken sie immer um diesen mythischen Kessel. Mit den wilden Wesen des Perchtengefolges rütteln wir dann am Gemäuer unseres alten Lebensjahres, werfen mutig klapprige Türen oder morsche Balken in den Topf des Lebens und vermischen alles mit dem massigen Brei im dunklen Erdenleib der Göttin. Alte Substanzen können sich auflösen und neue werden hinzukommen; beim Kochen und Rühren verbinden sich die unterschiedlichen Energien, und manchmal können wir im aufsteigenden Dampf erste Konturen des neuen Jahres erkennen.[18] Nach meiner Deutung ist die rituelle Hauptarbeit dieser Zeit eine kosmische Zaubertätigkeit – das Mitwirken am Schöpfungsprozess des neuen Jahres. Dies würde auch das alte Verbot erklären, warum während der Rauhnächte viele Arbeitsverbote für Haus und Hof bestehen. Beispielsweise wird vom Getreide dreschen, Wäsche waschen oder gar Flachs spinnen deutlich abgeraten, denn diese besonderen Nächte sind dem spirituellen Arbeiten gewidmet.

Die rituellen Tänze dieser Zeit wirken ebenfalls am Mischen des neuen Jahres im großen Kessel der Göttin mit. Es sind Choreographien, in denen die Grenzen zwischen den Welten durchlässig werden, als könnten wir mit den Andersweltwesen zusammentanzen. Wir bewegen die Elemente des Jahres und schaffen Neues.[19] Es sind kostbare Tänze, die nur im Bewusstsein der rituellen Aufgabe getanzt werden sollten und sich nicht einfach aus reinem Tanzvergnügen wiederholen lassen. Sie bieten zugleich eine der wenigen Möglichkeiten, den spirituellen Prozess der Rauhnächte in einem kollektiven Ritual zu gestalten.

Vom Christentum beeinflusste Ritualtraditionen würden den Rauhnächten sicher Schutztänze zuordnen, die helfen sollen, die mächtige Kraft der jetzt regierenden Geistwesen abzuwehren. Da ich persönlich aber den Rauhnachttraditionen eher die gegenteilige Intention zuschreibe, tanze ich zu dieser Zeit vorrangig Choreographien, die Geister anlocken und einladen wollen. Stimmig sind zum Beispiel der »Perchtentanz« (siehe S. 178), der »Geisterwalzer« (siehe S. 182) oder der Tanz der »Nana« (siehe S. 198). Zu diesen eher ruhigen Choreographien könnten wildere Tänze kommen, die das dreiste Verhalten des Perchtengefolges symbolisieren und dessen Wandlungsenergien in den Straßen und Häusern wieder aufleben lassen.

Meditation »Der Kessel der Göttin«

»Der Kessel der Göttin« ist eine Meditation, die auch als Ritual in den Rauhnächten durchgeführt werden kann, wenn du – zusammen mit den Andersweltwesen – beim Rühren des neuen Jahres mitwirken willst. Die Meditation kann alleine durchgeführt werden; in einer Gruppe schafft sie ein dichtes spirituelles Erleben und kann im Zentrum eines rituellen Tanztreffens zur Rauhnächte-Zeit stehen. »Der Kessel der Göttin« ist als einmalige Meditation konzipiert und nicht als kontinuierliche spirituelle Übung.

Du setzt dich im Schneidersitz oder einer vergleichbaren Haltung auf den Boden und schließt die Augen. Lass dir Zeit, bis dein Atem ruhiger geworden ist und keine Alltagsgedanken mehr stören.
Spüre deine Sitzhöcker im Gesäß und nimm die Weite des Beckenraumes um sie herum wahr. Beginne eine leichte Kreisbewegung mit dem Becken auf diesen Sitzhöckern; folge dabei der Drehrichtung, die dein Körper von alleine macht.[20] Erinnere dich beim Kreisen an das Bild des Kessels, von dem ich dir erzählt habe ....
Stelle dir nun vor, dass dein sich bewegender Beckenraum dieser magische Kessel ist. Spüre, wie du mit deinem Kreisen im Innern des Kessels eine massige Flüssigkeit bewegst – den Schöpfungsbrei. Im

Zentrum des Breis findest du den Rührstab – deine Wirbelsäule. Mit ihr kannst du die vielen Substanzen, die der Schöpfungsbrei enthält, durcheinanderrühren. Vertiefe dich eine Zeitlang in diese Bilder und bleibe dabei unaufhörlich in der leichten kreisenden Bewegung. Spüre dabei immer deutlicher den Kesseltopf in deinem Beckenraum.

...

Lass nun nach und nach Erinnerungen aus dem zu Ende gehenden Jahr wach werden: freudige und lebenslustige Ereignisse ebenso wie bedrückende und verworrene ... Fange nicht an, dein Erleben zu bewerten, sondern versuche, die Bilder und Erinnerungen nur zu betrachten.

...

Lass dann all das, was jetzt aus deinem alten Jahr in dir lebendig wird, allmählich in deinen magischen Kessel fließen. Unterbrich die rührende Bewegung deines Beckens nicht; dann kannst du mit deinem inneren Auge sehen, wie all die Ereignisse in den Kesselbrei eingerührt werden, bis sie irgendwann in der massigen Flüssigkeit verschwunden sind. So rührst du nach und nach dein ganzes Jahr mit Höhen und Tiefen in diesen Kessel hinein.

...

Irgendwann werden deine Bilder und Gefühle zum alten Jahr nachlassen, und es bleibt nur noch die rührende Bewegung deines Körpers übrig. Konzentriere dich zum Schluss noch einmal ganz auf dieses Rühren des Schöpfungsbreis. Erinnere dich, dass in diesem Schöpfungsbrei noch ganz andere Substanzen enthalten sind als nur dein persönliches Jahr ... die Kräfte aller Elemente und vieles mehr, was wir nicht kennen. Alles ist in diesem Brei in mikrokosmischer Form enthalten und vermischt sich dort mit den Erlebnissen aus deinem eigenen Leben. Und nicht nur du rührst an diesem Brei, sondern viele Wesen aus der anderen Welt rühren mit dir und wirken auf diese Weise das neue Jahr ...

Überlass dein altes Jahr nun diesem Rühren der Andersweltwesen, die noch einige Zeit brauchen werden, um daraus etwas Neues zusammenzurühren. Noch kannst du im Brei nichts erkennen. Du musst warten, bis du zu Lichtmess eine Vision bekommst von dem, was jetzt schon im Unterirdischen gebraut wird.

...

Lass allmählich die Bewegung des Rührens kleiner werden, bis sie nur noch minimal in deiner Wirbelsäule zu spüren ist ...

Nimm ein letztes Mal den Kessel mit der massigen Flüssigkeit wahr und verabschiede dich dann von diesem Bild in der Gewissheit, dass der schöpferische Prozess des Rührens im großen Kessel des Erdinnern weitergeführt wird. Öffne vorsichtig die Augen und kehre mit deinem Bewusstsein in Raum und Zeit zurück. Am besten schließt du die Meditation mit einem rituellen Tanz, zum Beispiel »Nana«, ab.

Weibliches Zwillingsgefäß (Anatolien, um 6.000 v.Z.)

Choreographien

»Tanz der Schicksalsspinnerinnen«

Der »Tanz der Schicksalsspinnerinnen« verbindet das Bild des Kessels mit der alten mythologischen Vorstellung der kosmischen Spinnerin. Die heute so unbeliebte Spinne wurde früher als heiliges Symboltier verehrt, denn sie erschafft – wie die Göttin – aus ihrem eigenen Körper den Spinnenfaden und wirkt das Netz, das damals in vielen Augen das Universum symbolisierte. Nach wie vor gelten Spinnen und Weben im Volksglauben als urweibliche Tätigkeiten, denen deutlich ein magischer Geruch anhaftet. Das Weberschiffchen einer Frau, das in ein Fadengerüst geheimnisvolle und oft wunderschöne Muster wirkt, gestaltet ebenso Schicksal wie der Faden, den eine Spinnerin mit Hilfe ihrer drehenden Spindel erschafft. Beide Handwerke haben transformierenden Charakter, sie verwandeln eine Rohsubstanz in eine völlig neue Form.

Jede Frau, die das Spinnen erlernen will, erfährt, wie diese Handwerkskunst bis in die Feinheiten dem menschlichen Lebensprozess entspricht: Der Faden, der mal dick und mal dünn, manchmal überdreht, dann wieder brüchig ist, sogar ganz abreißen kann, spiegelt penetrant eigene Lebenssituationen wider. Und nicht nur das – der Spinnprozess ist nur begrenzt durch die eigene Kunstfertigkeit steuerbar. Je mehr du versuchst, den Faden aktiv zu gestalten, desto schlechter wird er in der Regel. Offensichtlich sitzen in der Spindel oder dem Spinnrad noch andere Wesen, die bei diesem Prozess ein Wörtchen mitreden wollen.

Die Vorstellung von Schicksalsspinnerinnen, die spinnend und webend den ganzen Kosmos erschaffen, ist vielerorts anzutreffen. Nicht nur in der europäischen Mythologie, sondern beispielsweise auch bei den Hopis. Im nordischen Kulturraum sind die drei Nornen am bekanntesten, die nach den Mythen der isländischen Edda unter einer Wurzel der sagenhaften Weltenesche Yggdrasil wohnen. Sie versorgen den Baum mit Wasser, düngendem Lehm und nährender Weisheit. Die Nornen sind sehr mächtig, denn spinnend beeinflussen sie sogar die Zukunft der anderen Göttinnen und Götter.[21] Die Namen der Nornen sind Urd, Verdandi und Skuld. Sie stellen zugleich die drei Aspekte der Zeit dar, obwohl sie selber keiner Zeit unterliegen. Urd ist der Ursprung selbst und hat alle Existenz hervorgebracht, Verdandi und Skuld scheinen Ausformungen von ihr zu sein, die über die Jahrhunderte selbstständigen Charakter angenommen haben.

Ihr unterirdischer Wohnort weist die Schicksalsspinnerinnen als Erdgöttinnen im alten matriarchalen Sinn aus. Sie waren einst sowohl für Geburt als auch für den Tod zuständig, wobei hier im Verlauf der Patriarchalisierung der schwarze, todbringende Aspekt mehr in den Vordergrund gerückt ist. Gleichwohl gibt es auch hierzulande noch mythische Geschichten von drei Schicksalsspinnerinnen, die von den alten matriarchalen Fähigkeiten berichten. Häufig wird erzählt, wie drei weibliche, übermenschlich erscheinende Wesen bei einer Geburt erscheinen und dem Kind sein Schicksal verkünden.[22]

Der »Tanz der Schicksalsspinnerinnen« greift auf die Vorstellung zurück, dass in der Zeit der Rauhnächte die Schleier zwischen den Welten durchlässig sind und alle Wesen am Netz des neuen Jahres mitweben. Trotz dieser Öffnung zwischen den Welten bewahrt der Tanz großen Respekt vor den Schicksalsspinnerinnen und betritt nur zögernd ihren Raum am Fuße der Weltenesche Yggdrasil.

Im Hauptteil jeder Tanzsequenz spinnen wir für eine kurze Zeit aktiv am Faden unseres neuen Jahres mit; wir greifen in den unsichtbaren Schicksalstopf und verknüpfen neue Substanzen mit unserem aktuellen Lebensfaden. Beide matriarchalen Hauptsymbole dieser Zeit, der große Kessel der Göttin und das Spinnen des Schicksalsfadens, legen sich übereinander. Der Kessel bleibt in der kreisenden Basisbewegung des Beckens in jedem Schritt erhalten, während die Hände nur im Zentrum des Tanzes wagen, mit den Schicksalsgöttinnen am Spinnprozess des neuen Jahres zusammenzuwirken.

Der Tanz arbeitet mit einem Mudra, einer präzisen Handhaltung, die im klassischen indischen Tanz für den Ausdruck mythologischer Themen gebraucht wird.[23] Es ist das Hasta Mudra »Katakamukha« (siehe unten), das im Bharata Natyam »Öffnung des Armreifs« genannt wird. Im indischen Tanz kann es auch feine körperliche Arbeiten darstellen wie Blumen pflücken oder Sandelpaste zubereiten.

In meiner Choreographie verschafft sich die Tänzerin mit diesem Mudra Zugang zum Raum der Schicksalsspinnerinnen. Sie formt es Schritt für Schritt erst mit der rechten Hand, dann mit der linken. Immer späht sie vorsichtig mit ihrem dritten Auge zu den Nornen und wartet deren Reaktion ab, bevor sie sich noch einen Schritt weiter wagt.

Wenn sich alle Tänzerinnen so herangetastet haben, wird der Kreis dicht geschlossen, sodass nun die Frauen selbst den magischen Kessel bilden. Niemand kann von außen hineinsehen und beobachten, was drinnen an diesem geheimen Ort geschieht. Doch auch die Tänzerinnen erahnen nur, was sie dort zusammen mit den kosmischen Spinnerinnen wirken. Der Ort am Fuß der Weltenesche ist zu ungewohnt für uns Menschen. Schon bald spüren wir, dass wir ihn verlassen müssen.

Mit einer sorgfältig ausgeführten Geste des Abwendens treten wir aus dem Geschehen, ohne es noch einmal anzuschauen. Wir führen die Hände nach unten, schütteln sie leicht aus und nehmen anschließend die im Becken kreisende Bewegung wieder auf, die das Gesponnene im eigenen Körper weiterwirken lässt.

Tanzbeschreibung »Tanz der Schicksalsspinnerinnen«

Choreographie: Ziriah Voigt
Musik: Ayrilik (türkisch) / CD 2, Stück Nr. 11
(Unter dem Titel »Ayrilik« ist ein sehr alter türkischer Volkstanz erhalten. Der hier vorgestellte Tanz ist eine nach meinen eigenen Bildern und Gefühlen entworfene Choreographie und sollte nicht mit dem authentischen »Ayrilik« verwechselt werden, der das Thema Abschied betanzt. Ich danke Dr. Sahin Biçer, dass er die Musik für eine Neuchoreographie zur Verfügung gestellt hat, obwohl ihm gerade die authentische Erhaltung der alten türkischen Volkstänze am Herzen gelegen hat.)

Aufstellung: ⌒ einzeln im Kreis

Richtung	6/8-Takt	Zählzeit	Beschreibung
⌒	**Vorspiel**		hüftbreiter Stand mit leicht gebeugten Knien; das Becken macht kreisende Bewegungen, die Arme hängen locker an den Seiten herunter
→	1	1-2	re seit-li ran; gleichzeitig mit diesem Schritt wird eine kreisende Bewegung im Becken ausgeführt
	2-4		wie Takt 1
↑	5	1-2	re vor- li ran mit kreisendem Becken. Auf den ersten Schritt formt die re Hand in Höhe des Gesichtes das Mudra Katakamukha (vgl. Zeichnung), das 3. Auge der Tänzerin öffnet sich zum Ort der Schicksalsspinnerinnen
	6		wie Takt 5
	7	1-2	wie Takt 5, aber auf den ersten Schritt bildet die li Hand ebenfalls das Mudra leicht versetzt vor der rechten
	8		wie Takt 7
⌒	9	1-2	re-li am Platz; der Körper beugt sich zur Mitte, die re Hand greift (im Mudra bleibend) etwas aus der Tiefe, der Körper richtet sich wieder auf und beide Hände machen in Brusthöhe eine knüpfende Bewegung
	10		wie Takt 9, aber die li Hand führt die Bewegung an
	11+12		wie Takt 9 und 10

Richtung	6/8-Takt	Zählzeit	Beschreibung
	13-16		wie Takt 9-12, aber die greifenden Bewegungen der Hände werden großräumiger und beziehen auch das Umfeld des Kreises und die anderen Tänzerinnen mit ein
	17	1-2	re rück-li öffnet zur Seite; die Hände lösen sich aus dem Mudra, machen (vom kl. Finger angeführt) einen Kreis zum Körper hin und wieder nach außen, bis eine abwehrende Gebärde zur Kreismitte hin entsteht. Der Blick wendet sich von dieser Handbewegung weg
	18	1-2	1/4-Drehung und Schritt re-li; die Hände zeigen jetzt mit der Schutzgebärde nach außen zur rechten Seite
	19+20	1-4	180°-Drehung mit re-li-re-li (am Ende ist der Körper zur Mitte ausgerichtet). Dabei werden die Hände aus der Höhe abwärts in die seitlich hängende Anfangsposition geführt, ohne dass die Augen die Hände gesehen haben.

225

Takt 1-20 fortlaufend wiederholen.

Mudra »Katakamukha«

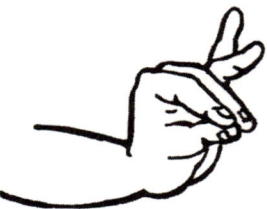

Bei diesem Mudra berühren der erste und der zweite Finger den Daumen, während die beiden anderen Finger scherenartig abgespreizt werden.

Didaktische Hinweise

Der »Tanz der Schicksalsspinnerinnen« ist bei vielen Frauen sehr beliebt und doch nicht für die reine Tanzlust geeignet. Aufgrund seines Themas braucht er einen angemessenen spirituellen Platz. Ich tanze diese Choreographie ausschließlich während der Rauhnächte, weil ich das Gefühl habe, dass uns zu anderer Zeit der Zutritt zum Raum der Schicksalsspinnerinnen verwehrt ist.

Bevor ich die Schrittfolge erläutere, mache ich die Frauen mit dem mythologischen Hintergrund des Tanzes vertraut. Dann üben wir die kreisende Kesselbewegung im Grundschritt des Tanzes. Da der Tanz sich gegen den Uhrzeigersinn fortbewegt, liegt eine entsprechende Drehrichtung bei der Beckenbewegung nahe. Doch überlasse ich auch hier wie bei der Meditation »Der Kessel der Göttin« (siehe S. 219) die letzte Entscheidung über die Drehrichtung jeder Frau, während ich bei den anderen Details der Choreographie sehr auf eine korrekte Ausführung achte. Das heikle Thema im »Tanz der Schicksalsspinnerinnen« lässt wenig Nachlässigkeit und individuelle Schnörkel zu.

Der Grundschritt wird mit leicht gebeugten Knien ausgeführt, sodass das Becken locker hängen und kreisen kann. Mit der Bewegung zur Kreismitte konzentrieren wir den Blick im dritten Auge und suchen den mythologischen Ort der Schicksalsspinnerinnen am Fuß der Weltenesche Yggdrasil. Zugleich formt die rechte Hand präzis das Mudra »Katakamukha« und hält die Gebärde den Schicksalsgöttinnen wie eine Frage um Erlaubnis entgegen; dann erst folgt die linke Hand. Drittes Auge und die in Mudras geformten Hände arbeiten in dieser Passage konzentriert zusammen – unterstützt durch die weiter kreisende Grundbewegung im Becken, die auch bei den Schritten zur Kreismitte erhalten bleibt. Bei dieser Passage müssen alle Tänzerinnen ihre Schrittgröße gut aufeinander abstimmen, sodass mit dem letzten Vorwärtsschritt der Kreis geschlossen ist.

Die geschlossene Form ist sowohl für den spirituellen Vorgang des Spinnens wichtig wie für die Kesselenergie, die sich dadurch im Innern des Kreises bildet. Die ersten vier Knüpfbewegungen greifen in die Tiefe des Kessels, die nächsten vier suchen nach weiteren wichtigen Substanzen für den eigenen Jahresfaden. Dies können Elementeenergien im Umfeld des Kessels sein oder auch Kräfte von Frauen aus dem Tanzkreis. Diese letztere Variante schafft allerdings unter den Tänzerinnen eine starke rituelle wie persönliche Verbindung. Sie sollte deshalb immer nur im Einverständnis mit der jeweiligen Mitspinnerin ausgeführt werden.

In der Spinnphase des Tanzes ist immer wieder darauf zu achten, dass die Füße auch auf der Stelle in einer leichten Schrittbewegung bleiben. Erfahrungsgemäss geht diese vielen in der Konzentration des Spinnens verloren. Auch spart der

Körper gerne aus Trägheit jede scheinbar nicht notwendige Bewegung. Der Grundrhythmus in den Füßen ist jedoch für die energetische Spannung dieser Tanzpassage wichtig, denn die tretenden Bewegungen geben dem Kessel Feuerenergie.

Die Geste des Abwendens ist für die meisten beim Erlernen des Tanzes die schwierigste Passage. Zum einen ist sie vielen Händen ungewohnt, zum anderen kommt das Gebot hinzu, gerade diese komplexe Geste nicht mit den Augen verfolgen zu dürfen. Hier hilft nur mehrmaliges Üben und zum Erlernen der Geste ist es sicherlich notwendig, zunächst einmal hinzuschauen, bevor dann die korrekte Ausführung mit dem abgewandten Blick möglich ist. Auch später, wenn die Hände draußen auf der Kreislinie langsam wieder abwärts geführt werden, ist darauf zu achten, dass die Hände nicht am Gesicht vorbeigeführt werden. Für beide Passagen gilt, dass es nicht um ein Schließen der Augen geht, sondern um ein Abwenden des Blicks von dem Geschauten.

Die Schritte nach außen mit der anschließenden Drehung am Platz sind die einzige Passage des Tanzes, in der das Becken seine kreisende Grundbewegung unterbricht, als brauche der Körper nach der Dichte in der Kreismitte eine kleine Pause. Die Hände entspannen sich nach der Arbeit und Konzentration des Spinnens ebenfalls, wenn sie draußen auf der Kreislinie nach unten geführt worden sind. Die Tänzerin kann sie etwas ausschütteln oder nur in der Vorstellung die zu viel angesammelte Energie durch die Fingerspitzen wieder herausfließen lassen.

»Wiegen des Winterkindes«

Im »Wiegen des Winterkindes« tragen wir das zarte, in der Wintersonnenwendnacht geborene junge Wesen durch die rauen Nächte der dunklen Zeit. Wir wiegen es im Tanz und halten es schützend in unserem Arm, bis es kräftiger geworden ist und erste Schritte gehen kann. Der weiche, wiegende Grundschritt dieses Tanzes mit der dazugehörigen Armgebärde weckt Mutter- und Kindgefühle zugleich. Im »Wiegen des Winterkindes« sind wir beides; denn im Grunde halten wir uns mit der Gebärde der Hände, die in der Choreographie vorgegeben ist, selbst im

Arm. Wir wiegen uns in diesen Tagen, in denen sich auch die Elementekräfte in den mütterlichen Schoß der Erde zurückgezogen haben.

In diesem Tanz geht es nicht darum – wie sonst häufig in Ritualen von uns gefordert -, das »Winterkind« als eigenen, persönlichen Anteil genau zu benennen und diesem in ritueller Klarheit gegenüberzutreten. Diese rituelle Forderung wird erst im Lichtmessritual gestellt (siehe S. 52). Das »Wiegen des Winterkindes« akzeptiert die Symbiose der dunklen Zeit, in der Mutter und Kind eins sind. Noch ist dieses junge Wesen mit dem wiegenden Schoß verschmolzen und zeigt keine eigenen, persönlichen Züge. Wir wissen nur, dass es da ist, spüren dies beim Tanzen im zärtlichen Kontakt mit den Armen. Aber das Fragen, was aus ihm werden wird, ist jetzt noch nicht wichtig.

Genau das schafft die friedliche Stimmung dieses Tanzes.

Der Tanz »Wiegen des Winterkindes« wird von Frauen, die in der dunklen Zeit des Jahres von ihrer düsteren Stimmung niedergedrückt werden, wie ein Trostpflaster empfunden. Denn diese Choreographie weckt nicht nur Sehnsucht nach Geborgenheit und Zärtlichkeit, sie stillt sie auch. Das angenehme Wiegen und die Übergabe des eigenen »Winterkindes« an das Kollektiv des Tanzkreises helfen, depressives Eingeschlossensein zu überwinden. Insbesondere der mit jeder Tanzeinheit vollzogene Wechsel zwischen individuellem Kontakt zum »Winterkind« und der Öffnung in die Gemeinsamkeit hat eine heilsame Wirkung.

Zudem vertreibt das »Wiegen des Winterkindes« auf angenehme Weise die langen, dunklen Wochen der Wintersonnenwendzeit, die für viele Frauen schwer auszuhalten ist. Auch wenn wir an diesem Punkt des Jahres meist nicht so genau wissen, was oder wen wir da im Arm halten, spüren wir doch im Tanzen deutlich, dass diese Phase des einlullenden Wiegens wichtig ist. Mehr noch, wenn wir uns auf das »Wiegen des Winterkindes« einlassen, wird uns vielleicht sogar die Zeit, die der Jahreskreis uns für diese Bedürfnisse schenkt, zu kurz erscheinen.

Ich tanze diese Choreographie deshalb immer wieder in den langen dunklen Winterwochen, angefangen mit den ersten Dezembertagen, wenn – rituell gesehen – das »Winterkind« noch gar nicht geboren ist, bis kurz vor die Lichtmesszeit, wenn das Kind schon bald vom Arm herunterstrebt.

Tanzbeschreibung »Wiegen des Winterkindes«

Choreographie: Ziriah Voigt
Musik: Uralskaja rjabinuschka (russisch/Ural-Gebiet) / CD 2,
Stück Nr. 12

Aufstellung: ⌒ einzeln im Kreis; die Arme sind verschränkt
und bilden vor der Brust eine Art Kinderwiege

Richtung	3/4-Takt	Zählzeit	Beschreibung
	1-2	1-2	re-li (Wiegeschritt mit leichtem plié)
	3-4	1-2	re-li (Wiegeschritt wie oben)
	5-8	1-4	wie Takt1-4
	9-12	1-4	1/4-Drehung und re-li-re-li
	13	1	1/4-Drehung am Platz und Wiegeschritt re vor. Die Arme beginnen sich aus der Verschränkung zu lösen
	14	1	Wiegeschritt li rü; Weiterführung der Armgebärde
	15-16	1+2	wie Takt 3+4. Die Arme öffnen dabei weich in die V-Haltung zum großen Kreis
	17-20	1-4	re-li-re-li; die Arme werden dabei gestreckt zur Mitte geführt. Auf den letzten Schritt lösen sich die Hände, der re Arm legt sich über li und der Kreis schließt sich wieder zur X-Haltung
	21-24	1-4	wie Takt 1-4
	25-28	1-4	wie Takt 1-4
	29	1	re; die Hände lösen sich und drehen sich, sodass die Handflächen zum eigenen Körper schauen
	30	1	li; Arme streben zurück in die Anfangsposition
	31+32	1-2	360°-Drehung am Platz mit re-li. Der rechte Arm öffnet sich dabei etwas zum Schwung holen. Zum Ende der Drehung sind beide Arme wieder verschränkt in der Anfangshaltung der Kinderwiege

Takt 1-32 fortlaufend wiederholen. Der Tanz endet mit den Schritten zur Mitte (vgl. Takt 16-20 in der Tabelle); zum Abschluss werden die Arme nicht mehr zur X-Haltung verschränkt, sondern bleiben in Schulterhöhe gestreckt. In dieser Haltung lassen wir im Blickkontakt die letzten Töne der Musik ausklingen und deuten eine leichte Verneigung an, bevor wir den Kreis auflösen.

Didaktische Hinweise

Das »Wiegen des Winterkindes« bietet kaum tänzerische Schwierigkeiten. Das einzige Problem ist die einlullende Energie des Tanzes, die die Frauen mit jeder Wiegeeinheit ein bisschen mehr wegdösen lässt, sodass aus den zwei Wiegeschritten in der Mitte nach einiger Zeit schnell vier werden wollen. Hier muss zumindest eine im Kreis wach bleiben und mitzählen, damit der Impuls zum Lösen der Hände rechtzeitig gegeben wird.

Zu achten ist außerdem darauf, wie die Armgebärde beim Wiegen ausgeführt wird. In rituellen Tanzkreisen gebe ich die Gebärde analog der Tanzbeschreibung vor: Die Arme bilden eine Wiege mit einem gewissen Abstand zum Körper, sodass ein kleines Kind darin Platz hätte. Mir fallen aber in meinen Gruppen immer wieder seltsame Abwandlungen dieser Gebärde auf, beispielsweise dass die Hände in direkter Berührung den Oberkörper wiegen. Vielleicht drückt dies ein inneres Körperbedürfnis aus, wie jede von der Wiegegebärde berührt werden möchte. In tanztherapeutischen Zusammenhängen, in denen die Choreographie gut einzusetzen ist, wäre es sicherlich aufschlussreich, diesem Drang nach individueller Ausführung der Gebärde nachzugeben und auch für ein entsprechendes Gespräch Platz zu lassen. In rituell geprägten Gruppen ist es jedoch stimmiger, einen wortlosen Raum zu halten, wie es der spirituellen Energie der Zeit entspricht.

Wichtig für diesen Tanz sind sanfte und bewusst geführte Übergänge zwischen den einzelnen Passagen, vor allem wenn sich die individuelle Wiegegebärde in den großen Kreis öffnet und umgekehrt. Hier entsteht manchmal der Eindruck, dass bei aller sonstigen Zartheit des Tanzes das »Winterkind« plötzlich fallengelassen wird. Diese öffnende Gebärde ist jedoch eine behutsame Übergabe des »Winterkindes« in die tragende Gemeinschaft der Gruppe, was in der Ausführung der Geste zu sehen sein sollte. Auch die weiteren Armgebärden sind ruhig und tragend, sodass sich das »Winterkind« in jedem Moment des Tanzes – gerade in den kritischen Übergängen – gehalten weiß.

»Tanz der lustigen Alten«

Die »Lustige Alte« habe ich choreographiert, um dem Humor der schwarzen Göttin in einem Tanz einen würdigen Platz zu geben. Zugleich ist der Tanz mein Dank an alle alten Frauen, die mich in ihrer lustig-listigen Dreistigkeit inspiriert haben, nach dem anderen, dem matriarchalen Gesicht des Alters zu suchen. Zu diesem Gesicht gehören aber nicht nur die Würde und Weisheit, das Wissen um die Mysterien von Leben und Tod, sondern auch zentral das Lachen, das auf die einengenden Tabus der sozialen Ordnung keine Rücksicht mehr nehmen muss. Die »Lustige Alte« ist diesem Lachen gewidmet, das mit delikatem schwarzen Humor geradewegs auf die gerne verborgenen Schwachstellen schaut.

Der Tanz ist leicht und ohne Hürden zu erlernen und erfreut uns hoffentlich noch in alten Tagen, wenn die Körperkräfte nachlassen, der Tanzwille aber nicht. Die »Lustige Alte« ist kein spezieller Rauhnachttanz; diese Choreographie gehört in die ganze dunkle Zeit und bildet zu den ernsten und schwierigen Themen dieser Wochen ein fröhliches Gegengewicht. Immer dann, wenn sich die schwarze Göttin ganz auf den Todesaspekt zu reduzieren scheint, ist es wichtig, die »Lustige Alte« zu tanzen.

Das heißt nicht, dass die Choreographie die Todeserfahrungen dieser Zeit nivellieren will. Aber sie nimmt einen anderen Aspekt erweiternd hinzu, der in der matriarchalen Spiritualität immer mit der Kraft des Alters verbunden gewesen ist – eben einen tabulosen, einen schwarzen Humor. Dieser Humor der Alten ist etwas anderes als ein harmloser Witz, der nur erheitern will. Er ist spirituelle Kraft, die genauso den Punkt trifft wie die harte Knochenweisheit, die uns von der dunklen Göttin manchmal entgegengeschleudert wird. Es ist nur ein anderer Weg. Die Alte lacht halt gerne und sagt Ernstes manchmal lieber auf diese Weise.

So tanzen wir mit ihr den Hinkeschritt ganz flott im Rad der Zeit. Wir können dem Altern nicht entkommen, wir können nur hineintanzen. Da schert die Alte plötzlich aus mit Riesenschritten, die wir ihr längst nicht mehr zugetraut hätten. Aus der Ferne macht sie mit den Daumen eine zweifelhafte Geste, die schwer zu deuten ist. Was meint sie bloß? Während du noch grübelst, hüpft sie mit ihren flotten Schritten längst wieder in den Kreis zurück. Der Zug der Alten reiht sich etwas schwankend zusammen. Acht Schritte vor und acht zurück; die Hände schieben mit, wenn das Hirn zu müd' zum Zählen ist. Ein Stampfer schließt das Ganze ab, bevor wir in die nächste Runde hinken.

Tanzbeschreibung »Lustige Alte«

Choreographie: Ziriah Voigt
Musik: Promoroaca (rumänisch) / CD 2, Stück Nr. 13

Aufstellung: ⌒ offener Halbkreis; Hände in V-Haltung

Richtung	2/2-Takt	Zählzeit	Beschreibung
←⌒	1	1-2	re kreuzt schleifend vor li im plié, li zieht gestreckt nach (Hinkeschritt)
	2-7		wie Takt 1
	8	1-2	re kreuzt vor li im plié, li wird mit leichtem Stampfer angestellt
↓	9+10	1-4	die Arme lösen sich und die Hände werden mit einer 90°-Drehung in den Hüften eingestützt, gleichzeitig geht li ins plié. Re Hacke macht einen großen Schritt seit, li zieht nach :‖ 4x
↓	11+12	1-4	Gewicht auf re verlagern (plié), li ist seitlich mit der Hacke aufgesetzt. Der Blick ist zur Kreismitte bzw. zur Frau gegenüber gerichtet. Die Arme lösen sich von den Hüften, die Finger werden bis auf die gestreckten Daumen eingerollt. Beide Daumen werden im Kreis umeinander geführt (4x)
↑	13+14		wie Takt 9+10, aber der li Fuß führt den Schritt an
↓	15+16		wie Takt 11+12, der Blick ist nach außen gerichtet
→→	17-20	1-2 usw.	beide Hände werden auf die Schultern der nächsten Frau gelegt; re-li :‖ 4x
←→	21-23	1-2 usw.	re-li :‖ 3x
	24	1	re rück
		2	1/4-Drehung und li wird mit leichtem Stampfer angestellt; Arme greifen um zur V-Haltung

Takt 1-24 fortlaufend wiederholen.

Didaktische Hinweise

Die »Lustige Alte« ist ein einfach zu erlernender Tanz. Meist genügt es schon, ihn mit ein paar Frauen vorzutanzen, die anderen aus dem Tanzkreis reihen sich dann schnell von selbst ein. Das einzige, worauf zu achten ist, sind die Übergänge zwischen den einzelnen Passagen, die die Musik nicht immer deutlich ankündigt. Anfangs muss frau einfach mitzählen, bis sie sich genügend eingehört hat.

Der Hinkeschritt ist flott und großräumig, die Seitwärtshüpfer nach außen noch mehr. Tanzräume reichen allerdings dafür nicht immer aus. Aber dieser Tanz erlaubt es auch, in die Ecken eines Raumes zu hüpfen oder zwischen herumstehende Möbelstücke, um mehr Platz zu gewinnen.

233

Die anschließende Gebärde mit den Daumen führt immer wieder zu Diskussionen. Manchmal erlebe ich die drängenden Nachfragen so, als wollten die Frauen die Gebärde nur machen, wenn sie Sicherheit über die genaue Bedeutung haben. Es scheint ein Tabu in dieser Gebärde zu stecken; manche wandeln sie unauffällig ab in eine adrettere, gebräuchlichere Form. Doch die Alte liebt es, an anerzogenen Tabus zu rütteln – was ihr bei dieser Gebärde offenkundig gelingt. Ich denke, wir sollten ihre Zeichen nicht abwandeln und auch nicht versuchen, den pikanten Humor der schwarzen Alten in eine verbale Erklärung zu pressen. Diese Gebärde bleibt das Geheimnis der Alten, mit dem sie dich aus deiner skeptischen Reserve locken will.

Wenn die Choreographie in nichtrituellen Zusammenhängen getanzt wird, habe ich es manchmal erlebt, dass die Stimmung entgleitet. Gerade die Handgebärde kann sich schnell zum höhnischen Verspotten oder albernen Kräftemessen verändern. Dieser Alltagshumor ist aber nicht gemeint. Die »Lustige Alte« will mit der listig-lüsternen Seite der schwarzen Göttin bekannt machen und sollte auch nur zu diesem Thema getanzt werden. Bei aller Leichtigkeit und Fröhlichkeit der Choreographie ist die »Lustige Alte« ein spiritueller Tanz; allerdings muss dieser nicht immer mit ernsten Gesichtern verbunden sein.

Dank

Ich danke allen Frauen, die mit mir die Jahreskreisfeste in Tänzen und Ritualen gefeiert haben. Vor allem richte ich meinen Dank an alle unsichtbaren Wesen, die mich beim Schreiben unterstützt und inspiriert haben.

Folgenden KünstlerInnen und Verlagen danke ich für die Genehmigung zum Abdruck einzelner Choreographien und Gedichte:

Anastasia Geng (1922-2002), (»Ringelblume«)
Prof. Bernhard Wosien (1908-1986) / Dr. Maria-Gabriele Wosien, München (»Sichelmond«)
Nanni Kloke, Gouda (»Wassertanz«, »Tanz der Schwertfrau«, »Geisterwalzer« und »Geben und Nehmen«)
Dr. Maria-Gabriele Wosien, München (»Sehnsucht nach dem Licht«)
Natura Med Verlagsgesellschaft (»Espe« und »Odermennig« aus Anastasia Geng: Bach-Blüten-Tänze, ISBN 3-9804881-0-1)
Deutscher Bundesverband Tanz e.V., Remscheid (Gedicht aus Richard Wolfram: »Reigen und Kettentanzformen«)

Anmerkungen

Vom Suchen und Finden

1) »Ich träume weiblich« war der Titel eines für viele Frauen wegweisenden Buches von der amerikanischen Philosophin und Poetin Barbara Starrett. Es erschien 1978 im Münchner Verlag Frauenoffensive.

Ritueller Kreistanz heute

1) Vgl. Bernhard Wosien, Weg des Tänzers, S. 21f.

Grundlagen rituellen Tanzes

1) Ich beziehe mich im Folgenden auf die Forschungen von Felicitas Goodman, die ein solch traditionelles rituelles Verständnis anhand der Praxis des neuntägigen Nightway-Rituals der Navajo-Indianerinnen aufzeigt (vgl. dies., Trance – der uralte Weg zum religiösen Erleben, Gütersloh 1992, S. 27ff.).

2) Zum Beispiel ist heute nicht mehr der Sippenverband das bestimmende gesellschaftliche Gefüge, sondern viel kleinere soziokulturelle Gebilde wie die Familie, die seit einiger Zeit durch neue Lebensformen wie Wohngemeinschaften, Singledasein, Patchworkfamilien und Lebensabschnittspartnerschaften erweitert wird. Das heißt etwa, dass für Initiationsrituale an den Lebensschwellen völlig neue Voraussetzungen gelten, denen eine Feier mit originalgetreuen Stammesritualen kaum gerecht werden würde.

3) Unterschiedliche Traditionen in den Datierungen werden in den jeweiligen Ritualkapiteln vorgestellt.

4) Das heißt allerdings, dass die Datierungen des Jahresrades abhängig von Geografie und Klima sind. Meine Beschreibungen der Naturprozesse gehen vom mitteleu-

ropäischen Raum aus. Je nach Längen- und Breitengrad verschieben sich die beschriebenen energetischen und mythologischen Zuordnungen zum Teil beträchtlich.

5) Diese, von Gottheiten freie Konzeption der Jahreskreisrituale gilt weniger für Gruppen des Neuheidentums, die ebenfalls das Rad der acht Jahreskreisrituale feiern.

6) Diese Deutung wurde inzwischen von mehreren bedeutenden Forscherinnen überzeugend nachgewiesen (vgl. speziell die Veröffentlichungen von Marie König, z.B. Weib und Macht, S. 153ff.).

7) Bharata Natyam ist der älteste der indischen Tempeltanzstile. Die Tänzerin und Lehrerin Vijaya Rao weist darauf hin, dass die beschriebene Lehrweise noch heute in Indien im künstlerischen Bereich eine bedeutende Rolle spielt, auch wenn westliche Unterrichtsmethoden sie überlagern und zu verdrängen drohen (vgl. dies., Bharata-Natyam, Freiburg 1987, S. 31ff.).

8) Kreistanz ist von der Anlage her eine Gemeinschaftsform des Tanzens. Trotzdem lassen sich fast alle Tänze auch allein tanzen und entwickeln – als kreisförmige Solomeditation um eine Mitte – ebenfalls heilende Kräfte.

9) Die untere Welt des Erdkessels wurde in der patriarchalen Mythologie zur Unterwelt mit einseitig negativer Färbung. Die Umdeutung des Göttinnenkessels, der neues Leben gebiert, zum Höllenkessel, in dem die verdammten Seelen kochen, ließ nicht lange auf sich warten.

10) Vgl. Marie König, Weib und Macht, S. 111f.

11) So zum Beispiel im indischen Bharata Natyam.

Zur Gestaltung eines rituellen Tanztreffens

1) Ein traditioneller Tanz mit dieser Intention ist zum Beispiel der griechische »Syrtos«.

2) Hier ist natürlich die Strenge des indischen Tempeltanzes zu bedenken, in dem jedes Detail von Körperhaltung, Schritten, Handbewegungen und Einzelheiten der Mimik vorgeschrieben ist.

3) Chakren sind Energiezentren zum Aufnehmen und Abgeben feinstofflicher Kräfte.

4) Im Sinne der kosmischen Mischerin der großen Arkana des Tarot : Trumpf XIV – Mäßigkeit – temperance – Mischerin.

5) Vgl. Mechthild Scheffer, Bach-Blütentherapie, S. 54.

6) Dieses Sehen ist nicht unbedingt unserem üblichen Sehen mit den Augen vergleichbar, sondern kann beispielsweise auch ein intuitives Erfassen dieser feinstofflichen Qualitäten sein.

7) Anastasia Geng, Bach-Blüten-Tänze, S. 27.

Choreographien im Rad der Jahreskreisfeste

Lichtmess – Ritual der jungen Vision

1) Ritualgruppen, die sich an der keltischen Mythologie orientieren, feiern häufig schon am Vorabend von Lichtmess, denn in Irland wird noch heute der 1. Februar als Festtag der Heiligen Brigid begangen.

2) Janet und Stewart Farrar beschreiben alte heidnische und christianisierte Brigidbräuche in ihrem Buch »Acht Sabbate für Hexen«, S. 52ff.

3) Vgl. Barbara Walker, Geheimes Wissen, S. 125f.

4) »Drei Frauen kamen von Ost, eine mit Feuer, zwei mit Frost. Heraus mit dir, Feuer, und hinein mit dir, Frost.« (Robert v. Ranke-Graves, Weiße Göttin. S. 473)

5) Damit steht sie drei Künsten vor, was nochmals ihren triadischen Charakter zeigt.

6) Brigids Priesterinnen hüteten im Heiligtum von Kildaere ein ewiges Feuer ähnlich den Vestapriesterinnen in Rom.

7) Vgl. Sonja Rüttner-Cova, Frau Holle, S. 188.

8) Die Lupercalien wurden allerdings erst am 15. Februar gefeiert und stehen damit eher in Beziehung zur heutigen Fastnacht. Sie sind eventuell als eigenständige Tradition zu betrachten, bei der es eher um Fruchtbarkeitsriten geht und sind nicht mit der Lichtmessqualität gleichzusetzen.

9) Die deutsche Monatsbezeichnung Februar leitet sich offensichtlich vom lateinischen februus (reinigend) ab.

10) Das kann beispielsweise frisches klares Quellwasser sein oder ein Kräutersud mit Kräutern der weißen Göttinnenkraft (z.B. Artemisia).

11) Die Vision muss mir nicht rational verständlich sein. Sie ist ein Bild aus einer anderen Dimension, das ich durch die Kraft des Rituals sehen kann. Die Vision kann mich wie ein Leitfaden durch das Jahr führen und in schwierigen Situationen helfen, Weichen zu stellen. Den gesamten Zusammenhang werde ich vermutlich erst rückblickend verstehen können.

12) In der Regel tanze ich an dieser Stelle den »Tanz der jungen Mondsichel« (siehe S. 67).

13) Neben weißen Tönen, die überwiegen sollten, können die lichten Mondfarben wie Silber, Türkis oder helles Blau hinzukommen.

14) Die alte deutsche Bezeichnung für den Monat Februar ist interessanterweise Hornung (vgl. Sonja Rüttner-Cova, Frau Holle, S. 187).

15) Zum Beispiel in der dunklen Zeit, in der der Kontakt zur Anderswelt, zu Verstorbenen und Zwischenwesen gesucht wird.

16) Ich bin nach einigen Jahren der Beobachtung nicht mehr sicher, ob die allgemeine Anschauung, dass die Monate des Absterbens im Spätherbst für die Menschen die schwierigste Zeit sind, wirklich für die Mehrheit zutrifft.

17) Vgl. Karl Hoenn, Artemis, S. 19f. und 36f.

Frühlingstagungnachtgleiche – Die Erde erwacht

1) Unter Ekliptik versteht man die Bahn, die die Sonne im Verlauf eines Jahres scheinbar am Himmel beschreibt. Durch die Präzession verschiebt sich der Frühlingspunkt rückläufig.

239

2) Die Schilderung des dargestellten Ritus stammt von Tacitus, von mir zusammengefasst nach Paul Herrmann, Deutsche Mythologie, S. 276ff.

3) Der christlichen Okkupierung der alten heidnischen Feste gemäß hat sich dieser Brauch des Wasserschöpfens meist auf den Ostermorgen verlagert.

4) So zum Beispiel am Niederrhein, wo ca. 1.100 der alte Brauch eines Weberinnenumzugs gegen den Willen der Geistlichkeit wieder aufgefrischt wurde, der ebenfalls bis zum Wasser vor die holländische Insel Walcheren führte (vgl. Paul Herrmann, ebd. S. 287ff).

5) Im Angelsächsischen Eostre genannt.

6) Sie wird bei den Römerinnen als Aurora angerufen.

7) Das gilt entsprechend auch für die Herbsttagundnachtgleiche.

8) Fernöstliche Kulturen beschreiben diese energetische Qualität mit dem Yin-Yang-Symbol, das sich auch im

Westen sehr verbreitet hat. Im meditativen Tanz wurde es mehrfach als Choreographie gestaltet (vgl. z.B. Maria-Gabriele Wosien, Sakraler Tanz, S. 74f.).

9) Dies gilt natürlich nur für mitteleuropäische Breitengrade.

10) Es verstärkt die Ritualhandlung, wenn jede Frau spezifische Samen auswählt, die in ihren charakteristischen Wesenseigenschaften der persönlichen Qualität, die ausgesät werden soll, entsprechen. So können Wurzelpflanzen wie Möhren parallel zur eigenen Verwurzelung wachsen oder wässrige Pflanzenwesen wie Spinat Raum für das Wasserelement in der Lebensgestaltung geben.

11) Ich möchte hier auf den »Birkentanz« von Anastasia Geng verweisen, der sich zum Frühling wunderbar tanzen lässt.

12) Musikvorschlag: Windharfe »Wide Flowing« von Wolf-Dieter Trüstedt (Edition Neptun). Geeignet ist jede ruhige Musik ohne aufdrängenden Rhythmus.

13) Mit energetisch umgekehrter Betonung wäre der »Odermennigtanz« sicherlich genauso heilsam dem Herbstäquinoktium zuzuordnen. Dies gilt für fast alle Tänze der Frühlingstagundnachtgleiche.

14) Anastasia Geng, Bach-Blüten-Tänze, S. 25f.

15) Der Tanz kann ebenfalls im Herbst getanzt werden als Abschluss der Feldsaison.

Walpurgisritual – Nacht der Zaunreiterinnen

1) Vgl. Irene Franken/Ina Hoerner, Hexen, S. 34ff.

2) Der Begriff der Anderswelt meint eine von Wesen belebte, feinstoffliche Welt außerhalb der üblichen Wahrnehmung unserer fünf Sinne. Ausführlicher wird diese Vorstellung in den Ausführungen zum Dunkelheitsritual (ab S. 163) dargestellt.

3) Vgl. Sonja Rüttner-Cova, Frau Holle, S. 169f.

4) Vgl. Eduard Gugenberger, Walpurga, S. 24ff.

5) Der Kleine Pauly. Lexikon der Antike in fünf Bänden, Band II, Sp. 579f.

6) Die Anthropologin Felicitas Goodman entdeckte in steinzeitlichen Höhlenzeichnungen und Statuetten Trancehaltungen, die – von einer Gruppe gemeinsam eingenommen – in ein kollektives religiös-ekstatisches Erlebnis führen (vgl. dazu ihre Veröffentlichungen wie »Wo die Geister auf den Winden reiten«, Freiburg 1989 und »Trance – der uralte Weg zum religiösen Erleben«, Gütersloh 1992).

7) Felicitas Goodman betont gerade die Notwendigkeit religiöser Tranceerfahrung für die seelische Gesundheit. Ihrer Meinung nach liegt der Häufigkeit psychischer Erkrankungen in unserer heutigen Industriekultur auch ein Mangel an religiösen Tranceerfahrungen zugrunde.

8) Mary Daly bezieht sich auf das englische Wort »hag«, hinter dem ihrer Meinung nach als Bedeutung die Harpyie, ein furienhaftes Wesen stehe (vgl. dies.,Gyn/Ökologie, S. 34ff.).

9) Zahlreiche Märchen berichten von einem Gestaltwandel zwischen Schwanenwesen und Menschenfrauen (z.B. »Die sieben Schwäne« aus der Sammlung von Ludwig Bechstein).

10) Der 1. Mai ist der jährliche Festtag ihrer Heiligsprechung.

11) Vgl. Barbara Walker, Geheimes Wissen, S. 1153f. Ähnlich ordnet Heide Göttner-Abendroth das Maifest einer germanischen Göttin Walpurgis zu, deren Namen sie mit »Ort der Wahl« übersetzt, leider ohne nähere historische Angaben (vgl. dies., Tanzende Göttin, S. 225).

12) Vgl. Sonja Rüttner-Cova, Frau Holle, S. 168ff.

13) Ich schließe mich hier in der Sprachregelung der Frauen-
gesundheitsbewegung an, die bei den Bezeichnungen der
weiblichen Geschlechtsorgane das Wort »Scham-« durch
»Venus-« ersetzt hat.

14) In der östlichen Chakrenlehre wird diese Kraft Kunda-
linischlange genannt.

Sommersonnenwende – Die Göttin in ihrer Feuerkraft

1) Treffender als der deutsche Name Sommersonnenwende
erscheint mir der in den nordischen Ländern verbreite-
te Ritualname Mittsommernacht, der weniger auf den
Wendepunkt verweist, sondern diese Zeit als Zentrum, als
Mitte des Sommers benennt.

2) Gerade auch in der Frauenbewegung ist die Meinung
verbreitet, dass in der Mythologie die Sonne im wesentlichen als männliche Gottheit auftrete und der Mond als
weibliche. Allerdings gibt es neben der mächtigen Amaterasu viele weitere Sonnengöttinnen, nicht zuletzt in der
germanischen Mythologie; denn auch die ältere »Edda«
beschreibt Sol als weibliche Göttin.

3) Der Mythos ist erzählt nach der Darstellung von Vicki
Noble, Mythen, S. 137.

4) Dass die Schönheit ein wichtiges Thema des Sommersonnenwendrituals ist, macht der norwegische Name des
Festes »Brising« deutlich. Brisingamen hieß der besondere Halsschmuck Freyas, der ihre Macht symbolisierte,
aber auch mit der Fülle und Schönheit des Sommers
gleichgesetzt wurde. Freya hat ihren Brisingschmuck
angelegt, sagten die Menschen, wenn der Sommer sich in
seiner Pracht zeigte.

5) So zelebrierten die lettischen Bäuerinnen beispielsweise
zu Sommersonnenwende einen Ritus, in dem die irdische
Vertreterin der Sonnengöttin Saule die Felder umschritt
und segnete, damit die Ähren reif und schwer werden

(vgl. Bragi, Mutter Sonne, S. 43).

6) Vgl. Björn Ulbrich, Tanz der Elemente, S. 257f.

7) Vgl. Björn Ulbrich, a.a.O., S. 255f.

8) Vgl. Feste im Rad des Jahres S. 79.

9) Zum Beispiel ein Sieben-Kräuterstrauß zur Gesunderhaltung (ebd., S. 82).

10) Vgl. Sonja Rüttner-Cova, Frau Holle, S. 173. Andere Namen sind Hexenkraut, Maria Bettstroh oder gar Teufelsbanner. Es ist zu vermuten, dass der Name Johanniskraut erst im Verlauf der christlichen Inbesitznahme des Sommersonnenwendfestes aufkam.

11) Vgl. Susanne Fischer, Medizin der Erde, S. 122.

12) Vgl. Sonja Rüttner-Cova, a.a.O., S. 98. Diese Riten erinnern an Berichte über die Feier des Mairituals. Vielleicht haben sie sogar eher in der Wärme der Mittsommerzeit ihren natürlichen Platz als in der meist noch recht kühlen Walpurgisnacht.

13) Vgl. Matthäusevangelium, Kap. 3, 4-6.

14) Vgl. Matthäusevangelium, Kap. 14, 1-12.

15) Zitiert nach Richard Wolfram, Reigen- und Kettentanzformen, S. 36.

16) Dies wird unterstützt durch die Musik, die von Brian Keane in Anlehnung an einen traditionellen nordafrikanischen Tanz arrangiert wurde.

17) Im Volksmund werden interessanterweise Bordell- und Straßenstrichviertel einer Stadt Rotlichtbezirke genannt; in vielen anderen Situationen wird Rot mit Achtung! Gefahr! (zum Beispiel bei Feuerwehrautos) oder mit Ach-

tung! Stop! (wie bei der roten Ampel) assoziiert.

18) Die Musik ist ein Liebeslied aus Israel, der Titel »Abend der Rosen«.

19) Vgl. Marija Gimbutas, Göttin, S. 279ff.

Kräuterweih - Ritual der roten Schnitterin

1) Vgl. Murry Hope, Magie und Mythologie der Kelten, S. 139f. Hope gibt übrigens für die Lughnasad-Feierlichkeiten gleich einen ganzen Monat an: und zwar zwei Wochen vor dem 1. August und zwei Wochen danach.

2) Vgl. Barbara Walker, Geheimes Wissen, S. 602.

3) Zwischen 249 und 218 v.Z. wurden für die altitalienische Göttin der Feldfrüchte, Ceres, im Hochsommer sogenannte »Initia Cereris« zelebriert. Dies waren Mysterienfeiern nach griechischem Vorbild, die von den Teilnehmenden Fasten und sexuelle Enthaltsamkeit forderten (vgl. Kl. Pauly, Bd.I, Sp. 1114).

4) Vgl. Sonja Rüttner-Cova, Frau Holle, S. 178 oder Werner Scharrer, Einladung zur Kräuterweihe im Bauernhofmuseum Illerbeuren (aus: Kirchenanzeiger für Legau, Nr. 33, 16.8.1987).

5) Gezählt werden 30 Tage ab Kräuterweih, also ab 1./2. 8. oder 15. 8. – je nach Tradition.

6) Vgl. zum Beispiel die Anweisung zum Königskerzenamulett in Susanne Fischer, Medizin der Erde, S. 139.

7) Siehe Kirchenanzeiger für Legau Nr. 33/1987. Auch die nachfolgend angegebenen Sammeltraditionen für den Kräuterstrauß beruhen im wesentlichen auf den Forschungen des schwäbischen Bauernhofmuseums Illerbeuren.

8) Vgl. etwa die Eifeltraditionen zum »Krautwich« – be-

schrieben in Gießkanne Nr. 1/1991.

9) So werden im Allgäu für den »Kräuterboschen« neun Kräuter genannt, die allerdings regional differieren. Übereinstimmend zählen Königskerze, Schafgarbe, Wilder Majoran, Johanniskraut und Tausendgüldenkraut dazu. Berühmtheit hat die Neunerzahl auch durch den angelsächsischen Neunkräutersegen erlangt. Leider konnten die darin angesprochenen Pflanzen bisher botanisch nicht vollständig identifiziert werden. Eindeutig erkannt wurden Beifuß, Wegerich, Kamille, Kerbel und Fenchel.

10) Vgl. Susanne Fischer, a.a.O., S. 141.

11) Zum Beispiel der Abzählreim »Eins, zwei, drei, vier, fünf, sechs, sieben. Wo ist denn die Hex' geblieben?«

12) Vgl. nur den in der Apostelgeschichte berichteten Konflikt zwischen Paulus und den Silberschmieden von Ephesus, die Artemistempel mit großem geschäftlichen Erfolg anfertigten (Apg. 19, Vers 23ff.).

13) Die aufmerksam getroffene Wahl eines Schneidewerkzeugs unter so verschiedenen Möglichkeiten wie Schere, Sichel, Messer oder Axt gibt einen ersten Hinweis auf die Ausformung und inhaltliche Bedeutung des Schnitts.

14) Alle Hinweise über Volkstraditionen sind den Veröffentlichungen des Bauernhofmuseums Illerbeuren entnommen, zitiert im Kirchenanzeiger für Legau Nr. 33/1987.

15) Zitat aus dem Liedtext von Mari Boine.

16) Vgl. Artikel Hi-ah Park, S. 12ff. in Connection 4/1992.

17) Ich danke meiner Lehrerin Anastasia Geng für ihre freundliche Erlaubnis zur Veröffentlichung.

18) Vgl. Susanne Fischer, a.a.O., S. 157ff. In der klassischen Pflanzenheilkunde wird die Ringelblume vorzugsweise

wegen ihrer wundheilenden und entzündungshemmenden Qualitäten geschätzt.

Herbsttagungnachtgleiche - Geschenk an die Erde

1) Das Hinscheiden der sommerlichen Fülle drückt auch der alte Name für den September,»Scheiding«, aus.

2) Vgl. dies., Kreisen, S. 106.

3) Tacitus berichtet, dass der römische Feldherr Nero Claudius Germanicus bei seinem Feldzug in die germanischen Gebiete das herbstliche Ritual zu Ehren der Göttin Tanfana ausnutzte, um die feiernden Stämme überwältigen zu können. Vgl. Paul Herrmann, Deutsche Mythologie, S. 292ff.

4) Vgl. Feste im Rad des Jahres, S. 92 oder Björn Ulbrich, Tanz der Elemente, S. 282.

5) Vgl. Marija Gimbutas, Göttin, S. 185ff.

6) Vgl. Gabriele Meixner, Frauenpaare, S. 84f. und S. 101ff.

7) Vgl. Luisa Francia, Mond, S. 83f.

8) Björn Ulbrich fordert deshalb auch von seinen RitualteilnehmerInnen, dass sie vor dem Ritual praktische landwirtschaftliche Arbeit ausüben (vgl. Tanz der Elemente, S. 278f.).

9) Vgl. Björn Ulbrich, a.a.O., S. 281.

10) Vgl. Björn Ulbrich, a.a.O., S. 284. Leider habe ich keine Quellen über den »Waultanz« gefunden, sodass ich nichts Näheres über die Figuren und Tanzschritte weiß.

11) Dieses Tanzmuster wird mit Hilfe einer meditativen Übung »Mein innerer Reichtum« (siehe S. 155) entwickelt.

12) Hier kann auch gut der zu Frühlingstagundnachtgleiche vorgeschlagene Tanz auf dem Feld »Narini« (siehe S. 84) eingesetzt werden.

13) Zum Beispiel kann die zu Sommersonnenwende beschriebene »Sonnenspirale« (siehe S. 125) in der Form einer sich gleichmäßig ein- und ausrollenden Doppelspirale zu Herbsttagundnachtgleiche getanzt werden. Richard Wolfram skizziert einen feierlich geschrittenen Erntetanz aus Estland, der nach einer anfänglichen Fassung zur Kreismitte die ganze Tanzkette wendet und die Figuren dann – nach außen blickend – wiederholt (vgl. Reigen- und Kettentanzformen, S. 62). Auch diese Choreographie könnte mit ihrem Innen- und Außenaspekt als klassische Tagundnachtgleichefigur gedeutet werden.

247

14) Ich danke Marie Sichtermann, mit der ich viele Rituale zusammen gestaltet habe, für die Entwicklung dieser Meditation. Ihre spirituellen Ideen haben die hier beschriebene Form des Herbsttagundnachtgleicherituals wesentlich mitbestimmt.

Dunkelheitsritual – Begegnung mit der Anderswelt

1) Zum Beispiel im Grimm'schen Frau Holle-Märchen.

2) Vgl. zum Beispiel das eifersüchtige Zusammenleben der alten Zauberin mit der schönen jungen Rapunzel (Grimm's Märchen) oder den Mythos von der schottischen Cailleach, die ebenfalls eine Jungfrau gefangen hielt (Murry Hope, Magie und Mythologie der Kelten, S. 48ff.).

3) So darf in den Puyé-Klippen von Neu-Mexiko der erotische Schmetterlingstanz nur von einer wilden, feisten Alten getanzt werden (vgl. Clarissa Pinkola Estés, Die Wolfsfrau, S. 222ff.).

4) Ersteres war mehr die Aufgabe von im Heilbereich tätigen Schamaninnen, letzteres eher die Arbeit von Kultpriesterinnen.

5) Mehr zur tänzerischen Gestaltung des Themas »Trauer« findet sich in dem Buch »Trauer und Abschied. Ritual und Tanz für die Arbeit mit Gruppen« von Hilda-Maria Lander/Maria-Regina Zohner, Mainz 1992.

6) Beschrieben zum Beispiel in Hilda-Maria Lander/Maria-Regina Zohner, Meditatives Tanzen, S. 164.

7) Die Geomantin Dolores LaChapelle stellt prinzipiell die These auf, dass Rituale das Stammhirn aktivieren und uns auf diese Weise mit Informationen in Berührung bringen, die das Menschenwesen in jahrmillionenlanger stammesgeschichtlicher Entwicklung angesammelt hat. So sei es auch zu erklären, dass Rituale in die Kommunikation mit Pflanzen, Tieren und Steinen führen (vgl. Die Weisheit der Erde, S. 157ff.).

8) Ausschnitt aus einer unveröffentlichten Fassung des sumerisch-babylonischen Mythos von Inannas Gang in die Unterwelt (formuliert von Ziriah Voigt aus Anlass eines Seminars zum schwarzen Aspekt der Göttin).

9) Eine interessante Interpretation bietet die Jungianische Analytikerin Sylvia Brinton Perera mit »Der Weg zur Göttin der Tiefe«.

10) Die Chöd-Praxis meditiert nach bestimmten rituellen Vorbereitungen die Opferung des eigenen Körpers, der dann anderen Wesen als Nahrung gereicht wird. Solche Übung besiegt nach buddhistischer Anschauung die vier bedeutsamsten Ego-Dämonen und befreit die Praktizierenden von allen inneren und äußeren Abhängigkeiten. Chödpas wurden beispielsweise in Epidemiegebiete gerufen, denn sie waren offenbar immun gegen Ansteckung (vgl. Tsültrim Allione, Tibets weise Frauen, S. 200ff.).

11) Vgl. Feste im Rad des Jahres, S. 11.

12) Die querliegende Acht gilt als Symbol der Ewigkeit und wird noch heute in der Mathematik als Unendlichkeitszeichen gebraucht.

13) Dies geschieht leicht bei zu schneller Raumführung und zahlenmäßig kleinen Gruppen. Bei Gruppengrößen um die Zwanzig muss dagegen die Musik sehr genau eingeteilt werden, damit der Schlussteil nicht zu kurz kommt.

14) Material hierzu lässt sich zum Beispiel im Handbuch des deutschen Aberglaubens finden.

15) Vgl. Handbuch des deutschen Aberglaubens, Sp. 1480ff.

16) Diese Wesen werden häufig ebenfalls Perchten genannt.

17) In der Originalfassung besingt das Lied eine sehr schöne, aber recht bleiche Braut, die aufgrund ihres unansehnlichen Bräutigams das »Ja« bei der Trauung nicht sprechen mag. Die zum Buch gehörende CD »Ritueller Tanz« stellt eine neu eingespielte Instrumentalfassung dieses Liedes dar.

18) Dies betont die Ethnologin und Anthropologin Felicitas Goodman immer wieder (vgl. z.B. in Ekstase, Besessenheit, Dämonen. Die geheimnisvolle Seite der Religion, S. 87ff.).

19) Vgl. Karl Kerényi, Mysterien, S. 299ff.

20) Vgl. Walter Burkert, Homo Necans, S. 278f.

21) Im Zentrum der eleusinischen Mysterienhandlung scheint ein heiliger Korb gestanden zu haben, ein dem Kessel verwandtes, matriarchales Symbol (vgl. hierzu das bei Walter Burkert, Homo Necans, S. 297 zitierte Synthema einer/s eleusinischen Eingeweihten »… ich nahm aus der ›Kiste‹, werkte, legte zurück in den Korb und aus dem Korb in die ›Kiste‹.«).

22) Das Tasten, Berühren und Formen im mit Tonerde gefüllten Tonfeld ist eine therapeutische Technik, die von Karlheinz Deuser, einem ehemaligen Mitarbeiter von Graf Dürckheim, entwickelt wurde. Die Arbeit im Tonfeld, wie diese Methode meist genannt wird, unterscheidet sich in der innerlich

gespürten Wirkung von anderen Arbeiten mit Ton.

23) In der Labyrinthforschung ist mittlerweile anerkannt, dass die frühen Labyrinthe nicht als tödlicher Irrgarten angelegt waren, sondern als ein verschlungenes, aber strukturiertes System. In sieben, neun oder mehr Windungen führt das Labyrinth auf ein Zentrum zu, wobei der Geist der im Labyrinth wandelnden Person ständig mit dem nicht durchschaubaren Wechsel von Zentrumsnähe und Zentrumsferne konfrontiert ist. Auf diese Weise führt der labyrinthische Weg eine lineare Zielvorstellung vom Leben ad absurdum. Im Verlauf des labyrinthischen Pilgerns ergibt sich der logische Verstand dem instinktiven Wissen des Stammhirns. Und genau dann steht die Suchende unerwartet im Zentrum des Labyrinths und kann dort die heilende Verwandlung erfahren, aus der die Umkehr zurück ins Leben erfolgt.

Wintersonnenwende – Geburt in der Dunkelheit

1) Die stetig anwachsende, adventliche Lichterflut in Häusern, Gärten und Geschäftsstraßen könnte als Ausdruck dieser inneren Verweigerung gedeutet werden.

2) Vgl. Janet u. Stewart Farrar, Acht Sabbate, S. 126f.

3) Vgl. Gisela von Frankenberg, Kulturvergleichendes Lexikon - Von Abendland bis Zweisonnensystem, S. 508; ebenfalls Hinweise in Der Kleine Pauly. Lexikon der Antike in fünf Bänden, Band IV, Sp. 1569.

4) Dies erklärt auch, dass manche der überlieferten Riten denen des Novemberrituals ähneln wie etwa das Zusammensein mit den Toten oder die zahlreichen Gaben in Form von Speisen an die Anderswelt.

5) So gibt es zum Beispiel die Tradition, um diese Zeit die Baumseelen mit lauten Rufen, Tänzen und Gesängen zu wecken und den Stamm liebevoll wach zu klopfen (vgl. Feste im Rad des Jahres, S. 30).

6) Der Ausdruck Jul ist mit Rad oder Jahr zu übersetzen und wird in Nordeuropa für diese Ritualzeit gebraucht. Ausgiebige Tanztraditionen zur Wintersonnenwende werden von den Färöer-Inseln berichtet. Dort werden tranceartige Kettentänze auf engstem Raum getanzt. Es ist eine Umstülpfigur bekannt, die die Wintersonnenwende symbolisieren könnte (vgl. Richard Wolfram, Reigen- und Kettentanzformen, S. 15ff.).

7) Eine weitere Ursache für die Termindifferenzen bei den Julfesttagen liegt in der Unterschiedlichkeit der benutzten Kalender. Manche Autorinnen behaupten, dass erst mit der Einführung des gregorianischen Kalenders im 16. Jahrhundert die Wintersonnenwende auf den 21. Dezember rückte und vorher der 13. Dezember der Hauptfeiertag gewesen ist.

8) und 9) Vgl. Barbara Walker, Geheimes Wissen, S. 627f.

10) Am bekanntesten ist die Erstarrung von Lots Frau zur Salzsäule bei der Flucht aus Sodom (1.Mose 19,26).

11) Anzunehmen ist zumindest eine Nachtwache, wahrscheinlich ging sie aber über mehrere Tage und Nächte. Einen Eindruck derartiger Rückzugsrituale zu Mittwinter kann die Übung »Naturmeditation im Gestein« (siehe S. 196) vermitteln.

12) Zum Beispiel hat Wintersonnenwende als eröffnende Nacht der zwölf Rauhnächte eine besondere Orakelkraft und kann auch in diesem Sinn gefeiert werden. Mehr dazu im Kapitel »Rauhnächte – Zeit zwischen den Zeiten« (ab S. 210).

13) Hier kann sehr gut der »Tanz der Schicksalsspinnerinnen« (siehe S. 221) eingesetzt werden.

14) Vgl. Richard Wolfram, Reigen- und Kettentanzformen, S. 16f., nach einer Beschreibung der schwedischen Forscherin Ester Akesson.

15) Neben Rot und Grün ist hier als dritte Festfarbe sicherlich noch das Gold der Sonne zu nennen.

16) Mit diesen Worten beschreibt Kaye Hoffmann (Von Göttern besessen, S. 195) die afrobrasilianische Nana, eine Göttin der Umbanda-Religion.

17) Vgl. zu diesem Tanz auch die Ausführungen zum Kessel und die Meditationsanleitung »Der Kessel der Göttin« (siehe S. 219).

18) Vgl. Barbara Walker, Geheimes Wissen, S. 782f.

19) Vgl. hierzu Felicitas Goodman, Ekstase, S. 79ff. oder auch Kaye Hoffmann, Von Göttern besessen.

Rauhnächte – Zeit zwischen den Zeiten

1) Vielerorts finden wir sogar für diese Zeit direkt den Namen »Rauchnächte«. Eine andere Ableitung der Bezeichnung Rauhnächte zieht die Parallele zu den rauen, behaarten Wesen, die zu dieser Zwischenzeit als Perchtengefolge umhertollen, wie es in Umzügen auch heute noch zu sehen ist (vgl. Björn Ulbrich, Tanz der Elemente, S. 241). Dem rauen Charakter jener Nächte würde auch ihr anderer Name »Klopfnächte« entsprechen, denn das Klopfen gehört in der heutigen PSI-Forschung zu den anerkanntesten Lautäußerungen von Wesen aus der anderen Welt.

2) Auch wenn wir bei heutigen Frauenritualen zur Vorbereitung Räume und Personen räuchern, ist dies nicht als Reinigung von bösen Geistern anzusehen. Gemeint ist primär eine Reinigung von störenden Einflüssen, die jede aus ihrer Alltagswelt mitbringt. Zugleich dient der Rauch zur Kontaktaufnahme mit der feinstofflichen Welt.

3) Am bekanntesten sind die Lieblingsspeisen der Percht: Bier und Grütze. Auch Äpfel und Nüsse werden als Rauhnachtgaben genannt; andernorts kennt man kräftige Gerichte wie Schweinefleisch oder Fisch für die rauen Besucherinnen.

4) Eine Fundgrube solcher Erzählungen bieten die Spinn-

stubenmärchen, zum Beispiel »Der silberne Faden. 144 Erzählungen aus dem Sagenschatz der Spinnerinnen und Weber«, ausgewählt von Josef Lukas.

5) Vgl. Sonja Rüttner-Cova, Frau Holle, S. 120 oder Der silberne Faden, S. 17.

6) Wie zum Beispiel der Walpurgisnacht oder dem Dunkelheitsritual, in denen vergleichbare Riten viel deutlicher in die gewünschte Begegnung führen.

7) Vgl. Handbuch des deutschen Aberglaubens, S. 1480.

8) Vgl. Gisela von Frankenberg, Kulturvergleichendes Lexikon - Von Abendland bis Zweisonnensystem, S. 665.

9) Vgl. Sonja Rüttner-Cova, Frau Holle, S. 171.

10) Der Name Percht ist auf das althochdeutsche Verb »pergan, verbergen« zurückzuführen.

11) Gisela von Frankenberg zählt 12 Vor- und 12 Nachjultage und setzt die dabei entstehende 24 in Parallele zu den 24 germanischen Runen (vgl. Kulturvergleichendes Lexikon - Von Abendland bis Zweisonnensystem, S. 227).

12) Dies wurde vorrangig als langfristige Wettervorhersage genutzt, was für bäuerliche Kulturen ein wichtiger Faktor war.

13) Vgl. Heide Göttner-Abendroth, Die tanzende Göttin, S. 232.

14) Auch Gisela von Frankenberg schließt sich erstaunlicherweise dieser These an und lässt Fru Gaur speziell in dieser einen Mütternacht auftreten (S. 139).

15) Der 25. (oder gar 24.) Dezember als besonderes Festdatum konnte sich im nord- und mitteleuropäischen Raum erst spät durchsetzen und leitet sich vermutlich vom Sonnenfest des Mithraskultes ab, das am 25. Dezember gefeiert wurde. Die römische Kirche führte den 25. De-

zember als Christi Geburtstag erst 381 auf dem Konzil zu Konstantinopel ein.

16) Eine der bekanntesten Kesselgöttinnen in der Mythologie ist die keltische Cerridwen. Sie ist eine typische schwarze Göttin, die den Todesaspekt verkörpert, aber zugleich auch Leben schafft, wenn sie in ihrem Kessel die gefallenen Krieger der letzten Schlacht kocht, um sie am nächsten Tag wieder auferstehen zu lassen.

17) Auch Cerridwen hat in dem bekannten Mythos, in dem sie für ihren hässlichen Sohn Avagddu den Trank der Allwissenheit herstellen will, zwei Helfer zum Rühren und Feuerhüten: Gwion Bach und Morda. Eine Kurzfassung dieses Mythos ist in Murry Hope, Magie und Mythologie der Kelten, S. 148ff., zu finden.

18) Hier wird wieder der Orakelcharakter der Rauhnächte deutlich. Das heute noch übliche Bleigießen in der Silvesternacht hat eine ähnliche rituelle Symbolik.

19) Ein wichtiger ritueller Tanz zu diesem Thema ist auch der schon beschriebene »Nana« (siehe S. 198).

20) Interessanterweise differiert bei kreisenden Bewegungen das Körpergefühl sehr stark, sodass ich bei dieser Meditation nie eine Drehrichtung vorgebe.

21) Vergl. Germanische Göttersagen, S. 19f.

22) Vgl. Paul Herrmann, Deutsche Mythologie, S. 102ff. Reste dieser Vorstellung sind noch heute im Dornröschen-Märchen zu finden, in dem 13 Feen dem Königskind Geschenke zur Geburt bringen. Für die 13-Zahl in Bezug auf die Nornen sind ebenfalls mythologische Hinweise zu finden (vgl. Freya Aswynn, Yggdrasil, S. 224).

23) Die indischen Mudras sind präzise festgelegte Handgesten, die – vergleichbar einer Zeichensprache – Gefühlszustände, mythologische Themen sowie Alltagsdinge ausdrücken

können. Die Mudras werden nicht nur im indischen Tanz, sondern zum Beispiel auch in den Ritualen des tantrischen Buddhismus benutzt. Sie haben dort die Funktion einer geheimen Zeichensprache zwischen Menschen- und GöttInnenwelt und werden nur im persönlichen Unterricht weitergegeben.

Literaturhinweise

Tsültrim Allione: Tibets weise Frauen, Glonn 1987

Freya Aswynn: Die Blätter von Yggdrasil. Runen, Götter, Magie – Nordische Mythologie & Weibliche Mysterien, Wien 1991

Hans Biedermann: Die großen Mütter. Die schöpferische Rolle der Frau in der Menschheitsgeschichte, München 1989

Bragi: Mutter Sonne – Vater Mond. In: Der Hain Nr. 10, Berlin

Sylvia Brinton Perera: Der Weg zur Göttin der Tiefe. Die Erlösung der dunklen Schwester: eine Initiation für Frauen, Interlaken 1985

Walter Burkert: Homo Necans. Interpretationen altgriechischer Opferriten und Mythen, Berlin/New York 1972

Mary Daly: Gyn/Ökologie – eine Meta-Ethik des radikalen Feminismus, München 1981

Anna Dinkelmann: Kreisen. Frauenrituale und Feste, Holthausen 1983

Janet und Stewart Farrar: Acht Sabbate für Hexen und Riten für Geburt, Heirat und Tod, Soltendieck 1994

Susanne Fischer: Medizin der Erde. Legenden, Mythen, Heilanwendung und Betrachtung unserer Heilpflanzen, München 1987

Luisa Francia: Mond – Tanz – Magie, München 1986

Irene Franken/Ina Hoerner: Hexen. Die Verfolgung von Frauen
in Köln, Köln o.J.

Anastasia Geng: Bach – Blüten – Tänze, Hamburg 1996

Marija Gimbutas: Die Sprache der Göttin. Das verschüttete
Symbolsystem der westlichen Zivilisation, Frankfurt/M. 1995

Heide Göttner-Abendroth: Die Göttin und ihr Heros. Die
matriarchalen Religionen in Mythos, Märchen und Dichtung,
München 1980

Dies., Die tanzende Göttin. Prinzipien einer matriarchalen
Ästhetik, München 1982

Felicitas Goodman: Wo die Geister auf den Winden reiten.
Trancereisen und ekstatische Erlebnisse, Freiburg 1989

Dies., Ekstase, Besessenheit, Dämonen. Die geheimnisvolle
Seite der Religion, Gütersloh 1991

Dies., Trance – der uralte Weg zum religiösen Erleben. Rituelle
Körperhaltungen und ekstatische Erlebnisse, Gütersloh 1992

Eduard Gugenberger: Walpurga, Druiden und Bealtaine. In:
Connection 5/1993, Niedertaufkirchen

Paul Herrmann: Deutsche Mythologie, Berlin 1991

Karl Hoenn: Artemis. Gestaltwandel einer Göttin, Zürich 1946

Kaye Hoffman: Von Göttern besessen. Trance-Tanz als energetische Erfahrung, München 1986

Dies., Tanz – Trance – Transformation, München 1984

Murry Hope: Magie und Mythologie der Kelten. Das rätselhafte
Erbe einer Kultur, München 1992

Karl Kerényi: Die Mysterien von Eleusis, Zürich 1962

Marie König u.a.: Weib und Macht. Fünf Millionen Jahre Urgeschichte der Frau, Frankfurt/M. 1979

Dolores LaChapelle: Weisheit der Erde. Das Grundwerk der Tiefenökologie, Saarbrücken 1995

Hilda-Maria Lander/Maria-Regina Zohner: Meditatives Tanzen, Stuttgart 1987

Dies., Trauer und Abschied. Ritual und Tanz für die Arbeit mit Gruppen, Mainz 1992

Sig Lonegren: Labyrinthe. Antike Mythen & moderne Nutzungsmöglichkeiten, Frankfurt/M. 1994

Gabriele Meixner: Frauenpaare in kulturgeschichtlichen Zeugnissen, München 1995

Heike Michel: Feuerspringen und Räderschieben. Altes Brauchtum zur Sommersonnenwende. In: Der Hain 5/1992, Berlin

Annemarie Mütsch-Engel (Hg.): Bäume lügen nicht. Das keltische Baumhoroskop, München o.J.

Vicki Noble: Mythen, Musen und Tarot. Motherpeace – ein Weg zur Göttin, München 1987

Hi-ah Park: Die Geliebte des Berggeistes. In: Connection 4/1992, Niedertaufkirchen

Clarissa Pinkola Estés: Die Wolfsfrau. Die Kraft der weiblichen Urinstinkte, München 1996

Robert von Ranke-Graves: Die weiße Göttin. Sprache des Mythos, Reinbek 1985

Vijaya Rao: Abbild des Göttlichen. Bharata Natyam – der klassische indische Tanz, Freiburg 1967

Sonja Rüttner-Cova: Frau Holle – Die gestürzte Göttin. Märchen – Mythen – Matriarchat, Basel 1988

Werner Scharrer: Einladung zur Kräuterweihe im Bauernhofmuseum Illerbeuren. In: Kirchen-Anzeiger Nr. 33/1987, 93. Jg., Legau

Mechthild Scheffer: Original Bach-Blütentherapie: Lehrbuch für die Arzt- und Naturheilpraxis, Neckarsulm 1995

Björn Ulbrich: Im Tanz der Elemente. Kult und Ritus der heidnischen Gemeinschaft, Vilsbiburg 1990

Ziriah Voigt, Inannas Gang in die Unterwelt, 1989 (unveröffentlicht)

Jutta Voss: Das Schwarzmond-Tabu. Die kulturelle Bedeutung des weiblichen Zyklus, Stuttgart 1988

Richard Wolfram: Reigen- und Kettentanzformen in Europa. In: Tanzhistorische Studien V, Heft 10/1986, Berlin

Bernhard Wosien: Der Weg des Tänzers, Linz 1988

Maria-Gabriele Wosien: Sakraler Tanz. Der Reigen im Jahreskreis, München 1988

Zeitungen, Zeitschriften

HexenZeitSchrift: Sonderband Feste im Rad des Jahres, Ladenburg o.J.

Kirchen-Anzeiger. Lokales Wochenblatt für Legau Nr. 33/1987, 93. Jg. Legau

Krautwich. In: Die Gießkanne 1/1991, Mitteilungsblatt und Kurzeitung für Bad Münstereifel

Nachschlagwerke, Märchen- und Mythensammlungen

Bechstein-Märchen, für die Jugend ausgewählt von M. Fuchs, Berlin o.J.

Die Bibel oder Die Heilige Schrift des Alten und Neuen Testaments nach der Übersetzung Martin Luthers, revid. Text, Stuttgart 1978

Hans Biedermann: Handlexikon der magischen Künste von der Spätantike bis zum 19. Jahrhundert, Graz 1973

Gisela von Frankenberg: Kulturvergleichendes Lexikon. Von Abendland bis Zweisonnensystem, Bonn 1985

Germanische Göttersagen, nach den Quellen neu erzählt von Reiner Tetzner, Stuttgart 1992

Handwörterbuch des deutschen Aberglaubens, herausgegeben von Hanns Bächtold-Stäubli, Berlin/New York 1987

Der Kinder Wundergarten. Märchen aus aller Welt, ausgewählt und herausgegeben von Dr. Friedrich Hofmann, Leipzig 37. Aufl. (o.J.)

Der Kleine Pauly. Lexikon der Antike in fünf Bänden, München 1979

Der silberne Faden. 144 Erzählungen aus dem Sagenschatz der Spinnerinnen und Weber, ausgewählt von Josef Lukas, Münsingen 1980

Barbara G. Walker: Das geheime Wissen der Frauen. Ein Lexikon, Frankfurt 1993

Abbildungsverzeichnis

Über die Autorin

Ziriah Voigt ist 1955 im Erzgebirge geboren und im Ruhrgebiet aufgewachsen. Sie hat evangelische Theologie studiert, aber schon 1987 ihre Arbeit in der Kirche verlassen, um sich als Referentin für Frauenspiritualität selbstständig zu machen. 1990 gründete sie »Schwarze Hecke«, ein Fachunternehmen für Rituale, Rituellen Tanz und persönliche spirituelle Begleitung von Frauen.

Die Autorin wurde viele Jahre im klassischen Ballett unterrichtet und spezialisierte sich später auf die spirituellen Aspekte im Kreistanz. 1997 erschien ihr erstes Buch »Ritual und Tanz im Jahreskreis« (damals G. Meussling Verlag), das schnell mehrere Auflagen erreichte. Seitdem hat Ziriah Voigt zahlreiche weitere Choreographien zu den Themen des Jahreskreises geschaffen, die sie in Workshops und Ausbildungen vermittelt. Aus der Erforschung und Neukonzeption von Heilungsritualen entstand 2005 ihr nächstes Buch: »Heilungsfäden spinnen. Ein Ritualweg im Jahreskreis« (Gisela Meussling Verlag).

Ziriah Voigt lebt seit vielen Jahren in einem kleinen Dorf in der Eifel.

Mehr Informationen finden Sie unter: www.ziriah.de

Folgende Musiken sind nicht auf der Begleit-CD zum Buch enthalten:

Die Musik *Fairytale* zum Tanz »Wassertanz«
finden Sie auf der CD »The Celts« von Enya.

Die Musik *Cuvges vuovttat* zum Tanz »Schwertfrau«
finden Sie auf der CD »Eagle Brother« von Mari Boine.

Die Doppel-CD *Ritueller Tanz im Jahreskreis* ist zu beziehen bei:

Dieter Balsies Versand & Verlag

Eckernförder Straße 341, 24107 Kiel
fon +49 431 563459
fax +49 431 568326
eMail: balsies@t-online.de

Viele weitere Artikel zum Thema Tanz finden Sie unter:

www.tanzversand.de

Irdana
spirituelle Literatur von Frauen

Weitere Bücher aus dem Irdana-Verlag ...

www.irdana-verlag.de

Berührend und ermutigend

Sandy Boucher wurde Mitte der 90er Jahre mit der Diagnose Darmkrebs im fortgeschrittenen Stadium konfrontiert. Die notwendige Operation und die sich anschließende Chemotherapie beeinflussten und veränderten ihr gesamtes Leben.

Wie sie mit diesen Veränderungen umging und wie sehr ihr Meditation und die buddhistische Praxis bei der Bewältigung der Krankheit und all ihrer Folgen halfen, davon erzählt Sandy Boucher in diesem Buch mit großer Offenheit. Ihr persönlicher Bericht ist ermutigend für Erkrankte und inspirierend für alle Menschen, denen das Thema »Leben und Tod« am Herzen liegt.

Sandy Boucher

Im Herzen des Feuers
Eine Buddhistin begegnet dem Krebs

Neuausgabe, aus dem amerikanischen Englisch von Karin Petersen, 228 Seiten, broschiert, € 15,90 (D) / € 16,40 (A)
ISBN 978-3-9813609-0-5

»Meditation hat mir vor allem beim Umgang mit der Angst geholfen. Die Möglichkeit, nach innen zu schauen und still zu werden, ist eine enorme Hilfe.«

Sandy Boucher